聖嚴法師天台教學系統之研究與建構

A Study of Master Sheng Yen's Pedagogy on Tiantai School

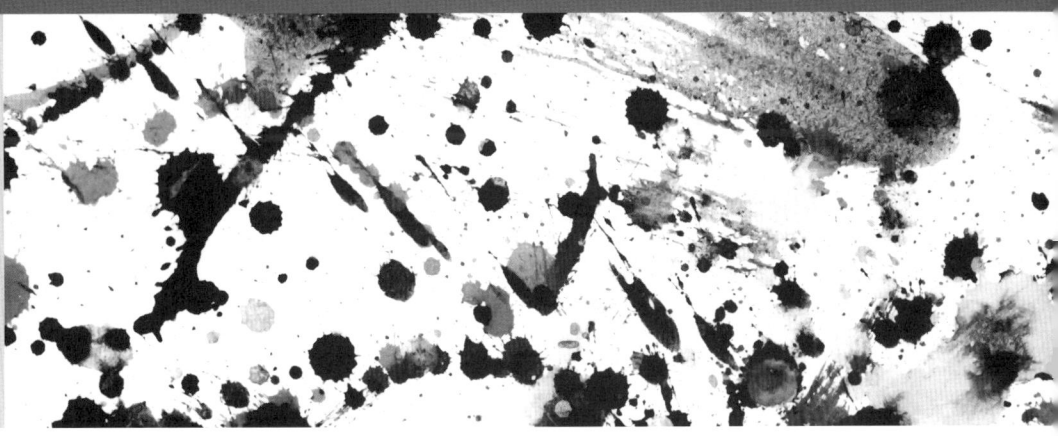

辜琮瑜——著

當代漢傳佛教論叢總序

聖嚴教育基金會數年前設立「當代漢傳佛教論叢學術獎助金」是為了推廣聖嚴法師所倡導「提昇人的品質，建設人間淨土」之思想理念。獎助與聖嚴法師思想理念相契合的佛教學術研究，以及漢傳佛教著作之出版。其內容主要以清末民初、現代佛教學術專書為首要，並且不限制以聖嚴法師思想、佛教典籍為主，凡釋、儒、道，皆可為研究切入點，亦可與社會、文化面相關議題結合闡述。

佛教在中國已經有兩千年的歷史，經過長久與儒家和道家思想的互動和融合，發展出超越印度佛教傳統的漢傳佛教。天台、華嚴、禪和淨土這四大宗派，都是首次出現在中國，然後傳到韓國、日本和越南，而成為一枝獨秀的東亞佛教。歷來研究漢傳佛教的學者一般認為隋唐是漢傳佛教的「黃金時代」，因此大量的學術專著也以隋唐或魏晉南北朝時代為研究課題。其實佛教在中國一直不斷地演變，如果沒有佛教，很可能沒有宋明理學，也可能沒有道教的全真教。雖然宋、元、明、清甚至現代，都有大師、著述和新的發展或運動值得研究，但如果跟日本及美國學者在這方面研究的成果相較，國人尚須努力。聖嚴法師深深了解有此必要，他的博士論文是研究明末大師蕅益智旭，他在很多的論文及講演中，多次強調研究明清及近代和當代漢傳佛教的重要性。

在一次討論漢傳佛教未來發展的講演中，聖嚴法師有如下的建議：「第一，對弘揚漢傳佛法要有大悲願心！第二，要吸收國際上已有的成果，不管是哪一個系統。不過，為了發揚漢傳佛教，去吸收人家對漢傳佛教研究的成果時，首先，可能要大量地翻譯；其次，必須自己去研讀、去吸收這些研究資料。另外，外國人現在已朝向於把佛法跟哲學、心理學、社會學、宗教學等學科加以結合。用佛教的死亡學、生死學，去結合醫學、精神學、心理學、精神分析學、精神醫療學等等，再用佛法談死亡學。現在為何《西藏生死書》那麼暢銷，原因是作者自己研究心理學，所以結合了多方面的觀念和方法。」我認為這是非常中肯的告誡。如果學者能善用現有的中外學術成果，同時採用多學科或超學科的方法論，必定會有豐富的收穫。

我非常高興由「當代漢傳佛教論叢」獎助的第一本書問世，預祝更多的專著陸續出版，實現聖嚴法師的理念。

于君方

2016 年 11 月 9 日，識於美國加州

自序

從一次奇妙的上課因緣到變成一本書，中間竟繞過生命一大圈，可以算是二十三年的懸念終於落實下來嗎？

一生曾得兩本聖嚴師父親筆簽名書，一本是師父捨報前，陪大陸學者拜見師父時，沾光得的《華嚴心詮——原人論考釋》親簽書。

另一本出現在二〇〇二年參加師父親自為大眾講述剛出版的《天台心鑰——教觀綱宗貫註》一書時，平日很有分寸的我，不知哪根筋不對，趁著下課空檔，拿著剛到手的書，蹭蹭蹭跳下了幾個階梯，遞給師父說：「師父簽名！」

師父當時的眼神，彷彿成了印記，烙在心上，那個似笑非笑中，好像在說：「簽了就跑不掉了！」（因課程中交代以後大家要跟著分享、帶領讀書會）

課程結束後，幾個人一起相約在農禪寺討論後續的讀書會，第一次聚會前在三門遇見師父，問我為何出現？說明原委後，又是一個似笑非笑的表情，老人家只回了一串：「好得很，好得很！」沒想到會開了一半，笑瞇瞇走進來的師父，高興地給了很多支持和指示。

然後呢？後來讀書會計畫不了了之，時間彷彿停格於師父的笑與心中的不安，那是一種承諾了卻未實現的小小遺憾。

一直到二〇一五年，法鼓文理學院正式成立、招生，有個內在呼喚開始跳出來，「那《天台心鑰》呢？」原來一直沒忘，只是太難，所以深藏。但終究要去面對這個念想，於是除了申請師父兩次給大眾講《天台心鑰》的逐字稿，也開始試著整理為讀書會、課程的分享，與其說是當年的承諾，不如說終於明白師父為何做這件事，自己也終於沉靜下來整理這本《聖嚴法師天台教學系統之研究與建構》。

二十三年諸多佛法內容的分享，一直有師父的著作當後盾，時時提點、刻刻教導，只要想學，都能找到答案與方向。只是天台的系統確實有其難度，雖然確定了要撰述這本筆記書，希望讓有心想閱讀《天台心鑰》的人，可以彷彿親炙師父當年授課的風采與豐厚內涵；但一邊整理一邊寫著，還是忍不住怪罪起自己竟然如此「不知天高地厚」。

然而，現在想想，也只能在序中懺悔，力有未逮處希望只是不足而無錯謬。當然，如有錯謬絕非師父教導的問題，終究是自己自不量力的錯解所造成。書寫過程中，得聖嚴教育基金會協助，蒙兩位匿名審查委員提供諸多建議，能回應並修訂的具見於書中，未及之處恐只能待於來日。僅此，誌生命中得師父教導後，做為弟子的一份野人獻曝。

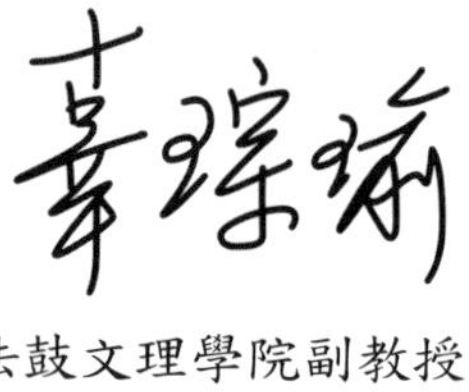

法鼓文理學院副教授

目錄

圖目錄

表目錄

摘要

本書❶所謂之「天台教學」，主要以聖嚴法師對其所撰述之《天台心鑰——教觀綱宗貫註》（以下簡稱《天台心鑰》）的教學課程為本。該書於二〇〇二年四月出版後，法師隨即安排於同年（2002）八月、隔年（2003）一月，親自對法鼓山的講師群進行兩梯次授課，並視之為種子師資培訓。課程結束後，且鼓勵以各種形式將所學習之內容及書中所述及之天台教觀的修證次第傳遞而出，顯見其對此之重視與關切。

研究者曾參與第一梯次的課程，並於其後的研究專案中，申請法師一九九八年五月一日與達賴喇嘛對談前，於紐約所繪製之「漢傳佛教傳承發展系統表」，從中發現該表所呈現有關天台學的重點之一，即在於「化法四教」的內容，故以為如欲深刻理解法師對漢傳禪佛教傳承脈絡中有關天台的思想，可藉對此二次授課內容的探討以掌握之。故向法鼓山文化中心申請法師兩次授課內容逐字稿及講綱，並製作筆記以為研究文本❷，探索法師於天台教學之重要議題與內容。

本書主要針對兩大類主題整理之，第一類主題為法師撰述該書及教授課程之目的、對漢傳佛教、禪、天台、如來藏等關鍵議題之討論為

❶ 本研究出版前經二位匿名審查者詳加審視後通過，提供諸多寶貴建議，研究者將相關問題直接補充、修訂整理於文本中，特此感謝。

❷ 申請並獲核可取得之文件中，特別標註逐字稿內容僅為研究參考，不得以原文登錄引用，故研究者採取之方式，為將逐字稿文本彙編為個人閱讀筆記以為研究文本，重新予以分析、歸類、詮釋。

主。第二類則以《教觀綱宗》為本，詳述法師詮解「五時八教」之完整內容，並特別針對天台之教與觀，尤其對於禪觀修持部分多所著墨，亦為逐字稿整理為本教學系統之特點，即與《天台心鑰》一書最大的差別。二者詳述如後。

主題一：從法師撰述此書之動機、背景、問題意識等，以理解其教學目的與未來期許。另以其所運用之方法，如撰述、製作講綱、授課、分組討論等，探討未來推廣之方向與目標。教學內容則分為兩個層面整理之，其一為指導如何閱讀與學習其所欲彰顯的重點，其次則探討關鍵概念，如天台於漢傳佛教、禪修的指標意義，就天台學詮解如來藏思想，從教觀綱宗的特色，呈顯「層次分明，圓融無礙」的精神；藉由對判教、教觀源流、重要經典等之溯源式分析，提綱挈領地描繪創造性天台學的輪廓與特色。

由前述之主題式解析，研究者試圖後設地探索法師的天台教學系統，並建構未來如欲從事法師所期待的傳承脈絡，當從哪些面向開展並推廣其中的教學指標，從而回應法師撰述該書並進行授課之動機與目的。此部分並以重新整理後之講綱、課程重點、未來教學或帶領讀書會注意事項等重點呈現於後。

主題二：進行過程以對讀方式，整理逐字稿與書稿之重要差異。對讀後發現，逐字稿之內容幾乎可為另一本「聖嚴法師教天台」之著作，除了對蕅益智旭《教觀綱宗》內容之詮釋，以提供現代人容易入手之理解外，另為對弟子修行上之提點。可視此為本教學內容與其他詮解《教觀綱宗》之註解文本最大的差異，亦可視為以宗教師自期的聖嚴法師對於天台之學的傳承與關注。

揆諸《教觀綱宗》本即為天台宗整理的整體佛教教學系統，其中以化儀四教的頓、漸、祕密、不定，做為教學對象之「根機」與「教材」的「匹配」對應，使之「合宜」於學習之效。而教材則從佛陀一代時教所整理之「五時」經教中，綜整其中的內涵為學習的不同層次，即化法四教之藏、通、別、圓四層次。

故知法師以《天台心鑰》一書將《教觀綱宗》的教學系統予以詮解，並以諸多註解以為輔助內容，使後學者得以掌握其中的精髓，而此精髓亦可視為法師對漢傳佛教中完整修行次第之教觀、解行的彙編；同時也可視為漢傳佛教對整體佛教的傳承與消融。

此若以蕅益智旭於《教觀綱宗》題名下之一行小字觀之，庶幾可為此一歷程給予輪廓式之理解，該行小字及法師之說明如下：

> 在《教觀綱宗》的題名之下，有一行小字原註云：「原名一代時教權實綱要圖，長幅難看，今添四教各十乘觀，改作書冊題名」，可知此書原係圖表形式，後增改成為論文的書冊形式。❸

從此段文字可知，《教觀綱宗》乃蕅益智旭將原圖擴充為論文形式，以更完整的陳述、整理、彙編天台宗乃至整體佛教的修行藍圖。聖嚴法師則以《天台心鑰》貫註、詮解，一方面將文字轉換為符應時代需求之書寫形式，一方面將重要內容、關鍵概念以註解（如法師所言，以小論文方式梳理，以求更清晰地展現此些專業卻可能不易掌握的名相及相關法義發展脈絡）。

至於本書，則試圖將聖嚴法師上課內容之逐字稿進行筆記式整理，輔助閱讀理解《天台心鑰》，同時將相關內容以現代圖示呈現之。從一張複雜的長幅圖，轉而為文字，增加註解；爾後，再以不同的方式繪製為系列的圖表，目的皆在於整理修行歷程的全面藍圖。

此外，本書以法師教學之逐字稿為對讀文本，旨在發現法師教學現場所強調、重視而有別於原著作之內容，以呈顯法師對天台教學之創發。《天台心鑰》中的語譯、詮釋、註解為傳承，教學逐字稿則見其創造。其目的亦是理出佛教的教學系統：以五時八教詮解整體佛教修行中

❸ 釋聖嚴，〈五、《教觀綱宗》的書名〉，《天台心鑰——教觀綱宗貫註》，《法鼓全集》第 7 輯第 9 冊，臺北：法鼓文化，2020 紀念版，頁 32。

有關對機、經教、知理、修觀、得智、斷惑、證果之組織與結構，並以六即及十法成乘（後皆以「十乘觀法」呈現）圓滿修證歷程與層次分明且圓融無礙之修行法鑰，使修學佛法有清楚而全面之系統化建構。故雖以《天台心鑰》詮解《教觀綱宗》，看似整理的是天台的觀修系統，實則顯現天台宗以「判教」對漢傳佛教的傳承與發展，同時又是漢傳佛教對整體佛教的繼承。

〈第七章　天台教學實務：課程設計與開展〉中，整理三個層次的圖表，包括法師教學講綱，修整後製為圖表，此為第一層圖示，第二層圖示為逐字稿內容依十六次講述內容製為圖表，以理解其所講述之大要。第三層則為十六次內容以研究者綜整、分析、歸納後之整體輪廓圖示之，為主題式掌握法師講述重點。

此亦回應文中所述，蕅益智旭將原名為「一代時教權實綱要圖」整理為論述綱要，法師則將其以現代語言譯之，再輔以重要議題與概念之小論文式梳理。後以講綱講述，留下逐字稿。研究者則以逐字稿內容主題式整理，最後再以現代式圖表擴大原圖，使此綱要成為更完整之修行地圖。

另試圖分析幾項經驗，而彙整出未來可參考之借鏡。包括研究者最初參與「《天台心鑰》內部帶領人讀書會」，後又無疾而終之原因。自行帶領兩次讀書會、於分寺院講述《天台心鑰》、於僧大講述「天台入門」之困境與反思、重整，希望對於未來有心者得有參考之用。

關鍵字：天台教學、漢傳佛教、判教、層次與融通、禪修、五時八教、教觀

• 第一章 •

緒論

許多人於初接觸佛教，或尋思進入「修行」歷程之際，即可能因為一個又一個生疏而深奧的「名相」，或謂佛教修行的「專有名詞」，而感覺無法契入，甚而形成障礙。

即使開始試圖理解這些專有名詞，還可能會遭逢第二個困境，亦即此些名詞，包括「概念」、「理論」、「方法」等，皆可能在不同宗派、修行脈絡或學習系統中，發現不同的詮釋。而當開始進入修行觀念與修行方法後，亦會發現其中的「八萬四千」方法中，也存在不同的契入處：如有指出可依靠「他力」的，也有強調「自力」者；有偏重「信」，亦有強調「解」者；乃至最基礎的三學——戒、定、慧，也有諸多不同對應關係與修持排序的討論。

如果放大學習視野，進入歷史脈絡來認識佛教在時空中的變化，當發現其不同的傳承，也帶出迴異的佛教文化與趨勢，無論是與創始者釋迦牟尼密切關聯的根本佛教，或傳往世界各地而出現於東南亞一帶的南傳佛教，東傳後開出的漢傳佛教、日本佛教、韓國佛教，乃至於由印度往上傳至藏區的藏傳佛教等，皆具備且強調各自不同的觀念與修行方法。

然如溯及過往佛教於不同時空背景中的弘傳，其多元的方法與觀念，早已有許多前人為之整理彙編。如有人發現，佛教中諸多專有名詞皆與數字有關，而有法數之學。如以種種事相之分類為原則，則有俱舍宗的五位七十五法，或法相宗的五位百法歸納方式，強調最基本組成元素的「範疇」觀。亦有重視觀念的釐清，或強調不同佛教修習法門之間的關係與次第之學等。

其中對當代佛教研究而言，形式與結構相對複雜而普及的，大概可推「判教系統」。因其試圖統整所有佛教經典、教理、修行觀念與方法，乃至修證次第等，皆給予一一定位與依序學習的修行輪廓或修行地圖。其中最為人所熟悉者，當以華嚴的「五判教」、天台的「五時八判教」，以及近代太虛法師與印順法師的「大乘三系判」等。

而畢生以分享正信佛法，同時以承擔漢傳佛教弘傳為要的聖嚴法師，雖具赴日取得博士學位的學術訓練背景，然對於人們是否得以理解並運用佛法於日常生活，向來視為相對更重要的事，如法師所言：

> 我是中國沙門，我的目標仍為中國佛教的前途。誰都知道，我國佛教，一向注重學行兼顧或悲智雙運，以實踐佛陀的根本教義或菩薩精神的自利利他法門，古來宗匠，無一不是沿著這條路線在走，東老人也嘗以寧做宗教家而勿做研究宗教的學者期勉。❶

故而法師在禪修指導之外，亦曾針對此編寫《華嚴心詮——原人論考釋》，❷整理了華嚴判教系統；又編著有《天台心鑰——教觀綱宗貫註》，❸探究天台的判教系統；另有《探索識界——八識規矩頌講記》，❹對唯識的名相與修證次第亦多所著墨。法師於上述著作之書序

❶ 釋聖嚴，〈前言〉，《大乘止觀法門之研究》，《法鼓全集》第 1 輯第 2 冊，臺北：法鼓文化，2020 紀念版，頁 5-6。

❷ 釋聖嚴，《華嚴心詮——原人論考釋》，《法鼓全集》第 7 輯第 14 冊，臺北：法鼓文化，2020 紀念版。

❸ 釋聖嚴，《天台心鑰——教觀綱宗貫註》，《法鼓全集》第 7 輯第 9 冊，臺北：法鼓文化，2020 紀念版。

❹ 釋聖嚴，《探索識界——八識規矩頌講記》，《法鼓全集》第 7 輯第 6 冊，臺北：法鼓文化，2020 紀念版。

中亦特別指出，清晰的次第化修學，乃學佛不致「以凡濫聖」的重要依據。

本書即立基於此，試圖探索法師在判教系統的概念下，如何思惟或釐清？其目標為何？本書所欲建構之聖嚴法師天台教學系統乃以法師於著述《天台心鑰》之後所安排之授課內容逐字稿為主。除了法師對天台判教的重視，主要亦在於法師於書籍出版（2002 年 4 月）後，陸續在二〇〇二年八月、二〇〇三年一月進行了兩梯次的教學，親自整理講綱，對法鼓山體系內的講師群授課，視為種子師資的培訓。並於課程結束後，鼓勵以各種形式將所學習的內容及書中所述及之天台教觀的修證次第，做為重要的修行地圖傳遞而出，顯見其對此之重視與關切。❺

研究者曾參與第一階段的課程，並於其後的研究專案中，申請法師一九九八年五月一日與達賴喇嘛對談前，於紐約東初禪寺所繪製之「漢傳佛教傳承發展系統表」，從中發現法師於該表所呈顯之天台宗重點之一，即著眼於「化法四教」的內容。故向法鼓山文化中心申請此二次課程之授課內容逐字稿及講綱，以之製作為閱讀筆記，並以此筆記為研究文本，進一步整理為本書之主旨——聖嚴法師天台教學系統之研究與建構。

本書主要涵蓋兩大面向，其一為法師撰述並講述《天台心鑰》一書之動機、背景、問題意識與目的，同時以其所運用之方法，如撰述、製作講綱、授課、討論，言及未來推廣方向與目標，深入體解其試圖建構

---

❺ 林其賢，《聖嚴法師年譜》：「三月十九日，上午，佛學推廣中心於農禪寺舉行『《天台心鑰》講師種子培訓營』，法師為五十多位學員及十餘位法師開示：不為研究而研究，是為實踐而研究；擔任講師並非好為人師，而是為教學相長。

師父勉勵未來的講師，從培訓到來日弘講，應謹記：一、要有正確的知見。天台學對於佛法的知見，有很清楚的判釋，『漢傳佛教之中，講次第講得最深的，就是天台』；二、不為研究而研究，而為實踐而研究。師父指出，當代美日佛教學者，多數皆有修行的體驗，可惜國內尚未有此風氣。『佛法離開實踐，那是沒有生命力的。』希望每位種子講師，除了深入佛學，也要有修行的體驗，否則無法感動人。（《隨師日誌》未刊稿）」（第四冊，臺北：法鼓文化，2016 年，頁 1956）

之教學系統，以為未來持續推廣之基礎。此部分之重點，在於回應法師所言，期許未來有更多人參與整理並傳承層次分明又圓融之天台修行脈絡，甚且形塑為漢傳佛教之修行地圖。如此之動機與具體教學指導，可為未來推展此事做為重要之立基。

其次在教學內容部分，其逐字稿雖涵蓋講述該書之全部內容，然研究者發現，講述已完成之書籍，與撰寫書籍仍有差異，尤其在法師對此延伸而出之相關議題，以及引領如何閱讀等重點，對學習者具備重要的意義與作用，故此亦為本書所特別指出者。

故而進一步以對讀方式，整理逐字稿與書稿之重要差異，對讀後發現，逐字稿之內容幾乎可為另一本「聖嚴法師教天台」之著作，除了對蕅益智旭《教觀綱宗》內容之詮釋，以提供現代人容易入手之理解外，更多者為對弟子修行上之提點。此亦可視此教學內容與其他詮解《教觀綱宗》之註解文本最大的差異，亦可視為以宗教師自期的聖嚴法師對於天台之學的傳承與關注。

揆諸《教觀綱宗》本即為天台於整體佛教之教學系統，其中以化儀四教的頓、漸、祕密、不定，做為教學對象之「根機」與「教材」的「匹配」對應，使之「合宜」於學習之效。而教材則從佛陀一代時教所整理之「五時」經教中，綜整其中的內涵為學習的不同層次，亦即化法四教之藏、通、別、圓四層次。故知法師以《天台心鑰》一書將《教觀綱宗》的教學系統予以詮解，並以諸多註解以為輔助教材，使後學者得以掌握其中的精髓。

此若以蕅益智旭於《教觀綱宗》題名下之一行小字觀之，庶幾可為此一歷程給予輪廓式之理解，該行小字及法師之說明如下：

> 在《教觀綱宗》的題名之下，有一行小字原註云：「原名一代時教權實綱要圖，長幅難看，今添四教各十乘觀，改作書冊題名」，

可知此書原係圖表形式，後增改成為論文的書冊形式。❻

從此段文字可知，《教觀綱宗》乃蕅益智旭將原圖擴充為論文形式，以更完整的陳述、整理、彙編天台宗乃至整體佛教的修行藍圖。聖嚴法師則以《天台心鑰》貫註、詮解，一方面將文字轉換為符應時代需求之書寫形式，一方面將重要內容、關鍵概念以註解（如法師所言，以小論文方式梳理，以求更清晰地展現此些專業卻可能不易掌握的名相及相關法義發展脈絡）。

至於本書，則試圖將聖嚴法師上課內容之逐字稿進行筆記式整理，輔助閱讀理解《天台心鑰》，同時將相關內容以現代圖示呈現之。從一張複雜的長幅圖，轉而為文字，增加註解；爾後，再以不同的方式繪製為系列的圖表，目的皆在於整理修行歷程的全面藍圖。

而本書以法師教學之逐字稿為主要文本，旨在發現法師教學現場所強調、重視而有別於原著作之內容，做為法師對天台教學之創發。書之語譯、詮釋、註解為傳承，教學逐字稿則見其創造。其目的亦是理出佛教的教學系統：以五時八教詮解整體佛教修行中有關對機、經教、知理、修觀、得智、斷惑、證果之組織與結構，並以六即及十法成乘（十乘觀法）圓滿修證歷程與層次分明且圓融無礙之修行法鑰，使修學佛法有清楚而全面之系統化建構。故雖以《天台心鑰》詮解《教觀綱宗》，看似整理的是天台的觀修系統，實則顯現天台宗以「判教」對漢傳佛教的傳承與發展，同時又是漢傳佛教對整體佛教的繼承。

---

❻ 同註❸，頁32。

第一節
研究動機、問題意識與研究目的

如前所述，研究者曾參與法師所指導之第一梯次課程。此次課程對研究者當時以及往後於佛法之學習，乃至於法師所重視的三大教育中的「大學院教育」、「大普化教育」教學現場的課程方向帶來重要影響，並引導出撰述本書之動機及目的如下：

1. 緣起動機：研究者於「聖嚴法師大願興學研究」發現法師對法鼓大學之重要期許為「漢傳佛教」之發展，然所謂的「漢傳佛教」於法師的詮解為何？當如何體現於法鼓山大學院教育的重要環節——法鼓大學？（歷經二十二年籌設並與「法鼓佛教學院」整併後為目前之「法鼓文理學院」）

2. 為探索前一提問，研究者進一步透過法師與達賴喇嘛一九九八年五月一日對談前所繪製之「漢傳佛教傳承發展系統表」，做為對於法師所詮釋之「漢傳佛教」之研究文本，發現法師對漢傳佛教的分疏，與天台宗及華嚴宗的判教有重要的連結。

3. 研究者曾參與法師撰述《天台心鑰》一書後親自授課之課程，課程中對於天台與漢傳多所著墨；故而試圖整理法師授課逐字稿之內容，一方面做為法師天台教學之史料重建，其次則探索法師如何透過天台學對漢傳佛教深入闡述。

4. 嘗試對比書稿與逐字稿之差異，以授課內容補書籍之未及或未能指出之重點，並整理撰述《聖嚴法師天台教學系統之研究與建構》專書。

分述如下的發現、聯想、體驗與發願。

一、一次非刻意的發現與聯想

研究者於二〇一七年發表的論文〈聖嚴法師大願興學之研究〉❼中，發現法師對於未來的法鼓大學（籌設中的法鼓人文社會學院）提出幾點重要的方向，其中於「法鼓大學辦學理念與方針共識會議」上，指出對法鼓大學的五個期許，其一即指出要以漢傳佛教為興學主軸。❽

法師於該次共識會議開示中，曾指出其所傳承之漢傳佛教的特色及所欲掌握之重點如下：

> 至於漢傳佛教的特色，我的西方禪修弟子曾經給我兩個回饋，一是將原本艱澀難懂的佛學名相，轉化為現代人可接受明白的語詞，融入一般人的生活之中；其次，將漢傳佛教之中的中觀、唯識、如來藏、禪、淨等宗派，融會貫通，並為我傳承漢傳佛法的兩大特色。法鼓大學的辦學，必須掌握此一主軸。

而如何落實此一主軸，似乎不僅只是提出方針，對於聖嚴法師所指陳的「漢傳佛教」內容之理解，以及如何或透過何種方式，包括教學、研究等深入探索並提出可發展之舉措，以回應此辦學標的，便成為研究

---

❼ 辜琮瑜，〈聖嚴法師大願興學之研究〉，發表於第一屆 IELE 學術論文研討會——創造教育新生命，國立臺北教育大學教育學系、國立臺北護理健康大學生死與健康心理諮商學系、法鼓文理學院生命教育碩士學位學程主辦，銘傳大學教育研究所協辦，2017 年 6 月 11 日。

❽ 二〇〇六年五月十一日，「法鼓大學辦學理念與方針共識會議」，主題為：以漢傳佛教為興學主軸——對法鼓大學的「五個期許」，為未公開內部文件，目前典藏於法鼓山文化中心「聖嚴法師文史資料典藏室」，為研究者於該次論文發表所申請之研究文件。

後筆者復於二〇二四年申請此「五個期許」之內容，做為筆者所服務之法鼓文理學院「大願。校史館」展示之用。

五個期許包括：1. 以漢傳佛教特色為興學主軸，2. 法鼓大學在三大教育環扣之中，3. 多元化、多層次經營，4. 優秀師資與法鼓山理念，互為加乘效果，以及 5. 創新為最大特色。

者心中一個懸念。

亦由此思及曾有過之獨特學習經驗——前述聖嚴法師於撰述並出版《天台心鑰》之後，召集大眾親自授課，記憶中似曾論及關於天台與漢傳之關係。

此外，研究者亦曾見法師所繪製「漢傳佛教傳承發展系統表」，其中針對佛教傳至中國後之發展，以華嚴、天台之判教示之，❾似乎判教與法師論述漢傳佛教有密切之關係。故而亟思透過對佛教判教系統之進一步探索，以理解法師對漢傳佛教之詮解，乃至教理與實踐之觀點。

前述系統表僅節錄法師所整理之天台宗、華嚴宗判教系統如下：

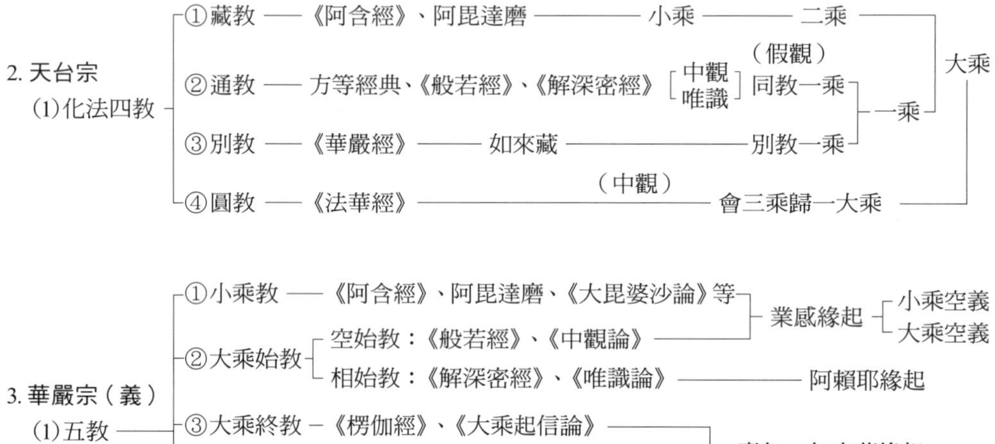

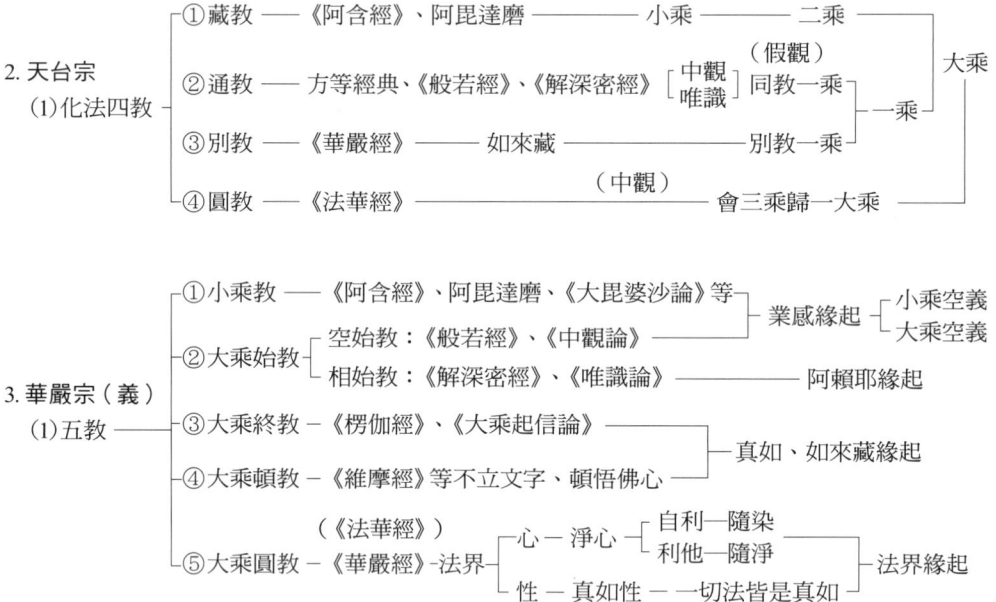

圖 1-1：聖嚴法師「漢傳佛教傳承發展系統表」部分節錄

---

❾ 此「漢傳佛教傳承發展系統表」，已正式披露於拙作《聖嚴法師心靈環保學意義與開展》（臺北：法鼓文化，2022 年，頁 54-55）一書中，其中有關佛教傳入中國後，法師即以天台宗的化法四教、華嚴宗的五教為主而予以分析。

二、一場獨特的教學安排與學習體驗

其次，如以《法鼓全集》一百零八冊之數量，觀聖嚴法師畢生之著作，實涵蓋各種面向與不同深淺層次。即使以較為深奧之教義類觀之，亦如其所言，有禪、唯識、華嚴等宗派；以經典釋義，更涵蓋諸多重要典籍。

然諸多著作中，唯撰述並出版貫註《教觀綱宗》之《天台心鑰》後，特安排兩次親自授課，且對象似又具備特殊身分——法鼓山僧眾、中華佛學研究所部分師生、體系內授課師資、部分專職及信眾中的幹部，是否具有特殊目的？為參與其中第一次課程之研究者所欲深入探討者。

研究者參與課程前，為法鼓文化《人生》雜誌主編。如以記者或編輯身分觀察，可發現法師對待此課程之講述，及對參與學員未來授課一事頗為重視。當知悉學員主動聚會討論未來推廣事宜，即曾親赴會議勉勵，可見其關切與期待。

此外，也從學員各種提問及回應重點，見法師思想與教學之開放性、包容性、消融性、合理性及整體性視角，對參與者而言，為極重要之身教。由於參與之學員身分多為親炙法師相當時日之四眾弟子，且為法師期許未來帶領讀書會或課程引導之對象（相關參與者之資料，詳見後文之整理），故對法師授課內容所提問題皆頗直截犀利，如「既為禪宗道場禪宗弟子，又特意教授天台莫非要吾等轉為天台子孫？」「已有近代之佛典成立史研究成果，何須再參究古人之判教系統理解經典成立概念？」「漢傳佛教沒有次第，天台名相繁複，藏傳南傳似更易掌握系統性？」「如來藏思想是不是梵天、梵我或神我？漢傳是否即為如來藏思想？禪宗是否為如來藏思想？」「禪宗已發展至頓悟境界，何須天台複雜的漸修次第？」等問題。

法師則就此些尖銳問題一一回覆，除了開放式的問答讓弟子受益良多，甚且帶出更多有關天台與禪、天台與漢傳、漢傳與藏傳南傳、如來藏思想，乃至頓、漸之別對弟子修行上之提點。另有關文獻研究課題，法師則直截指出，善問是好，但並不足夠，善問者仍須善思善覓解答，而非丟出問題即可。而許多與修行相關的問題，則成為法師禪堂之外的修行提點，細膩而隨手拈來的分析，亦令研究者留下深刻的印象，併上述闡述漢傳佛教與天台學之內涵，亦引發研究者開展此研究之動機。

三、一場發願與實踐之旅

此外，經幾次聖嚴思想研究之深化過程，發現如欲展開聖嚴法師思想的應用研究，似乎當回溯其所形塑並整理之基礎觀念，亦即緒論中所言及，法師著述中有關華嚴、天台的判教，唯識學的基本導讀等作品。加上自身從事教育工作後，對課程設計、教材彙編有更多的體驗，故而希冀回到此課題，重新檢視，以自己學習歷程為參照，透過重新整理法師所撰述之書籍、編寫之講綱，以及授課之內容，深化理解後，找出學習的方向與脈絡。

其次，緣於法師於課程中所指出的第二個重要議題，即天台學的內容，對修行者，尤其禪修者具有重要的參考意義，並指出其對於漢傳佛教未來的弘傳具備重要的作用。此二者最主要的關鍵，皆在於指出天台的系統化、條理化、次第化等特質，對於被評析為簡化、空洞化、無次第化的漢傳佛教有其補救與調節之作用。同時能避免許多禪修者，在未有扎實的基礎訓練與足夠的修行根柢下，卻因稍有領略即誤以為進入悟境，而有以凡濫聖的危機。

針對上述討論，如若天台教學對漢傳佛教、禪修皆具備如此重要的作用，顯然嘗試推展此系統或設置更多的學習平台，以達致法師所希望的標的，有其必要性。然此為複雜而縝密的系統，且法師講授課程當時，亦曾有參與者集結討論，卻未產生組織化、持續性的推廣。❿ 因此

---

❿ 黃國清曾於〈聖嚴法師在臺灣法鼓教團推動天台教觀的努力——以《天台心鑰》一書為中心〉一文中，剴切指陳相關歷程，以及出現之問題與待解之課題。該文收錄於《聖嚴研究》第三輯，臺北：法鼓文化，2012 年 6 月，頁 349-384。

如果試圖建構此教學組織或教學文本，似乎應先回溯法師當時所強調之重點，以做為未來開展之基礎。

故申請法師當時授課之逐字稿，試圖藉由筆記之方式研讀、分析、整理，理出可彙編為未來教材設計之底本。整理之目的，即如法師所言，其撰寫《天台心鑰》乃為大眾提供易於理解《教觀綱宗》之參考文本。而研究者則嘗試以授課逐字稿為基礎，以撰寫「聖嚴法師教天台」之參考資料。即做為一本閱讀《天台心鑰》的輔助文本或參考工具，或提供未來有心教學者之對照手冊。

本書即立基於此，就逐字稿之內容，整理上述法師對教學傳承之設定與規畫。其次則找出此系統建構之必要性與時代意義，包括法師對自身從事此一撰書、編輯講綱及授課之動機、問題意識，以及諸多修行與補偏救弊之關切。

而法師於授課過程中，多次提及之教觀並重、定慧等持、解行雙軌等，以及教學或讀書會帶領人並非僅止於名相之解析，須兼顧理論與實踐，方能深刻契入等提點，似乎也為未來帶領人之學習取向導出重要的指標。此課題似乎也可回應佛學、學佛二者的辯證關係。

為回應上述問題，對研究文本之整理，設定如下原則：其一為涉及重要議題者，其二涉及未來開展學習平台須先建置的基礎認知，其三整理從《教觀綱宗》到《天台心鑰》中所指出之完備修行地圖，涵蓋化法四教之定義、各別詮述之法義、當機開示之眾生、所化之對象、所修之觀、所證之涅槃、所出之生死、前三教之六即菩提到圓教之六即佛、修證時劫、十乘觀法等。

蓋上述內容乃如法師授課中所指，須集眾人之力，整理彙編屬於漢傳佛教之修行地圖。其雖已著書、授課，然於現代人而言，如何培養師資或帶領人，將內容消化、內化，並以現代人所能理解之語彙與概念，融入生活中，讓有心進入漢傳佛教之修行者，得有一入處，且能長期而持續從事次第修行，似仍有待後繼者共同為之。故將此視為未來研究方向，並期更多相應者探討與參與。

第二節
研究文本、研究方法與內容概述

一、研究文本與研究方法

雖然法師對《教觀綱宗》的整理，主要呈顯於《天台心鑰》一書中，然而書籍的閱讀與內容的深度，較不易探知法師的「教學理念」與「教學特色」，且法師於授課過程中，會附帶強調其特殊關切，而為書中未提及之議題；另亦有針對學習者之提問而回應之重要反饋，皆為書中所無法窺見者。故而本書的研究文本，主要為前述兩次聖嚴法師對法鼓山師資群授課的內容，亦即經由法鼓山文化中心錄製並整理之逐字稿，同時輔以法師為此二次授課彙編之講綱。

其中逐字稿共錄出文本十六份，總計字數 112,633 字，分別為第一梯次八堂課及第二梯次八堂課，內容簡表及統計之字數如附錄。此附錄主要依授課進度之時間歷程推進，以見授課內容之全貌與輪廓。

至於研究主體，則以內容分析與歸納詮釋為研究方法，就兩梯次共十六堂課的課程內容，對照講綱，予以分析與編整，同時依研究者對應前述研究目的之詮釋脈絡定義主題，並重新整理法師的陳述觀點。原授課講綱乃對應書中次序而編輯，然研究者於閱讀整理中發現，法師對此些內容的關切度、偏重度，或某些議題的再三提醒，往往能提供學習者更清晰的學習視角，故而不依原有講綱與書籍順序而重新編整論述架構。

有關研究文本之所以取逐字稿為主，乃在於研究者對原書文稿與逐字稿進行文本對讀後，發現並整理如下幾項較明顯之差異。

1.《天台心鑰》是以語譯及註解協助理解《教觀綱宗》，授課逐字稿更偏重如何指導進入修行脈絡。

2.《教觀綱宗》、《天台心鑰》是「教理」詮述之理，授課過程更多是直接導入「觀修」。

3. 逐字稿的特色，在於把艱深難懂的名相用最基礎的方式解說，把複雜的概念，以旁徵博引、譬喻、生活日常的事例做清晰且具層次之方式說清楚。

4. 重點在於：(1) 觀念連接到修行，(2) 理論轉進實踐的方法和方向，(3) 再以生活可實踐的面向舉例或強調。

示例：如以藏教「觀行即」之修行起始點「五停心」、「四念住」的關係觀之，法師特別藉由二者修行上的銜接，以五停心為四念住前方便，進一步連結三十七道品的脈絡。

或以《心經》詮解為例，將化法四教之內容融入其間，對於嫻熟於《心經》的大眾而言，提供了親切且清晰的對照學習視角。

5. 透過闡釋並指出止觀與默照的關係，亦是藉此將法師所指導之重要禪修方式予以連結，以提示學習者未來可探索的面向。

6. 授課內容較像是指出、建構如下幾個方向：(1) 思想及理論架構，(2) 擘畫系統關係、修行地圖，(3) 再指引弟子們未來如何置入修行內容。

二、研究內容概述

研究內容即依逐字稿所分析、歸納之主題及研究者所整理之筆記彙編，為本書第二章至第六章之內容，出處標記於表格中，以兩梯次各八堂課的方式，標記為 1-1 至 1-8，2-1 至 2-8 兩組編號。

內容主要為兩大類，其一與法師授課之目的，即期望弟子未來經由教學、讀書會等形式，將漢傳佛教中最具次第、完整的修行脈絡——天台之學傳承下去。故從逐字稿中發現諸如法師籌畫課程初始之動機、背景、問題意識，以及對授課對象之期許，包括對未來「教」與「學」之建議等，以見其所關切，同時於未來開展此教學系統得有參照。

同時研究者亦相對從學習者及當時時空背景考察，涵蓋教學文本、課程講述者、聽講受眾，以及彼時佛教發展狀況，經由四者交叉對照，試圖更清晰理解法師的教學目的，此為本章第三節所呈顯者。

第二類內容，則涵蓋兩個面向，其一為對漢傳佛教相關議題之討論，包括法師對天台之學、教、觀，及重要課題如漢傳佛教、如來藏思想等之分析與闡述，以理解法師天台教學系統中之理論背景、思想系統與實踐方法。以下述問題為例：

為何是天台？如何教？重要議題為何？

1. 論述為什麼要教天台？如何教？重視什麼？

2. 學天台的意義與價值：以天台之判教內容回應漢傳佛教合理性、消融性、包容性的說明，另也論及天台對禪宗所形構的價值。

3. 如何層次分明又圓融無礙：六即、十乘、化法對象、通別、相接相望。有分明之別，又開圓融之可能。

4. 透過《天台心鑰》說了什麼？五時八教的重要意義是什麼？具體指出眾生根機之別，學習狀態之別，使修行次第化之必要。

5. 重要特色也指出修行次第及信心，如六即、十乘、通別。

6. 教與觀之對照的詮釋。

7. 修行觀法的層次（觀、智、得）。

其次則為本書之骨幹，即法師課程雖為講述書籍內容，然藉由逐字稿分析，發現聖嚴法師對於《教觀綱宗》的整理並不僅限於其做為「天台判教」之作用，更由其理論與實踐並重，整理全部佛教的內容與佛法解行教學的意涵，可成為漢傳佛教整體修行系統建構之依據。此概念即由「天台判教」入手，而指涉「漢傳佛教」，進而通達整體佛教之發展歷程。

完整分析為下列三個重點：

1. *以天台判教為漢傳及整體佛教之教學系統*

（1）一種藉由天台的判教系統，指出理解漢傳佛教詮釋整體佛教的視角。

（2）教觀綱宗是天台宗教導佛教之教與觀的系統，法師藉此整理相關名相，使這套教學系統有輔助材料，其目的亦是理出全部佛教的教學系統：含就人之機（根機）對應：①法之類，②觀之次第，及③修之證。

（3）使修學佛法有清楚的全面性對照，故亦為佛法學習的全面教學系統之建構。

上述觀點即法師授課中所指《教觀綱宗》的重點特色之一，在於呈現了全部佛教的組織體系和實踐步驟，即釋迦牟尼佛的一代時教。從釋迦牟尼佛最初成道一直到涅槃，四十多年間所說的法，因為對象不同，所以內容層次也不一，修行方法也不太一樣，而天台學便是將這些內容串聯、整合起來，成為有系統、有步驟的教學內涵。⓫

其中藉由「五時」說，論及一代時教的經典分判，同時《教觀綱宗》作者以其創造性的傳承，對傳統天台宗的別五時觀，提出創見以澄清五時判教的合理性說明，而有通別五時的重新整理。內容如圖 1-2 所示：

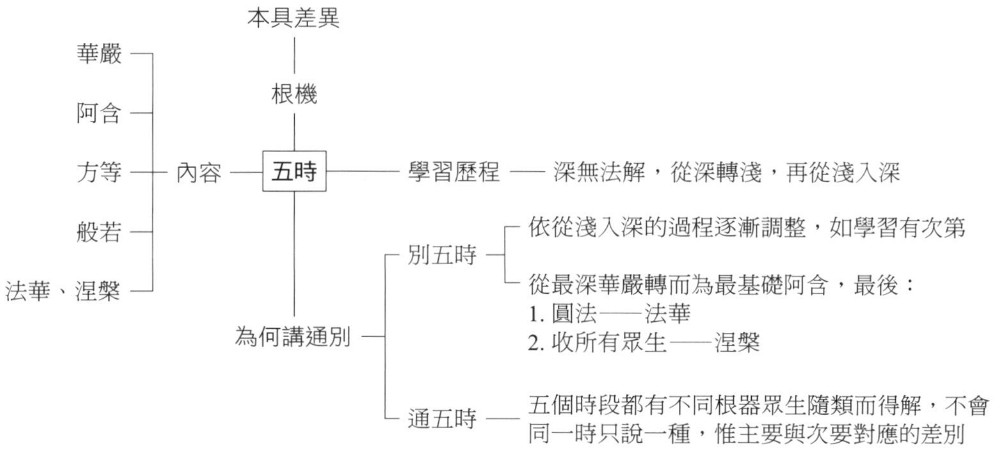

圖 1-2：五時基本概念與通別論簡圖（研究者自製）

⓫ 逐字稿第一次課程第一堂課筆記摘要。（1-1）

2. 將五時及化儀化法之匹配做為漢傳及整體佛教之教學系統

至於上述由天台而漢傳而整體佛教的系統化內容，即「五時」的一代時教分類，「化儀」與「化法」的對機對應，如下所整理：

（1）《教觀綱宗》本可視為天台的教學系統，化儀是教化之根機與教材的「匹配」（對「儀」的解釋）使之「合宜」（「儀」的另一意思）。

（2）化法則為對應化儀之匹配內涵。

（3）匹配及所化的內容為五時中所教授的經典，依其經典及教義置入化儀。再將其中所涵蓋的內容和觀修方法，整理成化法的排配。

（4）化儀是藥方，開出合適的、對應的、匹配的方子，再從藥材去取抓，找出治療自己的藥。

（5）上述內容可以圖 1-3、圖 1-4 理解之。

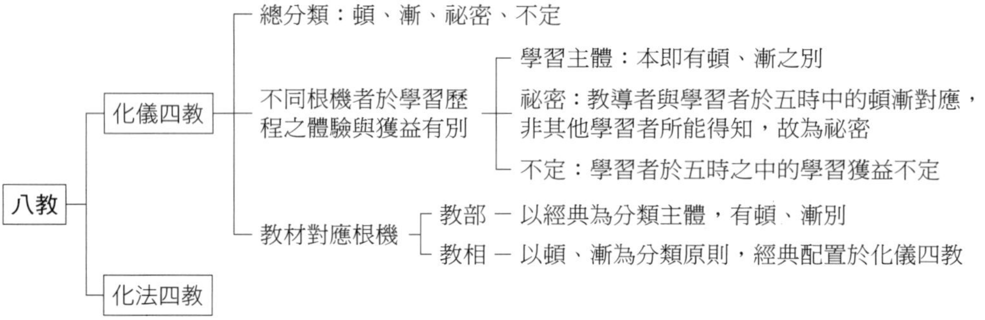

圖 1-3：化儀四教的分類原則與根基對應

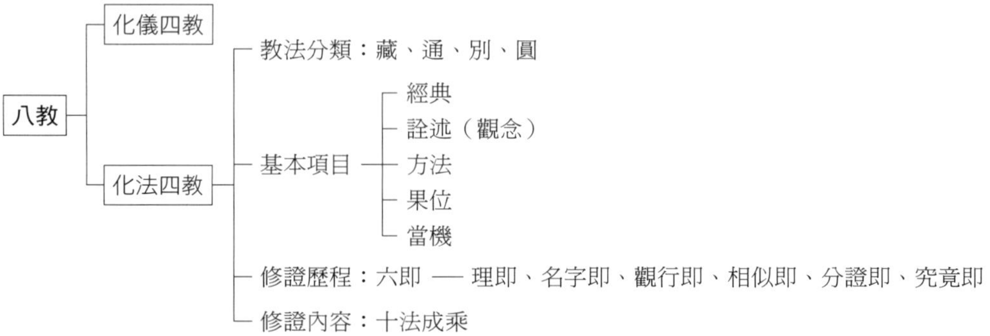

圖 1-4：化法四教的分類與對應之修行系統

進一步分析逐字稿中，有關法師天台教學之脈絡，從而建構法師天台教學之學習系統，或可探索其開展漢傳佛教教學的連結。

3. 將化法四教之內容完整摘要彙編

化法四教的具體內容，乃為《教觀綱宗》中最重要而複雜難以入手之處。法師針對此做了相應的耙梳，本書特以第六章「化法四教教觀彙編」整理之，期以此梗概而層次釐清之方式，並以相應之圖表，達致對此書的入門參照。

至若本書之研究內容則圖示、說明如圖 1-5。

（1）動機、問題意識、研究方法與整體脈絡考察法師教學之時代意義與特色：

主要透過研究動機、問題意識以及當時的時空背景，陳述本書主要撰寫目的，除了希望編整一本對閱讀《天台心鑰》具有參考作用之書籍，尤其對於法師何以於撰寫書籍後，集合弟子教授並提點未來對此之研究與教學傳承，對於法師天台教學具備某種意義之史料保存與意義探索。

關於整體脈絡的考察，以四個面向探討之，包括：①授課主體，即授課文本；②授課者，即聖嚴法師的身分與立場；③聽課之受眾，對參與者之身分別整理彙編，以深入理解法師重要議題的講述動機與目的；④彼時佛教發展的時空背景，就法師出版及授課前後時期與當代重要佛教領袖的交流，試圖掌握其對漢傳佛教重視之要因。

（2）天台學之意義與如何體解《教觀綱宗》：

分別整理法師於授課動機、學員回饋中所言及，何以特別重視天台學？以及講述天台、重視天台，是否與禪宗的傳承矛盾？另外以天台學之溯源，及其所詮解之《教觀綱宗》作者與該書特色為基礎，提供學習者整體佛教脈絡中，有關天台的定位與根基，以及以本書立論之意義。

（3）天台教學脈絡之反思——漢傳佛教：

此所謂之教學脈絡，乃就法師於課程中將天台置於漢傳佛教開展中

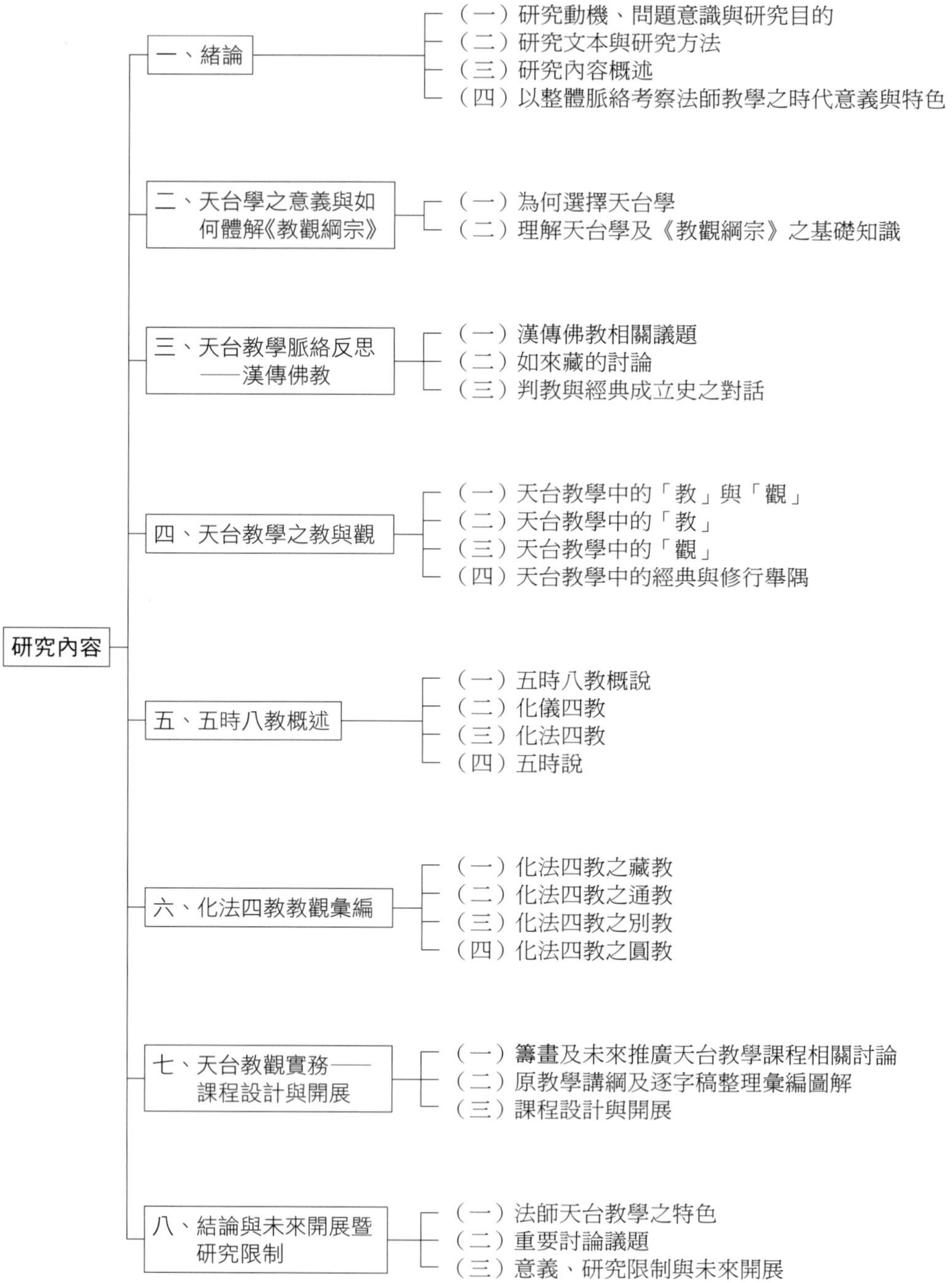
研究內容
一、緒論
（一）研究動機、問題意識與研究目的
（二）研究文本與研究方法
（三）研究內容概述
（四）以整體脈絡考察法師教學之時代意義與特色
二、天台學之意義與如何體解《教觀綱宗》
（一）為何選擇天台學
（二）理解天台學及《教觀綱宗》之基礎知識
三、天台教學脈絡反思——漢傳佛教
（一）漢傳佛教相關議題
（二）如來藏的討論
（三）判教與經典成立史之對話
四、天台教學之教與觀
（一）天台教學中的「教」與「觀」
（二）天台教學中的「教」
（三）天台教學中的「觀」
（四）天台教學中的經典與修行舉隅
五、五時八教概述
（一）五時八教概說
（二）化儀四教
（三）化法四教
（四）五時說
六、化法四教教觀彙編
（一）化法四教之藏教
（二）化法四教之通教
（三）化法四教之別教
（四）化法四教之圓教
七、天台教觀實務——課程設計與開展
（一）籌畫及未來推廣天台教學課程相關討論
（二）原教學講綱及逐字稿整理彙編圖解
（三）課程設計與開展
八、結論與未來開展暨研究限制
（一）法師天台教學之特色
（二）重要討論議題
（三）意義、研究限制與未來開展

圖 1-5：研究內容綱要

的特殊定位而論，有指出天台對漢傳的意義，有提點漢傳佛教發展中的重要議題，另漢傳佛教中引發討論之如來藏思想、消極或積極的實相論，乃至於面對當代學術發展中的經典成立史，尚推重天台判教之意義為何？皆屬於天台教學背景脈絡中的重要議題。

（4）天台教學之「教」與「觀」：

法師拈出修觀之修行法要，為後學者從事此一學習系統，對觀行的反思與檢視。其中針對五時八教中有關「教理」、「教觀修」，以及重要「觀行」內容分梳整理，乃對本書兩大重要主軸的層次解說。同時回應法師所強調，做為讀書會或課程之帶領與講授，不僅只是名相或佛學義理之陳述與傳遞，尚須解行並重，方符應天台，乃至漢傳佛教之發展精神。

（5）五時八教概述：

《教觀綱宗》一書中，最核心之概念即以五時八教統攝之，然於進入其中修行地圖討論前，須對此有梗概式的理解。故而於此特立一章節，首先就五時、八教之化儀四教、化法四教三者之關係做一整理，並以對照圖理解其相關修行脈絡。

其次分別討論「化儀四教」中的核心概念——根器與教學現場狀況分析，以對應五時教說經論典中的根器相應。以及做為根器所指導之修行次第「化法四教」藏、通、別、圓彼此之間的共相（修行模組分析），與殊相（修行層次解說）。

（6）化法四教教觀彙編：

此章節乃本書核心內容，主要即法師對《教觀綱宗》內容之詮解，以化法四教藏、通、別、圓四個修行層次，分別從基本定義或特色、詮述內容、當機與修證對照、六即菩提（佛）之修行歷程與階位對應，以及各自重要的觀行系統十法成乘整理之。

如前所述，本章節內容主要以逐字稿與書籍對讀後，擇取對應並容易入手、理解《天台心鑰》原書者，尤其法師對於較難理解之內容，如何以現代語言或口語式、譬喻等方式解說，以為未來理解原書之參照。

至於原書中已有之詳細註釋，除重要主題之補充，餘則未列入。

（7）天台教學實務——課程設計與開展：

以此探討法師如何籌畫並進行課程之教授，包括法師提出之問題與重要關切，對後繼者之建議與提點；同時指出法師於教學材料編纂之重點，以為未來師資培訓之參照。

另一重要課程設計之開展，為整理法師授課講綱，予以圖示呈現，可由講綱細節與對照，對應法師如何詮解書中內容，得到相對完整而輪廓式的脈絡理解。此外也將法師教學內容重要項次彙編圖解，以為未來編制完整教材之基礎。

另外針對研究者過往研讀、組織讀書會、分享講述《天台心鑰》之經驗分析，探討其中之困境及未來可發展方向，予以反思重整。

（8）結論與未來開展暨研究限制：

此部分則就前述之內容，指出法師天台教學之整體特色，以及未來開展的可能方向等。

另有關研究限制部分，主要在於本書之目的為整理法師教學逐字稿之概念與未來落實教學之重要關鍵，故而尚未與其他研究文本對話。

此外，由於此為單獨針對《天台心鑰》一書之授課內容，有其時間與內容之特定指涉，故而當中有若干議題，如欲完整探索法師於其他文本中之論析，仍須進一步整理與討論。例如有關對漢傳、如來藏思想、止觀法門與法師後期重點禪修——默照、話頭之關係，則有待未來之研究處理之。此既為未來發展可能，亦可視為本書之限制。

第三節
以整體脈絡考察法師教學之時代意義與特色

揆諸此教學過程，可就其中四個主要面向討論彼此互為因緣相互影響的狀態，從此四個面向考察之，或可更清晰理解此教學歷程之重要元素或關鍵課題何以產生？此四面向分別為講述之文本、講述者聖嚴法師、聽講的受眾，以及授課之時空背景，尤其扣緊彼時佛教於臺灣乃至世界的發展現象為主，以下即分別論述之。

一、課程講述之文本

法師教學文本即講述之主體，為《天台心鑰》一書，關於此文本，又可分為兩個主軸，其一為《教觀綱宗》，其次為經法師貫註後之《天台心鑰》，於法師之詮釋而言，《教觀綱宗》主要的意義有兩個，一為判教系統的完整建構，一為修行次第的層次分明。而《天台心鑰》，則為法師將此二者以當代人能理解的方式，並就意義註解結合文字語譯的特殊詮解方式，為漢傳佛教的修行脈絡提供完整的學習模組。

如從上述說明理解法師何以選擇此文本做為其天台教學之主要內容，當可更深刻體會其動機與目的，即在於透過判教提供完整的理論架構，透過次第嚴明之修行脈絡，建立不致以凡濫聖的修行層次。而此即為法師提出理解漢傳佛教發展系統的重要方法——判教，故亦可知法師選擇《教觀綱宗》做為貫註，乃至教學之主因，實則以此書為本，引導弟子深刻體解漢傳佛教的入處，並有關其論漢傳佛教具備合理性、消融性、包容性等特質之原因。

此外亦可從法師在撰寫自己博士論文中的發現，理解其針對蕅益智旭於天台的認知與理解，與智者大師或其他天台重要觀點並無其他特殊差異；然而智旭的《教觀綱宗》不僅對天台，而是對整體佛教的整理有相對的意義與作用，此亦符合法師對佛教整體性觀點、次第分明修證系統的特殊關切。如其於文中所示：

> 《教觀綱宗》亦別無新義，只是把天台宗的五時、八教、六即和十乘觀法，精密地組織起來。也就是把頓、漸、祕密、不定的化儀四教，藏、通、別、圓的化法四教，各各配合著十乘觀法及六即

位，而加以解釋和介紹。也就是把天台宗教觀並重的思想，提綱挈領，而使後學者能在短時間內了解繁瑣的天台思想。站在天台宗的立場，當然可以說他在闡揚天台思想，也可以稱為天台學者。⓬

二、課程講述者

第二個面向，為聖嚴法師個人所代表的身分，法師自日本取得博士學位，復赴美弘化並返臺接任住持後，幾乎是以禪師身分為弘化主軸。然而其於日本留學期間所研究者，卻又以天台為要。尤其其博士論文之撰述，更是以《教觀綱宗》作者蕅益智旭為傳主，而其之所以以此為題，又與天台之重要性有重要關聯。如其特別指出重要原因有兩項乃與其後撰述本貫註旨意相涉：

> 我為什麼選擇蕅益大師做為博士論文的研究主題？
>
> 這有三個原因：1. 蕅益大師是明末四大師之一。他不僅是一個學者，實際上是一位實踐家。所謂行解相應，正是佛法的標準原則。2. 大家都認為蕅益大師是中國天台宗最後一位大成就者。我對天台宗所倡導的教觀並重、止觀雙運，非常嚮往。因為這是教理和禪觀相輔相成，也正是今日佛教所需要的一種精神。⓭

⓬ 釋聖嚴，〈我的博士論文〉，《聖嚴法師學思歷程》，《法鼓全集》第 6 輯第 15 冊，臺北：法鼓文化，2020 紀念版，頁 130-131。

⓭ 同註 ⓬，頁 118。「我是為了自己的信仰而從事於學術的研究，不是為了學術而學術，為了研究而研究。例如我為什麼選擇蕅益大師做為博士論文的研究主題？這有三個原因：1. 蕅益大師是明末四大師之一。他不僅是一個學者，實際上是一位實踐家。所謂行解相應，正是佛法的標準原則。2. 大家都認為蕅益大師是中國天台宗最後一位大成就者。我對天台宗所倡導的教觀並重、止觀雙運，非常嚮往。因為這是教理和禪觀相輔相成，也正是今日佛教所需要的一種精神。3. 我在選擇論文題目的時候，向指導教授坂本幸男請教，他說，本來他想寫，現在老了，所以曾經鼓勵另外一位中國留學生寫而還沒有消息，現在如果我能也願意寫，實在太好了！
當時我問他：『寫什麼？』他說：『蕅益智旭。大家說他是天台宗的一位大師，究竟他講些什麼？他的著作很多，看來也相當地龐雜，所以需要加以研究。』」（頁

如另以法師對其自身身分之定義，又跳脫二者，非為佛教學者，亦非僅為禪師，而是「宗教師」。因此如以宗教師之身分理解之，庶幾可見其二次專門講述此書之精神，不僅是建立天台之學，亦非僅只強調禪觀禪修，而是從宗教師，且為漢傳佛教宗教師之身分發言。故而其所闡述之相關重點，亦多繫於此脈絡。

此外，法師亦曾指出，其與印順法師、太虛大師對佛教發展的不同視角，在於其希望整合二者之觀點，成為現代化的世界佛教。

> 我的思想，也在那個時代之後形成了自己的路線，我發現印順法師是回溯到印度佛學的源頭，太虛大師是以中國本土化為主的大一統格局；而我呢，希望整合這兩種觀點，成為現代化的世界佛教。⓮

因此之所以選擇天台學，或天台學中選擇蕅益智旭，乃至於以蕅益的《教觀綱宗》為本貫註之，與其說是以此做為實現法師建構世界佛教或當代佛教必要的次第分明、修行有序，甚至為復興漢傳佛教，或弘傳中華禪法鼓宗，而以此為中心，不如說，對法師而言，此乃其從事此一目標的立基或重要入處。

此可從法師之前所撰述之《探索識界——八識規矩頌講記》（1998）、《自家寶藏——如來藏經語體譯釋》（2000），及之後持續撰寫完成之《華嚴心詮——原人論考釋》（2005）、《觀音妙智——觀音菩薩耳根圓通法門講要》（2007，《楞嚴經》講記集結）見出端倪。上述諸書之撰寫，於法師而言，乃在於釐清大乘三系判教，以及漢傳佛教發展過程中的重要課題。而之所以以貫註《教觀綱宗》為重要入處，主要在於其判教系統對於整體佛教發展具備系統化、組織化、層次分明

118-119）

⓮ 釋聖嚴，〈三四、政治大學上課．臺灣大學演講〉，《抱疾遊高峰》，《法鼓全集》第 6 輯第 12 冊，臺北：法鼓文化，2020 紀念版，頁 220。

等特色，對於建構世界佛教而言，有其架構性的意義與價值。

如法師所言，乃取蕅益促成佛教大一統局面的用心與思維而特別關注本書或其相關著作：

> 他並不專精於天台，目的是在促成佛教大一統的局面，也可以說，在蕅益智旭的時代，是中國的明末之季，整體的佛教就處於那樣的狀態，也有那樣的要求。那就是性相和禪教的調和，天台及唯識的融通，天台與禪的折衷，儒教與佛教的融合，結果是達成禪、教、律、密匯歸於西方阿彌陀佛的淨土。⓯

三、聽講之受眾

第三個與此相關的重要面向，為法師講課的受眾。此二次課程的參與者，可以表 1-1 觀察之。二次受眾大致可依其身分概分為四大類：一者為具備佛學研究或正從事佛學研究或其他研究背景者（尤以中華佛學研究所之教師、學生、校友為主），二者為講授佛法或弘揚法鼓山理念之講師群，三為法鼓山僧眾，第四則為法鼓山專職、重要護法悅眾（各地區會團幹部）等。此四類之排序，乃依與佛學研究背景或佛法講授相關度之高低而排，試圖以分類統計核對法師講述之主要目的，當然亦可能因其背景差異，影響法師講述之偏重度。此外，有關前述聽者所問之議題，如禪修道場與天台子孫的關係等，亦與參與對象及其關懷課題有關。

⓯ 同註 ⓬，頁 131。

表 1-1：兩梯次學員類型分析對照表（研究者依兩次參與者名單分析製表）

<table>
<tr><th></th><th colspan="4">第一梯次學員類型分析（108）</th><th colspan="4">第二梯次學員類型分析（82）</th></tr>
<tr><th>身分別</th><th>類型</th><th>人數</th><th>類總 1</th><th>類總 2</th><th>類型</th><th>人數</th><th>類總 1</th><th>類總 2</th></tr>
<tr><td>佛研所學生／校友</td><td>一</td><td>15</td><td rowspan="4">28</td><td rowspan="4">28</td><td>一</td><td>21</td><td rowspan="4">31</td><td rowspan="4">31</td></tr>
<tr><td>佛教學者</td><td>一</td><td>7</td><td>一</td><td>4</td></tr>
<tr><td>非佛教背景學者</td><td>一</td><td>3</td><td>一</td><td>3</td></tr>
<tr><td>佛研所／體系講師</td><td>一</td><td>3</td><td>一</td><td>3</td></tr>
<tr><td>體系講師</td><td>二</td><td>14</td><td rowspan="3">23</td><td rowspan="6">80</td><td>二</td><td>9</td><td rowspan="3">17</td><td rowspan="6">51</td></tr>
<tr><td>學者／體系講師</td><td>二</td><td>6</td><td>二</td><td>5</td></tr>
<tr><td>佛學講師</td><td>二</td><td>3</td><td>二</td><td>3</td></tr>
<tr><td>僧團法師</td><td>三</td><td>28</td><td>28</td><td>三</td><td>14</td><td>14</td></tr>
<tr><td>體系悅眾</td><td>四</td><td>19</td><td rowspan="2">29</td><td>四</td><td>15</td><td rowspan="2">20</td></tr>
<tr><td>體系專職</td><td>四</td><td>10</td><td>四</td><td>5</td></tr>
</table>

如以此四者比例觀之，可發現，第二、三、四類比重偏高，亦即此二次課程主要對象，並非著重於其佛學研究，更多在於修行與法鼓山漢傳理念的傳遞為主。

四、佛教發展之時空背景

第四個面向為時空環境的考察，亦即探討法師是在什麼樣的歷史背景中，開出此課程。亦可視之為「社會文化背景」，從而深入社會文化背景中的「宗教背景」，或可再聚焦為當時「佛教發展脈絡」的背景以理解之。佛教在歷史的發展中，本不離時空環境，故而理解法師講述此課程的背景，亦可進一步理解其何以對有關漢傳、如來藏、禪修等課題給予特殊關懷。

此可以該時期與法師交流或對話之佛教宗教師或主要修行者之動態觀察之。法師於出版並講授《天台心鑰》之時間，為二〇〇二年四月至二〇〇三年一月之間。該時期前後，法師曾與藏傳佛教、南傳佛教重要宗教領袖有過如表 1-2 所示之交流互動與對話。於此過程中，法師曾分別就不同系統之佛教發展現況，及其與世界之接軌深入理解。

表 1-2：聖嚴法師出版並講授《天台心鑰》前後與不同系統佛教領袖交流紀錄

時間	對象	事件
1995/3/22	一行禪師	至農禪寺拜訪、對談⑯
1997/10/16		赴紐約東初禪寺訪問掛單⑰
1995/7/9	葛印卡	至農禪寺拜訪、對談⑱
1996/8/14		二度到訪農禪寺，交流禪修與臨終關懷⑲
1998/8/5		參訪法鼓山，為結夏僧眾介紹內觀禪法⑳
1997/3/24	達賴喇嘛	達賴喇嘛來臺，於下榻飯店短暫會談㉑
1997/5/24		共同參與紐約大莊嚴寺落成開光活動㉒

---

⑯ 林其賢，《聖嚴法師年譜》：「三月二十二日，一行禪師至農禪寺訪問，並與法師進行『禪與環保』對談；一致認為『心靈』為一切環保之根源。一行禪師出生於越南，旅居法國，為越南臨濟法脈第四十二代傳人，在歐美享有盛名。（〈聖嚴師父VS. 一行禪師「禪與環保」對談〉，《法鼓》雜誌，64 期，1995 年 4 月 15 日，版 1）」（第二冊，臺北：法鼓文化，2016 年，頁 984）

⑰ 林其賢，《聖嚴法師年譜》：「十月十六日至十八日，國際知名越南籍一行禪師，及其弟子一行四十餘人至紐約東初禪寺訪問。（〈1997 大事記〉，《法鼓》，97 期，1998 年 1 月 15 日，版 7）」（同註⑯，頁 1128）

⑱ 林其賢，《聖嚴法師年譜》：「七月九日……下午，來自印度，以教授內觀禪法聞名歐美之葛印卡居士（S. N. Goenka），由《慧炬》雜誌社安排至農禪寺拜訪。葛印卡並與法師就禪修舉行對談，由該雜誌社發行人鄭振煌居士擔任翻譯。」（同註⑯，頁 1001）

⑲ 林其賢，《聖嚴法師年譜》：「八月十四日，印度內觀禪葛印卡居士由《慧炬》雜誌社發行人鄭振煌、太子建設董事長莊南田及中華佛研所兼任研究員林崇安陪同，再度蒞臨農禪寺拜訪。雙方就禪修、臨終關懷交換意見。（〈印度內觀禪葛印卡大師來訪〉，《法鼓》，81 期，1996 年 9 月 15 日，版 2）」（同註⑯，頁 1067）

⑳ 林其賢，《聖嚴法師年譜》：「八月五日，緬甸內觀中心葛印卡居士由《慧炬》出版社發行人鄭振煌陪同至法鼓山上拜訪。適逢法鼓山僧團結夏安居，法師因邀請其向全體常住眾介紹內觀禪法。（〈內觀中心葛印卡參訪法鼓山〉，《法鼓》，105 期，1998 年 9 月 15 日，版 1）」（同註⑯，頁 1178）

㉑ 釋聖嚴，〈二、達賴喇嘛訪問臺灣〉，《空花水月》，《法鼓全集》第 6 輯第 10 冊，臺北：法鼓文化，2020 紀念版，頁 15-16。

㉒ 釋聖嚴，《兩千年行腳》：「一九九七年五月二十四日，在紐約莊嚴寺大殿落成，以及大佛開光的典禮上，請到了二十位來自臺港各地的華僧長老，共同主持開光儀式；達賴喇嘛與我，也都是其中的一位，因此有緣從臺北見面後，時隔一月，和達賴喇嘛再度相遇。當時雖然未有機會個別交談，但在同桌的午齋席上，彼此交換了好幾項

1998/5/1	達賴喇嘛	聖嚴法師與達賴喇嘛紐約世紀大對談㉓
2000/4/1	索甲仁波切	《西藏生死書》作者拜訪農禪寺㉔
2003/3/19	倫珠梭巴格西	訪中華佛學研究所㉕

此外如以法師至日本取得博士學位後，自一九七六年赴美弘化、教禪，到一九七七年住持農禪寺開始，即持續往返臺灣、美國兩地，開展於東、西方的禪修、講演與一般弘化教育，對於世界佛教發展狀況有深刻的觀察與反思。

從上述基於自身的觀察，暨與其他系統佛教領袖之對話與交流，聖嚴法師對於漢傳佛教於此世代的困境與獨特作用及意義，自有其感慨與關懷。故於逐字稿分析中，可見出其特別指陳漢傳佛教之價值，以及弘傳困難之要因分析，乃至於對將漢傳禪佛教推往世界最可能接軌的如來藏思想，殷切交代與詳加論述，似可視為法師用心所在。

意見的看法。」（《法鼓全集》第 6 輯第 11 冊，臺北：法鼓文化，2020 紀念版，頁 25）

㉓ 林其賢，《聖嚴法師年譜》：「1998 年 5 月 1 日至 3 日，聖嚴法師於美國紐約玫瑰廣場音樂廳，與達賴喇嘛共同主持「文殊菩薩智慧法門——漢藏佛教世紀大對談」。」（同註⑯，頁 xiv）

㉔ 林其賢，《聖嚴法師年譜》：「四月一日，下午，《西藏生死書》作者索甲仁波切，由名建築師姚仁喜陪同，至農禪寺拜訪法師，並就漢藏佛教空性、中陰身等觀念對談。」（第三冊，臺北：法鼓文化，2016 年，頁 1316）

㉕ 林其賢，《聖嚴法師年譜》：「三月十九日，上午，西藏黃教倫珠梭巴格西（Geshe Lhundub Sopa）應邀以『聖道三要』為題至中華佛研所發表專題演說，法師親自接待，並在隨行臺灣西藏交流基金會副祕書長翁仕杰陪同下，參觀中華佛研所圖資館。」（同註㉔，頁 1695）

• 第二章 •

天台學之意義與如何體解《教觀綱宗》

本章節主要討論兩項重點，其一為心態上的認知與調整，其二為奠定學習背景之基礎，二者皆為進入此門之前行。第一項心態上的認知與調整，主要在於回應提問：「為何是天台學？」法師選擇天台學做為師資培訓的主題，似與法鼓山傳承主軸——禪宗系統有別，故整理法師對此的論述，亦可從中見出其進行此一教學活動之動機與目的。

其次為進入此教學系統之門檻，即體解《教觀綱宗》之入門知識，包括簡述天台教觀的特性，以及其後從溯源、作者與該書特色之整理與分析，以為學習者打下學習天台教觀之基礎。圖 2-1 即為本單元之重點：

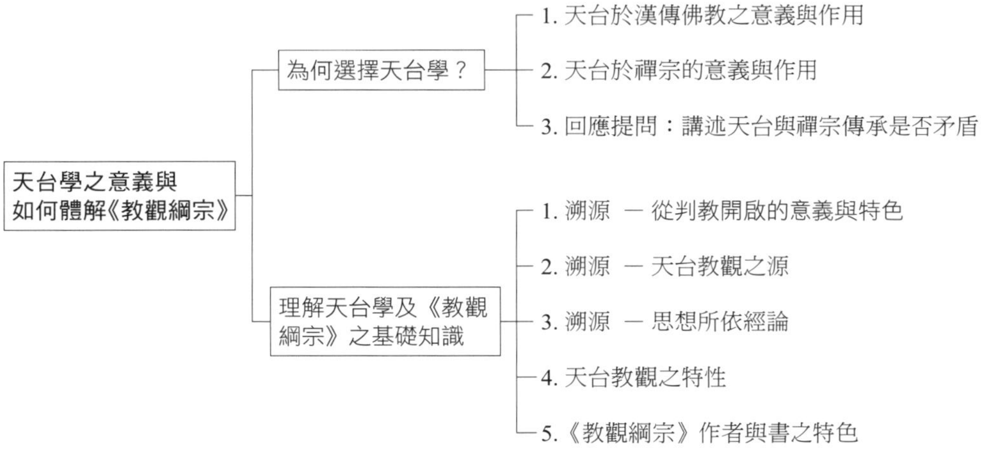

圖 2-1：天台學之意義與如何體解《教觀綱宗》

第一節
為何選擇天台學

此議題源於學習者對禪宗弟子為何須研究天台的提問，法師於此分別從天台學之於漢傳佛教的意義與作用、對禪宗發展的重要性、於進入修行系統之必要性等面向予以闡釋，故特別擇取十六次講綱之相關內容彙整之。

一、天台於漢傳佛教之意義與作用

視此議題之整理為入門之心態調整，主要在於法師重視且時刻強調其個人即傳承自漢傳佛教，且期待弟子能承繼此脈絡。然而過往理解法師漢傳佛教之傳承與創造，多半指禪宗法脈，故亦有漢傳佛教而漢傳禪佛教之一路相承。如今主動邀集諸多法鼓山體系內未來可能成為讀書會帶領人與講師者，親自授課，而授課主題卻是天台之學，對弟子而言確有疑慮，故首先就此而整理法師之回應。

▌重點摘要

1. 中國思想（漢人文化）特色：包容性，消融性強，但系統性差些（對應印度佛學，其系統性與邏輯分析性強）。

2. 天台宗對應中國佛教的特色：教觀並重（行解並重）、合理性、實用性。

3. 其他宗派對照：或偏於實踐，或偏於理論、思維。

4. 天台學的特色與長處：補中國思想、中國文化特長之不足。

討論主題：漢傳佛教與天台概說

◎筆記整理（1-1）

1. 天台在漢傳佛教中的指標性意義：漢傳具備包容性、消融性，但其系統性、教觀並重的合理性與實用性，則須藉由天台思想補強。

2. 故天台可視為漢傳整合與作用之依據。

⊠討論主題：重視次第的天台對漢傳的重要性

◎筆記整理（1-1）

1. 從漢傳發展的危機觀之：漢傳看似不講次第，尤其到禪宗盛行、爛熟後，亦即宋、元、明、清之後的禪宗，不主張經教的探討，不主張對法義的理解，引發中國佛教的危機，包括：

（1）含混籠統。

（2）不懂佛學內涵，只是口頭禪，玩公案、機鋒、話頭。

2. 補偏救弊：蕅益智旭時代，即明末清初，看出危機，認為要以天台來補救。（此亦指出蕅益著《教觀綱宗》之原因）

3. 如何補救？

（1）以天台的「教」、「觀」並重，教不離觀，觀必配合教以避免偏於一隅。

（2）教即是義理，觀是禪觀，必須並行。

（3）定學與慧學互補互動。

4. 目的：回歸佛陀本懷、本義。

⊠討論主題：天台於中國佛教（漢傳佛教）中的定位

◎筆記整理（1-1）

1. 中國化的佛學或佛教之問題：對應中國思想，亦即漢人文化，具備很大的包容性、消融性，但較缺乏系統性，較偏重行（缺解行對舉、教觀對舉）。

2. 天台特性：行解並重，以及合理性、實用性。

3. 天台與其他宗派的差異：其他中國宗派若非偏於實踐，就是偏於理論、偏於思維，如果是後者，就不易於實踐上得到力量。

4. 天台的定位：補中國思想、中國文化影響之漢傳佛教發展上的問題。

※討論主題：天台學對彌補挽救漢傳的意義

◎筆記整理（1-3）

1. 天台特色：

(1) 綜合整理：從繁複名相看天台，是整合、組織經論裡原有的名相、體系、實踐步驟，予以歸納、次第化，將之架構起來。

(2) 並未製造新的名相：天台並未製造更多東西，只是把複雜、不易弄清楚的，使之規律化、次第化、條理化。

(3) 天台學：把修行的次第、根器的分類、修行的方法條理化整理出來。

(4) 大、小乘行位次第相接相望：行位次第前後的相接相望，「接」指的是接引（上往下為接），「望」指的是對望（下往上為望）。

(5) 大、小乘整體觀：大乘看不起小乘，認為修小乘沒有希望，但從天台學立場看，小乘沒有問題；任何一乘都沒有問題，都有機會透過修行而達到天台的最高層次。重要的是是否願意朝天台所指示的方向前進，進入其所指稱之最高層次。

(6) 天台的系統整理：以有層次的方式整理大、小乘經典、教說（各家之言與各依經論）。解決過去的複雜關係與問題，把所有層次的經教整理綜合為天台學的一部分。

2. 對治中國佛教：喜歡簡單、籠統而不明確的交代。例如禪宗的野狐禪、對佛法的說食數寶。

3. 蕅益著書的目的：彌補挽救漢傳佛教的空洞化、形式化。故蕅益智旭說，唯有天台學可以救中國禪宗的弊病。

關於上述天台的特色，可以圖 2-2 理解之。

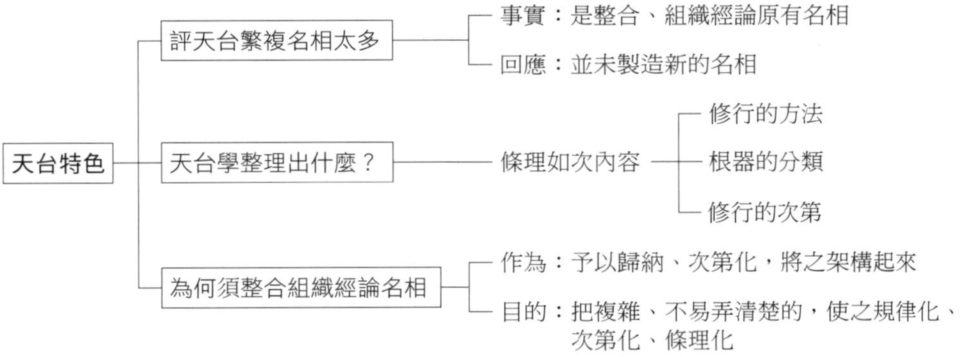
天台特色
評天台繁複名相太多
事實：是整合、組織經論原有名相
回應：並未製造新的名相
天台學整理出什麼？
條理如次內容
修行的方法
根器的分類
修行的次第
為何須整合組織經論名相
作為：予以歸納、次第化，將之架構起來
目的：把複雜、不易弄清楚的，使之規律化、次第化、條理化

圖 2-2：天台之特色與判教重點

二、天台於禪宗的意義與作用

承上之說，既然法鼓山為禪宗道場，環境施設為禪境，主要指導之法門為基礎到進階之各種禪修，此又與天台何干？天台於中國佛教向被視為「教下」，與禪宗之「宗門」而相拮抗，❶故而除了與漢傳佛教之關係需要回應，與禪宗之關聯，更須釐清。此一課題，法師亦曾於其他著作中回應與討論，指出二者之別，❷而此逐字稿中所見，則從二者之關係與禪宗發展上之必要性而論。

討論主題：禪宗產生的可能危險與天台的意義

◎筆記整理（1-4）

為何漢傳佛教不講次第？

1. 主要緣於禪宗及其發展中的狀態：

---

❶ 釋聖嚴，〈自序〉，《天台心鑰——教觀綱宗貫註》，《法鼓全集》第 7 輯第 9 冊，臺北：法鼓文化，2020 紀念版，頁 5。

❷ 釋聖嚴，〈中國佛教的特色——禪與禪宗〉：「天台宗是倡導教觀並重的法門，雖然並沒有特定的教團如百丈大師所創立的叢林清規，但是仍然代有人才弘揚斯教，主要是研究經論者，都可應用其傳下來的判教方法，對全部佛教可以做系統性的理解，所以是代表義學的流衍而稱為教下。是僧中的講經法師，不是另有教團。」（《學術論考》，《法鼓全集》第 3 輯第 1 冊，臺北：法鼓文化，2020 紀念版，頁 97）

（1）不立文字：不希望於修行指導中運用過多的語言文字等符號繞圈子，故不立文字而頓超直入，直指人心，所以修行上不講究次第的方法。

（2）禪宗一開始即為圓教、圓頓法門。

（3）問題癥結：如果圓教行者沒有前面的藏、通、別、圓的基礎修持與認知，逕指向或追求圓教修證結果，會出現如下問題：以凡濫聖、未得謂得、未證謂證、增上慢等。

2. 故蕅益大師直言：離經一句，必同魔說。

3. 天台意義：指出要有經教的依據，例如禪宗至少要有《楞嚴經》、《維摩經》相應。

討論主題：天台與禪的關係（一）

◎筆記整理（2-1）

1. 漢傳佛教以禪宗為主流，為什麼要講天台？

（1）如果沒有天台為禪宗的背景，思想、觀念就無法邏輯化、體系化、層次化，可能變成籠統的佛性，顢頇的佛教。

（2）禪宗的開悟有不同層次的悟（大悟、中悟、小悟）、曹洞宗有五位、臨濟宗有三關，這些根據以經教而言，不容易明確。所以禪宗的修證，往往模糊。

（3）有身心反應的誤解：以為有某些身心反應即是見性，得到一些特殊經驗、現象，就以為是徹悟。

（4）悟境的「悟」成了主觀而無客觀標準，可能會以盲導盲，給出冬瓜印的印可。

2. 明末幾位禪師對經教的重視與反思：

（1）重要禪師：憨山、紫柏、蕅益、蓮池。

（2）對見性的反思：對於禪宗講的開悟、見性，覺得薄弱、虛弱，沒有真正的內容。

（3）重視經教：幾位重要禪師皆重視經教。

(4) 蕅益大師：尤其重視天台學。

3. 天台的好處：依據經教，才知道自己的層次；知道自己的修證層次在哪裡，才不會以盲導盲。

討論主題：天台與禪的關係（二）

◎筆記整理（1-4）

1. 不講次第的禪宗：中國，特別是禪宗，不講次第，常以凡夫立場、凡夫境界，講圓教名詞，如「沐猴而冠」，很危險。

2. 法師指出此些問題之目的在於破禪宗後期禪者的問題：法師自陳其禪法與其他禪師不同。（【研究者按】法師雖為中國禪宗的兩門傳承，但同時兼顧頓、漸，既強調次第，也指導圓頓。重視所有禪修的方法調和而用，對治不同需求而設）

3. 禪的問題：禪宗本身沒有問題，末期禪者們有問題。

4. 法師自己如何免於禪宗的危險？有天台為基礎，有教觀的基礎。因此不會輕易地落入有關「開悟」的種種陷阱。

【研究者按】

除了前述與不重經教、只以身心反應而以為悟的問題，此處補充法師認為天台對禪修者而言，亦有方法上，亦即「觀法」、「觀境」上有不同層次的提點與對照，方能不會落入隨意的「直指」而盲無入門處，或無聞暗證走入魔境的危險：

> 禪宗的「直指」有似於天台的「觀不思議境」之處，但卻不一樣，「直指」是直覺的，「觀」是思惟的，目的雖同，入處不一，但是禪宗的「直指」有盲無入門之處的困惑，也有無聞暗證，走入魔境的危險。天台觀境，則可隨著根性利鈍的不同而從不同的位

置，達成「悟入佛之知見」的目的。❸

三、回應提問——講述天台與禪宗傳承是否矛盾

學員對於身為法鼓山禪宗道場的學習者，理應即為禪宗弟子，故而對於法師特別指導並倡議《教觀綱宗》之天台學頗有疑慮，法師則以著書及講述之目的回應之。

討論主題：講述天台並非為了成為天台子孫

◎ **筆記整理**（2-1）

1. 沒有要變成天台子孫：

書序中指出，不是希望大家變成天台學的子孫，❹蕅益大師也不是，未來也沒有要大家變成只講天台宗。

【研究者按】

關於蕅益與天台的關係，法師於書中亦曾指出兩個重點，讓吾人可以更深刻理解法師之所以著《天台心鑰》，與蕅益之所以整理《教觀綱宗》，有某種內在相關的脈絡。

法師於書中指出，蕅益重視天台教觀，但非天台學派的子孫；對蕅益而言，「天台教觀是他的研究工具，也是他判攝釋迦一代時教的依據。」故而蕅益之目的不在弘某宗某派，而是藉助天台判教以判攝整體佛教。

此外法師也說明，由於蕅益乃學貫大、小乘諸系佛法的大通家，所以不會局於天台一家之說，因此與其論《教觀綱宗》為介紹天台學之

---

❸ 釋聖嚴，〈評慧嶽法師編著《天台教學史》〉，《評介》，《法鼓全集》第 3 輯第 6 冊，臺北：法鼓文化，2020 紀念版，頁 134。

❹ 釋聖嚴，〈自序〉：「這也正是我要弘揚天台學的目的，我不是希望大家都成為天台學的子孫，而是像天台思想這樣的包容性、消融性、系統性、教觀並重的實用性，確是有待後起的佛弟子們繼續努力的一種模範。」（同註 ❶，頁 10）

書，不如説那是以介紹天台的教觀，做為認識整體佛法的綱骨。❺

然而是否成為天台子孫一事，法師更偏重於用天台的教觀以為嚴謹修行之標的，而非理論上或宗派上的捍衛，此於下文中可見其用心：

> 講思想的組織也好，講理論的體系也好，乃至講修持的方法也好，講註經釋論的規則也好，天台宗自智者大師創立以來，便有了嚴正的規畫。因此，若想行解並重地研修佛法，雖不專門成為天台宗的子孫——今後也沒有成為某一特定宗派子孫的必要，但卻應該先學天台的教觀之後，庶可不落於浮泛不實的窮境。❻

此段文字或可理解做為宗教師的法師將研修佛法置於宗派抉擇之上的概念。而天台不僅有嚴正的思想組織、理論體系、修持方法、註經釋論的規則，更是修行者行解並重的典範。

至於法師之所以透過《天台心鑰》貫註《教觀綱宗》，也與此有類似之用心，參照下文以法師用判教做為釐清漢傳佛教與整體佛法的方法論對應之。

2. 講天台的目的：

（1）天台學是中國的，是漢傳佛教的學問。

（2）講授可以得到啟發，有所根據。

（3）對禪修、對修行日用有根據。

（4）以後要整合，集結大家的力量（如《大毘婆沙論》即非個人或少數人完成），希望未來完成一個漢傳佛教的修行系統。《天台心鑰》只是引子。

---

❺ 同註 ❶，〈一、天台教觀及教觀綱宗〉，頁 20。

❻ 同註 ❸，頁 131。

【研究者按】

關於上述幾段的討論，可理解對於聖嚴法師著書、講述《天台心鑰》之目的，主要是以其為「引子」，期許未來得以發展出漢傳佛教的完整修行系統，故而本研究之整理，亦可謂此修行系統發展過程的一個開端，先將其書中未說之主旨、對發展系統的期許、書中未及言之概念整理而出。

關於法師此一藍圖之建構，亦可從法師與達賴喇嘛對談前所繪製之「漢傳佛教傳承發展系統表」（相關資料見本書第 26 頁註 10），及其對該圖表之詮釋見出端倪。法師於《兩千年行腳》一書中，曾以「一場空前友好充滿智慧的對談會」詳述其於對談會前後之心境，以及繪製該表之用心，可視為此藍圖建構之用心所在。

彙整此文之重點如下所述：❼

1. 此圖繪製由來與背景：

法師於臺灣先寫就約六千字的文章〈漢傳佛教的發展思想及修行方法〉（會後已於《世界日報週刊》發表），後住進華爾道夫飯店之後，又畫成兩個腹案的講稿表解，最後採用最後一個腹案。

2. 意圖理出漢傳佛教發展脈絡：

（1）漢傳佛教源頭：為印度大、小乘，經、律、論三藏，內容質量本極為龐大。

（2）佛教進入中國：發展出小乘二宗、大乘八宗，開展與成熟過程源遠流長，其間產生之著作多過由梵文譯成漢文的三藏教典，且各有脈絡系統，釐清不易。

（3）至宋、明之發展：法師指出其已至強弩之末，熟透爛熟，愈發無法有清晰而完整的理解。

3. 欲擬出清晰路線的方式：須將古代各宗各派祖師的判教模式，重

---

❼ 釋聖嚴，〈八、一場空前友好充滿智慧的對談會〉，《兩千年行腳》，《法鼓全集》第 6 輯第 11 冊，臺北：法鼓文化，2020 紀念版，頁 68。

新整理，方能理出重心。

4. 講綱表解後理出四個主題：

（1）漢、藏佛教同源異流。

（2）印度佛教的學術思想。

（3）漢傳佛教的教義及其實踐。

（4）禪宗學派是漢傳佛教的集大成者。

5. 釐清過程——源頭到集大成：

（1）源頭：以印度阿含藏、律藏、阿毘達磨藏及大乘各系經論為源頭。

（2）釐清線索：涵蓋中國漢傳小乘二宗、大乘八宗。

（3）整理出影響漢民族最深的四系：①天台宗：依《法華經》、《中觀論》等而成立，②華嚴宗：依《華嚴經》、《十地論》成立者，③淨土宗：依淨土三經成立者，④禪宗：依《楞伽經》、《金剛經》、《維摩經》等經成立。

（4）集大成者為禪宗：禪宗為直到十六世紀為止，對漢民族影響最深，且為集各宗派精要大成者，為一宗獨大的佛教宗派。

（5）指出禪宗理論與方法：當下即是、頓悟成佛、明心見性的理論與方法。

（6）發展出法師推動的「建設人間淨土」：從上述理論與方法，從唯心淨土與他方佛國淨土的思想和信仰，發展為法師所推動的「建設人間淨土」社會運動。

如從上述文本分析，可發現對法師而言，此表是統整、繪製漢傳佛教修行地圖的藍圖。其中整理各宗派的判教系統，是法師的方法論。亦即其為處理繁複而難以理清的線索，便借助如表中所見天台、華嚴兩大判教系統，整理整個佛教從印度到中國的發展歷程。

故而吾人亦可試做如下解讀，天台判教對法師而言，確實對漢傳的發展、對禪宗的發展具備重要意義，如前所述之概念。

但如做為漢傳佛教完整的修行系統，天台亦僅提供其系統化、脈絡化、層次分明之模式，而非僅以此建構漢傳佛教或法鼓山之修行系統。

至於如何完成，則或許亦可於未來假此表進一步整理其中的相關重要修行「教」、「觀」，而為法師所譬喻之五百人研究或修行團隊，繼續於讀書會、講述、分享、彙編過程形塑之。

第二節
理解天台學及《教觀綱宗》之基礎知識

法師對於經典的詮釋，或是宗派的討論，多會先建立基礎知識，以為學習者奠立學習的背景，整理本書亦不例外。尤其面對龐大的天台學系統，如果未能先擁有相關知識的理解，實難以進入。故本單元即彙整筆記如下四個面向，分別從三個背景知識溯天台之源，包括判教、教觀及思想所源。第四即進入《天台心鑰》所詮解之文本——《教觀綱宗》該書與其作者之導讀。

一、溯源：從「判教」開啟的意義與特色

天台判教乃為天台學之所以能成就觀念與方法系統之主因，而判教一事，本就容易涉入不同學派、不同宗派整合立場上的衝突與對立，然而對於佛法於不同時空背景之傳承、經典主軸精神之偏重差異，判教確又似乎不可不為。故法師於課程中，亦特別指出判教之精神與定義，從而以融通之概念化解立場差異之拮抗。此外，也列舉由經典、論典到中國佛教發展上已然形成之判教模式與現象，對於理解天台之判教，以及對待判教之態度，皆有重要提醒。

討論主題：如何理解判教的精神

◎筆記整理（1-1）

法無高下，眾生有高下；眾生性向不同，所以法義表達就有不一樣。

討論主題：判教的定義

◎筆記整理（1-1）

判教是對佛所講的教義，內容予以分類，時間予以分段，深淺予以層次化，亦即對法義進行合理說明與完整解釋。

討論主題：判教的基本認知

◎筆記整理（1-1）

1. 中國漢傳佛教特有的名詞。

2. 意指判斷或判別釋迦牟尼佛所說的教義。

3. 方法：為之分類、分時段、分層次。

討論主題：為何需要判教——判教的源流

◎筆記整理（1-1）

1. 從佛教源流說起：印度重視傳承與信仰，但不重視歷史的考據。故經典成立及經典出現，皆由各宗各派以自己此派所用者為最高。

2. 產生現象：

(1) 部派認為小乘才是根本，大乘不是，甚至有「大乘非佛說」之論。

(2) 大乘三系各有偏重：如來藏、中觀、瑜伽各有自己的根本經典、經論。

(3) 另有顯、密之別。

3. 天台宗之判教：

認為佛所說是「觀機逗教」、「應機說教」，故法無高下，眾生有高下；眾生性向不同，所以法義表達就有不一樣。

討論主題：判教的時代意義與反思

◎筆記整理（1-1）

1. 現代學術方法未出現前的重要整理方式：現代的佛教思想史、經典成立史未出現前，為古代大師的用心所在。

2. 古德面對之課題：

（1）面對數量龐大的內容、不一致的經典，如何處理？

（2）何以皆為佛所說之法，不同經典內容有異。

（3）為何各自皆說各自為最好、最高者？

3. 方式：對經典予以分類、歸納，給予合理的說明、完整的解釋。

4. 澄清問題之源：

（1）不同層次的人，不同性向的人，便有不同的自我認定。

（2）只要對機，對自己的機，無論哪一部經典，都是最好的。

討論主題：判教的意義與重要性

◎筆記整理（1-1）

1. 判教為《教觀綱宗》之重要特色，亦為法師整理、詮釋、講述佛法之特色——「層次分明，圓融無礙」，目的在於系統架構與層次之分梳，而非高下之判別。

2. 從應機、對機理解：對應不同根器眾生之需求（觀機逗教、應機說教），而予以層次性的整理與引導。

討論主題：判教的歷史發展與溯源理解

◎筆記整理（1-1）

參考書中所列，整理大乘經典、論典、中國的判教。

1. 大乘經典：

（1）《法華經》：三草二木、羊鹿牛三種車（三車喻）、大白牛車。

（2）《華嚴經》：日出、日中、日沒三時段說。

（3）《涅槃經》：五味喻——乳、酪、生酥、熟酥、醍醐。

（4）《解深密經》：有、空、中道三時教。

（5）《楞伽經》：頓教、漸教二說。

2. 論典：

（1）龍樹《大智度論》。

（2）龍樹《十住毘婆沙論》。

3. 中國的判教如綱要所示，參照書中內容。

【研究者按】研究討論——判教概念

對許多人而言，論及判教，便視之為價值高低之判，故而為了判教中的排序，亦有諸多不同的立場與判攝。然而法師所指之判教，有不同的定義。對一般人而言，一旦有判攝，必然分高低。但法師所謂之判攝，乃以解脱的「一味」為基礎，依各人根性與相應而擇取，最終走向圓頓與解脱，故判教之目的不在於高低之分，而在於指出修行對應之契機。

故而法師於其對大乘三系之判，亦與太虛法師、印順法師有別。各有立場與朝向一味，是一種從整體出發而顯之體驗，是從禪修者對禪修境界之體證後的闡釋。如法師於《華嚴心詮——原人論考釋》書序中所述，庶幾可為註腳：

> 《原人論》是一部大格局、大架構的佛學導論，論主撰寫它的目的，是對儒道二家、佛教的人天善法、小乘法、大乘的法相宗、中觀學派，一一評論，逐層引導，最後攝歸於直顯一乘的佛性如來藏；乃是會通世間出世間的各派宗教、各派哲學、各派佛教的差異點，而成其一家之說。我的任務，是將內外大小的各家觀點，中觀、瑜伽、如來藏三系的思想脈絡，一一查出原委，一一予以貫

通，一一釐清其思想史的軌跡，一一還歸其功能作用，一一導歸於佛陀的本懷。❽

個人對此之詮解，可以生命教育之精神與經驗觀照。對任何一法門或任何教育模式，對應不同的對象，本即有不同的教育規格與態度，故而形成不同學派，無論是教育、心理學或哲學，其提出之目的不在高下之爭高下之別，而是對應性。

故而判教是否一定朝向高下之判？誠乃對待判教之自我立場而觀。如從主客對立、互為主體，至整體性、一體性之觀點視之，則一旦放下以自我為中心，乃至以人為中心的立場，從而有互為客體之法界觀，則其所謂之判教不在高下，而在相容攝之中依生命之相應處而入手，似可理解之。此外法師所強調者，主要在於層次化，乃對應學習者而言，指陳層次分明逐層而習，而非評比高下之作用。

然而法師亦非強調，為避免籠統含糊，對於判教仍有其學理研究之必要，其於早期著作《正信的佛教》（1965）一書中，即曾為文論此觀點：

> 古今諸大德的左判右攝，乃是為了使人更加明白佛法的內容和研究的系統與方法，若要修學，凡是走上了路，「法法皆通涅槃城」。因為，佛法只有淺深偏圓之別，而沒有好壞是非之分；淺的是深的基礎，深的是淺的進展；偏的是圓的部分，圓的是偏的全體。然從研究上說，必須脈絡分明，所以要左判右攝。❾

---

❽ 釋聖嚴，〈自序〉，《華嚴心詮──原人論考釋》，《法鼓全集》第 7 輯第 14 冊，臺北：法鼓文化，2020 紀念版，頁 6。

❾ 釋聖嚴，〈最好修學哪一宗？〉，《正信的佛教》，《法鼓全集》第 5 輯第 2 冊，臺北：法鼓文化，2020 紀念版，頁 163。
法師於該書再序中指出，出版年月如下所述：「本書《正信的佛教》，初稿刊於一九六三、六四年間的《菩提樹》月刊。初版單行本問世，是一九六五年元月，由佛教

另有關天台止觀、默照禪法次第問題，法師亦曾以禪法究竟有無次第而提點禪眾如下之分析：

> 「禪法本身無次第，修行的過程則是有次第的。」禪法的本身是無相、無我的，既然是無相、無我，怎麼還會有次第？但是修行是有方法的，既然有方法，就必定有次第。⑩

故可進一步理解，法師於判教之探討，乃就修行方法與作用而言。

二、溯源：天台教觀之源

天台之所以成為理論與實踐並重、解行雙軌同時之宗派，即在於其對「教」與「觀」之獨特解析與開展。故而如欲深切理解天台學，勢必須對天台教觀之形成，有發展上的整體理解。故法師特以天台主要三代祖師之教觀發展為軸，溯其源流，理其內蘊。

討論主題：從源流看天台與禪的內在脈絡

◎筆記整理（1-1）

1. 天台學獨特的教觀，乃為法師所重視的特色，可以為禪法的修習挹注層次清晰的修行系統。而從教觀源流中的「禪觀」，可以見天台與禪內在系統的連結脈絡。

2. 此傳承主要從以下三代祖師（慧文、慧思、智者）於各種三昧的開展，見其與禪修的關係。

文化服務處發行。」參見《法鼓全集》舊網路版：https://old.ddc.shengyen.org/mobile/text/05-02/5.php。

⑩ 釋聖嚴，〈第五天：晚上　集中心、統一心、無心〉，《聖嚴法師教默照禪》，《法鼓全集》第4輯第16冊，臺北：法鼓文化，2020紀念版，頁145。

討論主題：理解天台教觀如何形塑？

◎筆記整理（1-2）

1. 三代之間的重要特色，產生天台的特質：

主要人物的傳承：慧文、慧思、智者大師，三代之間代有發明，形成了天台的思想。

（1）慧文禪師的思想、觀行與實相論：

① 從「三智一心中得」（《大智度論》）→構成其「一心三智」思想。

② 從「空、假、中」（《中論》〈觀四諦品〉四句話）→形塑其「一心三觀」（即觀空、假、中）之觀行，該文本即：眾因緣生法，我說即是無；亦為是假名，亦是中道義。

③構成天台教理、禪觀的結合：從三觀的方法，得三智的作用。藉空、假、中而有「一心三觀」的觀行出現，由慧文禪師的發明、開創，而構成天台宗的教理和禪觀的結合。空、假、中是三觀，將禪觀的法門、修行法門結合為一。

④ 從「消極實相論」轉為「積極實相論」：對應於（消極）龍樹思想→《法華經》如來藏（積極）思想。

法師將「消極實相論」解釋為緣起性空思想，亦即空的思想。空做為化解眾生煩惱與我執有其大作用，但化解後的存在即是空。緣生性空之後並未再論述空裡能產生什麼（即指空裡的作用）。

此觀一切法皆是空，與《阿含經》之「此有故彼有，此滅故彼滅」，以及四聖諦之苦、寂、滅中，以滅苦之道達成滅，滅即是寂滅，寂滅即為空，後導入於涅槃、解脫。然而涅槃後是否有作用、有功能並未論述或討論。

而「積極實相論」所指為真空妙有思想，二者的討論亦會於第三章第二節「如來藏的討論」中，第三段有關「如來藏與消極、積極實相論」中予以分疏。

（2）慧思禪師對禪修者的批評：

① 著有《諸法無諍三昧法門》一書，對不當修行者之批評如下述三類：

A.散心讀經的法師：一般人多以散亂心讀經。

B.亂心多聞的論師：非重視禪觀或禪定工夫者，而是學問家，懂文字、懂思想者。

C.不親近善知識的暗證禪師：盲修瞎練、得少為足、未證謂證、慢心。

評述總說及分析：因其皆未能同時具足教、觀。不知教理，無禪修和禪觀的修行。沒有修禪觀，只有教理；僅懂教法，不知修禪觀。

② 另一書《法華經安樂行義》指出重要三昧之修持：說出「法華三昧」（半行半坐三昧）——在《摩訶止觀》中，成為智者大師所述之四種三昧中極重要的一種。

（3）慧思禪師所整理之兩種三昧：

① 半行半坐三昧，即法華三昧：藉由讀誦《法華經》、打坐時觀想《法華經》、經行，以及禮拜《法華經》修持而達致三昧。

② 非行非坐三昧，即隨自意三昧：可對應於後來禪宗所運用之動中禪，發展為中國禪宗所講「擔柴、打水，行、住、坐、臥無非是禪」。此種三昧對禪宗影響頗大。只是禪宗雖好用，天台反而少用。法師也特別指出，只要我們的心與現在所做的、所行的動作在一起，就是在練習隨自意三昧。

（4）智者大師的禪觀：

整理出四種三昧，既傳承慧思禪師，又整理了重要的禪觀方法。整理自慧思禪師：①半行半坐三昧（法華三昧）、②非行非坐三昧（隨自意三昧）。整理自其他經典：③常坐三昧（《文殊般若經》）、④常行三昧（《般舟三昧經》）。

法師解釋所謂的「常坐三昧」，一般認為修行即是打坐，打坐即是修行，坐著不動的修行法，即是出自《文殊般若經》。

至於「常行三昧」，則是出自《般舟三昧經》，九十天不睡、不坐，經常於一個空間中行走，慢慢行走就如現在禪修中所用的「經行」。為念佛三昧之一種，心中念阿彌陀佛而行走。法師特別強調，與念佛三昧有相通之處，然並不等同於念佛三昧，目前少有人用此方法修持。

其中《摩訶止觀》四種三昧中之隨自意三昧，即是將一心三觀的禪修方法用在日常生活之中，對後來的禪宗影響非常大。

2. 禪觀部分，指出禪修與天台的內在關鍵連結：故而回應法師對本書之問題意識：無天台，後世禪修容易出問題。

三、溯源：思想形塑所依經論

天台學的形構歷程中，最能顯發「詮釋中的開展」者，當屬思想的面向，蓋因思想之開展，本即先立基於某些經典、論典或思想內涵，再以思想家之創發，詮釋原有經、論典或思想，從而建構屬於後起思想之獨特見解或實踐方法。雖然此一詮釋中的開顯，對於某些固守經、論典應符合原初定義者，會有扞格不入之感；然衡諸詮釋學之開展，本即源自經典於不同時空、不同語言與文化脈絡之詮釋、解讀，故知無論古今中外，隨著語言與文化的發展，對經論之解析必生發創造中的開展性。

法師對此亦有其觀察，並視為思想發展中的必然現象，[11]故而於溯天台思想脈絡之源，即特別整理天台思想所依經論之要旨與之對照，以令後學者知所參考，欲深入者得有依循的方向。

---

[11] 聖嚴法師於其所著《學術論考》〈從東亞思想談現代人的心靈環保〉一文中曾提及：「研討古代的思想，並不等於主張復古，事實上中國學者一向主張『繼往開來』及『溫故知新』而能『古為今用』。每一個新時代的學者，都該是『推陳出新』，所謂『青出於藍而勝於藍』，不論是儒家或是釋家，每一個時代所出現的傑出思想家，都會對於前人的思想，有所批判和新的詮釋，否則各家學派之間，也不可能有蘭菊競美的局面了。」《法鼓全集》第 3 輯第 1 冊，臺北：法鼓文化，2020 紀念版，頁 434。

討論主題：由經典進行思想溯源之意義

◎筆記整理（1-2）

由思想溯源，知天台學之背景與內在底蘊，其中有關天台所依而參照的經典，以及取捨之間，形成天台之所以為天台的理路承繼。

討論主題：傳承一：《法華經》

◎筆記整理（1-2）

層次分明圓融無礙之傳承——從《法華經》的權實系統，見其以法為根柢究竟，亦同時以眾生根器為漸次修習之方便。

1. 會三歸一：聲聞、緣覺二乘＋菩薩大乘＝三，歸於一佛乘（圓教一佛乘）。

2. 攝本歸末：末為小乘為枝末，本為大乘。

3. 權實開合：

(1) 開權（方便）、（三乘），顯實（根本）、（一乘）。

(2) 三乘為一乘所開，三乘全部能收為一乘。

(3) 以權方便接引初機或較鈍根者，即是權教。

(4) 實為究竟根本：無邊含納所有一切根性者，目的是回歸於實。

4. 本門、跡門：關於此之討論，法師指可逕參其所著與《法華經》相關之詮解著作。

討論主題：傳承二：《大般若經》

◎筆記整理（1-2）

空觀思想立基於《大品般若經》，此「空」思想為大乘入門處。

討論主題：傳承三：《菩薩瓔絡本業經》

◎筆記整理（1-2）

禪觀次第「一心三觀」理論之所由來為《菩薩瓔絡本業經》中所闡釋之方便觀，即「從假入空二諦觀」、「從空入假平等觀」，以及究竟觀，即「中道第一義觀」，構成一心三觀的理論。心只有一個，以一心而展開三種觀。

⌘論主題：傳承四：《中論 · 觀四諦品》

◎ 筆記整理（1-2）

> 眾因緣生法，我說即是無；
> 亦為是假名，亦是中道義。

以空、假、中開出一心三觀、一心三智的脈絡——由慧文禪師以其詮釋開創而出，此與《中論》的〈四諦品〉有關，但詮釋內容有異，法師亦指出，印順法師即批評天台之詮釋非中觀原本所闡釋之意義，但法師以詮釋的立場體解各自的觀點，認為天台之所以如此詮釋，本即用以建構自身的系統，亦有其作用。

⌘討論主題：傳承五：《華嚴經 · 梵行品》

◎ 筆記整理（1-2）

1. 圓教「六即佛」的理論基礎——為《華嚴經》「初發心時，便成正覺」的概念。即「圓伏圓斷」到初住時就成佛。

2. 補充此概念與法師倡議人間淨土思想的關聯：法師指出此亦為法鼓山人間淨土思想的經典依據，用以對應法師闡釋人間淨土時所指出之概念「一念相應一念佛，念念相應念念佛」，為法師形塑法鼓山理念之重要連結。故而人間淨土的思想是從《華嚴經》、天台宗而來的，雖不完全等同，但與此有關係，為人間淨土思想的根據。

⌘討論主題：傳承六：《大涅槃經》

◎ 筆記整理（1-2）

以五時詮佛陀一代時教的「五時論」——源於《大涅槃經》的五味

說，詮釋不同的修行層次：乳、酪、生酥、熟酥、醍醐。

討論主題：傳承七：天台諸師運用其他經論

◎筆記整理（1-2）

1. 天台諸宗師如來藏傳承——以統整綱領式的整理，呈顯天台宗傳承開展的祖師最常運用的經典，發現許多皆與如來藏系有關，包括諸如《維摩經》、《金光明經》、《無量壽經》、《梵網菩薩戒經》、《大智度論》、《中觀論》、《寶性論》、《大乘起信論》等，除了《大智度論》、《中觀論》之外，皆屬於如來藏系。

2. 以上述所引經論，法師對其所詮解的意涵為，以中觀做為橋樑、工具，來說明基礎的佛法，根本經典則屬於如來藏系統。此外亦可從上述所舉之經典、論典，概要地掌握天台宗的重要核心觀點。如圖 2-3 所示。

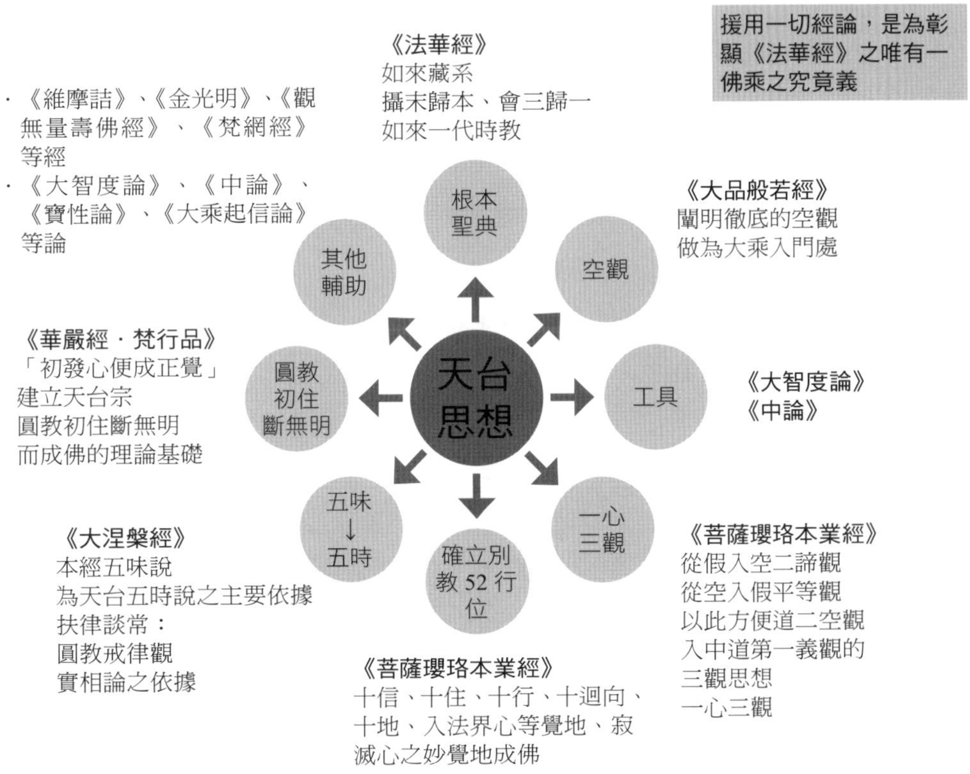

圖 2-3：天台思想所依經論結構圖

四、《教觀綱宗》作者與書之特色

前述為理解本書心態之對應與調整、天台之學相關的源流探索、基本觀念的釐清等，可謂《天台心鑰》一書中，對詮解《教觀綱宗》之前備知識。之後即導讀《教觀綱宗》之作者與該書特色，以為理解該書之基礎，尤其該書雖以原天台學之「五時八教」判佛陀一代時教之時間歷程與思想類別，確又有作者蕅益智旭獨特之創見，故法師除指出其創見，亦解釋提出創見者之特殊學習背景，以明其何以透過判教而得出層次分明、圓融會通之修行系統。

以下即就逐字稿內容整理下列幾項有關理解《教觀綱宗》背景知識——作者與該書之特色。

⊠討論主題：作者思想之特色——融通

◎筆記整理（1-2）

1. 內學（即佛學，涵蓋禪、教、律及淨土等）與外學（世間所有諸學問）無不精通。此中外學尤其指儒家、道家學問。

2. 會通各宗，性相融會：天台是其特長、法相（唯識瑜伽）有工夫——性相融會，性為如來藏，講佛性；相為法相，講唯識。其餘中論（三論）、華嚴（賢首）皆熟稔。

3. 中心思想：《梵網經》、《楞嚴經》二經。

4. 歸處：西方淨土。

⊠討論主題：《教觀綱宗》一書的特色

◎筆記整理（1-2）

不局限於天台宗的一家之說，乃是新的、新興的天台學。此亦是該書作者蕅益智旭對法師的啟發——「承先啟後」的天台傳承，到中華禪法鼓宗的漢傳禪佛教之承先啟後。

1. 蕅益創見一：

(1) 打破傳統五時說，提出新說——以別五時、通五時重新討論五時。

「隨宜說法，機有五類，教亦五等，這叫做通五時。」別五時，就是事有輕重之分，在不同時段多講了某些內容。

法師另外也評論如下，認為「阿含十二、方等八、二十二年般若談、法華涅槃共八年、華嚴最初三七日」這個時間分段並非釋迦牟尼佛所定義，亦非天台智者大師所說，而是智者大師以後的人將佛說所有經典歸為五類，也分為五個時段講述。⑫

故而法師以蕅益觀點指出，第一個時段十二年之中說《阿含經》，這個說法不合理。第二個時段，所謂八年以後說方等經典，然而方等乃大乘經典，所有大乘經典除般若、涅槃、《法華經》、《華嚴經》之外，皆為方等經典。如此多的大乘經典只說八年，也是不合理的。

該說另謂二十二年之中專門講《般若經》，二十二年之中什麼經典都沒講，只講《般若經》，當然也不合理。《法華經》和《涅槃經》一共講八年，是不可能的。最初三七二十一天之中把《華嚴經》講完，也不合理。

上述觀點自宋朝以後天台宗者乃如此傳述，然蕅益大師認為此些說法有問題，故而提出有「別五時」、有「通五時」兩種「五時論」。上述的「別五時」，如果如前所述則是錯的。

蕅益另說「通五時」，指出五時有通、有別，在任何一個時間裡可能五類的經典都會講，也可能某一個時段之中講到各時段的思想，此即

---

⑫ 關於此處之討論，可參見《天台心鑰》書中所述：「不過旭師既非天台宗徒，也不會墨守成規，他寫《教觀綱宗》，固然是為使初學者，能對天台教觀，有提綱挈領、一目瞭然的正確認識，同時也為表示對高麗沙門諦觀所錄《天台四教儀》的不滿，故於《靈峰宗論》卷首有云：「四教儀流傳，而台宗昧」！尤其對於元朝的元粹述《四教儀備釋》卷上及蒙潤著《四教儀集註》卷一等，所引荊溪湛然的〈五時頌〉云：「阿含十二方等八，二十二年般若談，法華涅槃共八年，華嚴最初三七日」的別五時的分判法，極表反感，故於《教觀綱宗》「通別五時論」的章目中，對之提出強烈的批判，斥為「妄說」，認為此非智者及章安之見。」（同註❶，〈一、天台教觀及教觀綱宗〉，頁 19-20）

通五時。至於「別五時」，蕅益指出，「別五時」是隨宜說法，因為機有五類，所以教亦五等，事有輕重之別，在不同時段多講了某一類內容。

通、別五時的討論在第五章第四節另有較完整之討論，此處只以法師對《教觀綱宗》別五時的評述，呈顯蕅益討論通、別以及其所分析之創見。

（2）頓、漸、祕密、不定：化儀四教的頓、漸、祕密、不定之說，與化法四教藏、通、別、圓裡的頓、漸、不定三觀，名稱同，意義不同，如何區隔？理解？為其創見。

2. 蕅益創見二：

（1）化法四教皆有六即——智者大師只有圓教六即，蕅益大師卻四教皆有，為何而設？層次分明，圓融無礙，給修行者的信心。每一個層次都能成佛，原因在於四教修行的最高等級不同，所以「佛」的意義也不同。

（2）四諦、十二因緣、六度，各各配置於藏、通、別、圓的化法四教。

• 第三章 •

天台教學脈絡反思：漢傳佛教

法師經由此授課過程，帶出幾個重要的漢傳佛教思想相關課題，包括其何以重視並強調漢傳的價值？另有關教界之疑義，如實相論、如來藏等的疑慮，亦皆予以澄清與分析、說明。對於修行或義理的探索，具有重要的提點與啟發，故以另闢主題整合於此。

此些議題另有一重要意義，在於呈顯天台學之思想脈絡，如天台乃漢傳中極為重要的一支，然其重要性以及與漢傳的關涉性為何？此外如前所述，天台之思想溯源中，除重要經典外，幾位重要祖師所承繼、運用之經論，皆與如來藏思想有密切關聯，故對如來藏之疑義，亦關係於對天台的疑慮。

另天台思想，尤其本書所詮解之《教觀綱宗》，主要在論述天台「五時八教」之判教，然如以現代學術上對於佛教經典成立、思想發展之探討，似已不再從傳統判教理解之，故而以發展脈絡而言，判教是否仍有其意義？亦為法師反思並回應之課題。

本單元之重點整理如圖 3-1。

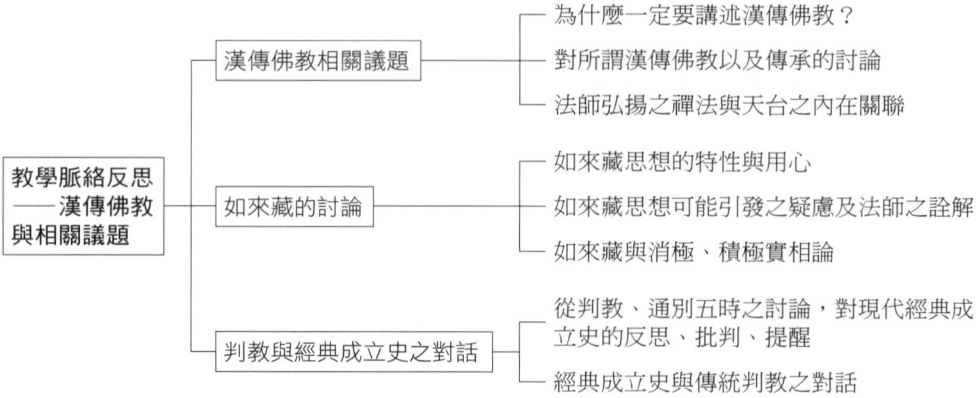

圖 3-1：教學脈絡反思——漢傳佛教與相關議題

第一節
漢傳佛教相關議題

法師重視漢傳佛教，除因自身為中國僧人之身分，實乃對漢傳佛教之精神與作用深有體會，亦得益良多。卻見目前佛教發展上，漢傳不但能弘傳者少，被誤解者多，甚且指稱傳統的漢傳佛教思想已不復存在，或漢傳佛教非純佛法，此皆為其所憂心者。❶

此外對漢傳佛教的認知模糊、簡化，皆令法師心生慨嘆，故而對漢傳中的重要宗派天台學寄予厚望，期望藉由天台之整理與釐清，還歸漢傳之價值。此中討論者包括漢傳之傳承及與天台之關係。

關於本主題，於授課中法師即語重心長地表達其所憂慮及關懷處，

❶ 聖嚴法師於二○○六年三月十二日曾手書〈告誡眾弟子書〉，對於漢傳佛教遭遇之嚴峻狀況頗感憂心，且言談之沉重較諸出版此書、講授此課程之時更甚。該文後收錄於《承先啟後的中華禪法鼓宗》一書中（《法鼓全集》第 9 輯第 7 冊，臺北：法鼓文化，2020 紀念版，頁 105）。

尤其以禪師、漢傳宗教師之身分，提別提出。其後於分組討論中，學員再度針對此而提出禪與天台與漢傳之關聯，故摘要一為課堂講述，摘要二、三為分組後之回應與澄清，最後彙編於主題討論。此為學習脈絡的整體呈現，其中部分內容與前述課程開端之內容重疊，惟因其於二處皆有討論意義，故重述於此。

一、漢傳佛教的問題（課堂講述）

（一）源由

宋、元、明、清之後的禪宗：不主張經教的探討、不主張對法義的了解。

（二）結果

1. 變成含混籠統。
2. 說是頓悟法門，但真正悟的人太少。
3. 說是佛學，但他們不懂佛學。
4. 只是口頭禪，玩公案、話頭、機鋒。

（三）蕅益之見

明末清初的佛教危機，須以天台補救：教觀並重、教不離觀、觀配合教。

教：義理（慧）；觀：禪觀（定），二者須並重互補，才能使佛教恢復到佛的本懷、本義。此為蕅益大師寫《教觀綱宗》的原因、目的。

其後於課程討論中，再度引發對何以講述天台？及天台特性進行澄清，摘要如下：

二、分組討論中的觀點與澄清

（一）討論觀點

有些學員提出南傳佛教、藏傳佛教容易懂，漢傳佛教則過於繁複，有太多專有名詞難以吸收。

（二）澄清

這是不了解藏傳佛教，藏傳需要花二十到二十五年時間才能弄清楚次第，明白其內容。南傳佛教也需要專攻十多年，才能搞清楚次第內涵。

（三）對天台的澄清

1. 名相繁複之回應：使用之名相乃為經論裡原有者，並未製造更多。

2. 運用之方法：整合、組織，對內容歸納、次第化後，架構起來。

3. 作用：把複雜的、不容易弄清楚的規律化、次第化、條理化。

（四）中國人好簡亦產生籠統的問題

禪宗有野狐禪，或對佛法說食數寶者，這些現象需要天台學的基礎，而非抱怨天台複雜。

（五）蕅益大師的目的

1. 彌補挽救漢傳佛教的空洞化、形式化。

2. 認為唯有天台學方能救中國禪宗的弊病。

（六）天台的作用

把修行的次第、根器的分類、修行的方法條理化整理出來。

三、漢傳佛教不講次第的討論（回應問題）

（一）主要原因：禪宗的影響

1. 禪宗：不立文字，不希望繞圈子，追求頓超直入、直指人心，摒棄次第修行。

2. 頓教：禪宗一開始就是圓教，是圓頓法門，所以不講次第。

（二）涉及圓教與次第相關問題

只強調圓教可能產生問題：如果沒有前面藏、通、別、圓的基礎和認知，圓教可能會有問題。

1. 可能的問題：以凡濫聖、增上慢、未得謂得、未證謂證，這是禪宗可能帶來的危險。

2. 仍須經教依據，否則容易入魔：蕅益大師說「離經一句，必同魔說」，強調一定要有經教的依據。

3. 主張禪宗應有經典相應：禪宗至少與幾部經典要相應，例如《楞嚴經》、《維摩經》等。

（三）與禪悟相關的問題

1. 禪悟的認知問題：中國人講的開悟常有問題，悟的內容須審慎理解。

2. 參加禪修可得到指導：參加禪修時，會聽到正確的禪悟指導。

3. 避免上當：因為有天台的基礎和教觀的基礎，不會輕易被錯誤的開悟觀念所誤導。

（四）小結

1. 禪宗對次第的態度：禪宗不講次第，但並不代表整個漢傳佛教不講次第。

2. 圓教的必要基礎：圓教需要有前面藏、通、別、圓的基礎，否則會有問題。

3. 禪宗的危險：禪宗可能帶來增上慢等問題，因此需要經教的依據。

4. 正確的禪悟：需要有天台的基礎和教觀的基礎，才能避免被錯誤的開悟觀念所誤導。

以上以摘要的方式，指出討論的重要論題，以下即就逐字稿做更詳盡的筆記整理。

討論主題：為什麼一定要講述漢傳佛教？

◎筆記整理（1-7）

1. 漢傳需要人弘傳：並非只有或只能理解漢傳佛教，法師表示自己也看南傳與藏傳資料，也與之對談相互理解，只是站在漢傳僧人的立場，發揮、發揚漢傳佛教。

2. 不同佛教傳承系統各有特色，允許共存、相互學習：以百貨公司與專賣店譬喻，百貨公司象徵有各式各樣不同部門的特色，佛教就像百貨公司，大家隨所需而選。漢傳、南傳、藏傳就像一家一家的專賣店，各有各的特色，都應該允許存在，也能相互學習所長。

3. 做為漢人、華人的承擔：中國人的、漢傳的智慧，應予以傳播、流傳。

4. 漢傳重視發菩提心：漢傳重視大乘精神的菩提心，法師視此為佛教對世界的意義與作用，如其於法鼓山理念所直指之「提昇人的品質，建設人間淨土」，便是對應於「嚴土熟生」的菩薩精神。

5. 漢傳具包容性、消融性：此為漢傳的特性，亦是漢傳佛教對整體佛教的承接。

討論主題：對所謂漢傳佛教之指涉及傳承的討論

◎筆記整理（2-1）

為回應提問：推廣漢傳佛教，為何又講唯識、中觀？法師完整討論有關漢傳佛教的指涉與傳承，以釐清大眾對此的疑惑。

1. 從天台的傳承說起：

（1）智者大師、慧文禪師也用《中觀論》、《大智度論》，這是中觀。

（2）慧思禪師《大乘止觀法門》用了古譯而非新譯（玄奘大師翻譯

之前）的唯識。

(3) 天台三代傳承皆未排斥中觀、唯識、包括《大智度論》，《大品般若經》等，而是應用它們，發揮自己的思想，重新組合、重新解釋。（【研究者按】此乃為創造性的繼承與詮釋）

2. 以法師個人重視且講述、著述的歷程回應：

(1) 講過中觀、唯識，寫《八識規矩頌》講錄。

(2) 對漢傳佛教宗派多所涉獵，也有專書、論文，以及修行方法的指導，並不是僅以禪為主流。

3. 即使以所謂的禪而言：勿界定即是臨濟宗、曹洞宗或哪一宗為禪宗。如以此認定，則在這些宗還沒出現前，許多禪法的傳承，算不算禪宗？六祖慧能之前，有沒有禪？如果嚴格定義，甚至可謂從道生開始，中國禪宗思想就已經出現。

(1) 六祖之後：才出現純粹的中國禪宗，但之前從菩提達摩開始，主要是《楞伽經》。《楞伽經》雖主要為如來藏經典，但也有唯識思想在其中。

(2) 五祖、六祖才開始以《金剛經》為主，此為般若系統、空的系統，與中觀思想是相應的。

(3) 六祖《壇經》的思想主軸為無相、無住、無念，也是般若系。

(4) 六祖的自性：不一定是指如來藏的自性，如果對應《壇經》內容，也符合「空性」。

(5) 之後的禪宗：《楞嚴經》、《圓覺經》、《起信論》，才開始變成如來藏系真如的禪。印順法師說禪宗為真常唯心系統，屬於如來藏系統。但中國禪宗很難定義就一定只是這樣，實乃非僅屬如來藏系，也有般若空性思想。

4. 關於佛教、佛法的內涵：

(1) 不同學系的思想，基於時代環境、各位大師的發揮與特色，而有所別。

(2) 佛法是整體的，不要把它拆開來、割裂開來理解或看待。

5. 勿限定自己的宗派，而是理解漢傳佛教的彈性：

（1）漢傳佛教就是漢傳佛教，有其彈性、包容性、適應性。

（2）如果被某一宗、某一經、某一部論所限制，就不是漢傳佛教了。

（3）重點是掌握漢傳的精神與特色，而非拆解式的局限宗派的概念。

討論主題：法師弘揚之禪法與天台之內在關聯

◎**筆記整理**（1-7）

1. 話頭禪、默照禪與傳統禪宗之差異：話頭、默照禪法與傳統禪宗不同，是融合天台學與華嚴學的。（【研究者按】此說可對照前述法師所繪製之「漢傳佛教傳承發展系統表」中所指稱，佛教傳入中國後產生的宗派與關係，可以「集天台、華嚴大成為禪」理解之）

2. 默照禪：法師謂其所講的默照禪，就是《摩訶止觀》的止觀雙運、止觀同時，即天台圓教的止觀。沿著默照禪又講默照同時。先照後默，照默，默照，實際上默是由照而產生的。

【研究者按】

此說與法師後期對止觀、默照的討論容或有不同的解說，然二者之修持，似有相當程度的共通性。法師也曾在指導禪修時，略提二者之關係，大致有幾說，如默照在方法上，是「止觀並用」的過程，雖源出於止觀，卻不是止觀。如下文所述：

> 默照，其實就是止觀並用，止的時候，心中沒有雜念，觀的時候，很清楚地知道自己沒有雜念；因此，觀的時候止，止的時候觀；照的時候也在默，默的時候也在照。將觀用作照，將止用作默。所以雖然源出於止觀，卻不是止觀。❷

---

❷ 釋聖嚴，〈壹、什麼是默照禪〉，《聖嚴法師教默照禪》，《法鼓全集》第 4 輯第 16 冊，臺北：法鼓文化，2020 紀念版，頁 225。

至於何以謂「默照禪的源流為止觀？」此處的源流，主要是從印度以來的禪修傳統——次第禪觀。

法師遠溯印度所修的禪法，第一種的次第禪觀，乃與外道相通，以修「止」為主，然此法直修到四禪無色界定仍未得解脫，故而出現第二種次第禪觀。

第二種即為世尊所發明的七方便（五停心、四念住之別相念、總相念，而煖、頂、忍、世第一）而入見道位小乘初果。以五停心修止、四念住位以上修觀，乃由世間道而入無漏聖道所必修。

法師進而指出，默照的源流即是此第二種次第禪觀，由次第的止觀，演為頓悟的默照。

如回到法師課程中所謂，頓悟的默照禪對應的非次第止觀，而是《摩訶止觀》的止觀雙運、止觀同時，亦即天台圓教的止觀，則似乎在觀修樣態上是同質者。

故而似可理解，默照既為禪法，自然源於通佛教的禪修，只是過往的止觀乃次第禪觀，如藏教、通教、別教；至若圓教的止觀，則是止觀雙運、止觀同時者，則可謂與頓法的默照禪法相應。

第二節
如來藏的討論

其次針對漢傳中的重要傳承——如來藏思想，也予以釐清。蓋因如來藏思想雖為信仰者之重要依歸與支持，然如未能指出如來藏思想的不同層次，恐因此而誤解、誤導。故而論及漢傳佛教之主題，亦特別拈出逐字稿中相關內容予以整理。

此中分別整理如來藏思想之特性與弘傳之用心、如來藏思想所可能引發之疑慮及法師之詮解，以及由如來藏思想衍生之消極與積極實相論之區辨。

有關如來藏的討論，逐字稿內大致從下述幾個面向引發並釐清。

重點摘要：如來藏為中國漢傳佛教的主流

雖則如此，然因當代佛學界或學術研究領域對大乘三系之判攝有多元觀點，且對如來藏之概念有不同解讀，故而此主流也須回應質疑與挑戰，法師對此釐清如下。

1. 漢傳思想源頭涵蓋大乘三系：中觀、唯識（印度稱為瑜伽學派）、如來藏。

2. 漢傳佛教吸收後偏重如來藏系統：

（1）運用的經典多屬如來藏系統。

（2）藏傳佛教也屬於如來藏系統，雖自稱中觀應成或其他派，但實際是如來藏系統。

3. 印順法師對如來藏的觀點：

（1）對西藏佛教和漢傳佛教的批評，因其屬於中觀學派。

（2）瑜伽學派對如來藏系統的評價不一。

4. 天台宗與唯識與如來藏相關傳承：

（1）天台宗早於玄奘三藏，天台大師之前已有真諦三藏所傳的唯識。

（2）天台宗思想可能包含真諦的唯識，但沒有玄奘的唯識。

（3）天台宗雖採用《楞伽經》、《解深密經》等屬於瑜伽派的經典，但主要還是採取其中屬於如來藏的觀念，而非唯識的核心思想。

5. 如來藏系統的優勢：包容性、涵蓋性、積極性、實踐方法的層次性。

6. 如來藏系統可能產生的問題及回應：

（1）如來藏不能解釋為第一因、最高因、最後因，須借用空性觀念糾正。

（2）如來藏即是佛性，佛性即是空性，回到空性理解就無問題。

（3）若將如來藏、佛性視為根本性，會與一神教或泛神論混淆，必須澄清。

一、如來藏思想的特性與用心

※討論主題：如來藏思想之法界觀

◎筆記整理（1-7）

1. 先闡述兩類的「法」：佛法與一切現象的法。法有兩類：一是釋迦牟尼佛說的法，另一類則是唯識學講的法。唯識學有五位百法。《心經》裡講的「諸法空相」那個法，就含有世間法和出世間法、有漏法和無漏法。

2. 說明廣泛定義的法：這些法既是符號，也是觀念。符號有的是心理的符號、有的是語言的符號、有的是物質現象的符號，凡是符號都是「法」，用以為邏輯思考的也是法，一個一個單獨項目的現象也是法。

3. 如來藏的法界：在如來藏思想來講即為「一法界」，一法界是法的所有總體根本。

其中有「大眾相」，大眾的總相為一法界；也有「別相」，差別相差別法中，有世間法、出世間法；或有漏法、無漏法，皆為「別相」。

※討論主題：產生如來藏思想之用心處

◎筆記整理（1-2）

1. 指出有關消極、積極的實相論。

2. 空性思想的作用。

3. 法師對如來藏的論述與詮釋：

（1）如來藏為何被誤解。

（2）法師所詮解的如來藏——與空性、佛性的關係。

※討論主題：從如來藏思想論漢傳佛教之特性

◎筆記整理（彙編）

1. 漢傳佛教被質疑的現況，源於不同宗派的取捨：印順法師對藏傳

「實為如來藏，名為中觀」的狀態不認同；也對漢傳以如來藏為主導的思想不認同。究其因為印順法師乃以中觀學派的思想為主。

2. 漢傳也吸收唯識：但漢傳取其中的如來藏思想而用。

3. 中國漢傳佛教：喜歡如來藏系統。

4. 為什麼漢傳佛教喜歡如來藏系統？因為如來藏有底下的特性：

（1）包容性。

（2）涵蓋性。

（3）積極面的積極性。

（4）實踐方法的層次性。

二、如來藏思想可能引發之疑慮及法師之詮解

誠如前述，如來藏思想在漢傳佛教中是頗為重要的趨向，卻又被質疑是否為梵天外道的思想，故法師對此亦做了詮解與說明。

討論主題：如來藏、真如是否一定有問題？

◎筆記整理（2-1）

1. 許多人修行標的上需要：如果成佛之後什麼都沒有，對很多人而言難以接受。

2. 為接引、投合某些人的需要：成佛有如來藏，未成佛之前為佛性，成佛之後為如來，可以讓某些需要依靠者對修行有期待。

3. 對應法師修行引導：雖直指圓頓，但同時重視次第，乃是為了接引，而後再提昇。

4. 禪宗兩個層次如來藏可深可淺：

（1）第一個層次，成佛有如來，自己的佛性與佛一樣。

（2）第二個層次：狗子有無佛性？無。此無，即是否定執著心。超越有的如來藏，進入非如來藏，便是與中觀相應者。

討論主題：如來藏可能問題與法師詮解

◎筆記整理（1-2）

1. 緣起：《楞伽經》中提及，印度即有此混淆情況——把如來藏解釋為第一因、最高因、最後一個因。

2. 被誤解之處：對如來藏思想的闡述不當，會跟神教、一神教、泛神論連在一起。

3. 被誤解的闡述方式：如來藏為佛性，佛性即是根本性，亦即最後仍有一個佛性，成佛之後有一個佛性在，此即會連結到有神論的神性。

4. 掌握如來藏的核心即不致誤解：用空性概念糾正前述誤解。

5. 佛性、如來藏必回歸空性而理解之：如來藏就是佛性，佛性就是空性。

三、如來藏與消極、積極實相論

法師於詮解如來藏思想時，特別指出如來藏思想與所謂的實相論，乃至於消極或積極的實相論有重要的連結，此亦引發學員的疑惑：實相應已是最究竟者，且應無別，何以還有消極、積極之分？此外，所謂的實相論又係何指？與如來藏或其他思想的關係為何？故而僅就法師逐字稿中與此相關的內容，整理如下。

關於此議題，兩度出現於課程中，第一次為法師授課中提及，其次於分組討論中，參與者提問，故首先就兩次提及內容摘要整理，之後彙編兩次內容，依主題分別整理如後，除可還原此議題出現狀態，同時可理解問題發展脈絡，亦即法師先提出實相論的消極與積極面，學員提問後，再深入探討。

法師指出，實相無別，但理解、詮釋實相者，則稱為實相論，解釋和態度不一樣，便會形成消極和積極兩類。此議題彙編如下幾個不同的討論主題。

討論主題：關於實相、實相論；消極、積極實相論之差異

◎筆記整理（1-4）

回應提問：實相不是一樣的？為何有積極、消極之別？

1. 實相是一樣的，實相論則有別。

2. 實相：

（1）從成佛涅槃的歷程：從《大般若經》看，成佛不是容易的事，一定要在因地修無量行、十波羅蜜，時間很長，目的都是成就眾生、莊嚴佛土。所以不講馬上就涅槃，不是佛那樣就涅槃。

（2）天台論涅槃有層次：有小乘的、大乘的涅槃，大乘中又有別教、通教、圓教的涅槃。涅槃本身叫做實相，但從不同層次來看，解釋就不一樣。

3. 實相論是用以解釋、說明、處理實相，故二者（消極、積極）之別是解釋的態度與立論基礎不同。

4. 同一個名詞涅槃、實相，詮釋的層次、程度、理解不一樣，故有消極、積極之別。如有餘涅槃、無餘涅槃、無住處涅槃等。

5. 消極的實相論：

（1）只破不立。

（2）阿含、中觀屬之。

6. 積極的實相論：

（1）別教、圓教比較積極。

（2）不只破，還要立，還要提昇人品建設淨土（嚴土熟生）。

討論主題：詳述消極與積極實相論之別

◎筆記整理（1-2）

1. 消極實相論：

（1）主要概念：緣起性空，空的思想。

（2）空的大作用：化解眾生的煩惱，化解眾生的我執。

（3）空之中有什麼：化解之後，存在著什麼？即是空，即是緣生性

空，性空之後就是空，沒有再說空裡產生什麼，觀一切法都是空。

（4）與《阿含經》的內在相通處：與《阿含經》緣起思想相通，即「此有故彼有，此滅故彼滅」。四聖諦滅苦之道達成滅，滅時為寂滅，寂滅就是空。

（5）此思想作用：把人導入涅槃，涅槃即已經得解脫。

（6）未論及功能：涅槃之後有無功能？未講到此問題。

2. 積極實相論：

（1）源於：《法華經》的如來藏思想。

（2）關於如來藏：即佛性、法性。於眾生，是心中藏著如來藏；成佛後，此如來藏即是佛性，或稱之為真如，或真如涅槃。

（3）發展：後出現隨緣思想，❸如來藏會隨染緣，但不會失去如來藏的本性。（【研究者按】此發展源於《大乘起信論》所說）

（4）意義：指出眾生心中有如來，對所有眾生有很大的鼓勵。此鼓勵的心，即是積極的實相論。

討論主題：積極的實相論與《法華經》有何關係？

◎筆記整理（2-1）

回應提問：積極的實相論與《法華經》有何關係？

1. 從《大智度論》對「相」的解說而論，未指空相為何：

（1）諸法有二相，一是各各相：即是差別相，每一法皆有其差別相。

（2）諸法有二相，另一是實相：即是空相，亦即任何一法的本相、實相就是空相，因皆為因緣所生法，因為是因緣法，所以是空相。

（3）般若系統、中觀系統的實相論即是空相。

---

❸ 見聖嚴法師語體譯：「其實那便是《起信論》所說的如來藏，亦即隨緣的真如。」釋聖嚴，〈九、圓教的六即及其修證〉，《天台心鑰——教觀綱宗貫註》，《法鼓全集》第 7 輯第 9 冊，臺北：法鼓文化，2020 紀念版，頁 266。

（4）沒有進一步指出空相是什麼。

2. 從《法華經》的十如是闡釋積極實相論：

（1）諸法實相就是十如是，亦即相、性、體、力、作、因、緣、果、報、本末究竟等，此十如是即是實相的豐富功能與作用。

（2）積極實相論：有豐富的功能在其中。

（3）《法華經》的實相論即從此而來。

3. 天台與中觀實相論之別：

（1）中觀：實相無相。

（2）天台：實相無相無不相。

第三節
判教與經典成立史之對話

《教觀綱宗》頗為重要的核心論旨，即在於其中的判教思想與論述，而此判教系統乃為傳統佛教發展中，對佛典成立、佛教發展定位的歸納與分析。然而到了近代，開始有所謂的「經典成立史」的學術考據，依於現代學術操作方法而回應傳統判教所處理的課題。

故而在指導天台判教內容之際，亦有學習者針對此提出疑慮，認係已有經典成立史的現代研究與成果，是否還須借助傳統判教以理解佛教發展歷程。法師故而對此有所回應，並提出其反思與提醒。

關於此主題的提出，主要在於分組討論中，參與者對此評析，法師於中指出相關思考與提點，摘要如下：

重點摘要：經典成立史與五時判教

1. 經典成立史

（1）學者觀點：主要由日本學者如望月信亨提出，從歷史角度解釋經典內容的形成和演變。

① 哪些經典是佛在世時講的，哪些是佛涅槃後流傳出來的。

② 哪些經典在印度何地漸漸出現，或突然出現。

③ 什麼時代出現哪些經典，或不同時代加進去的部分。

④ 示例：

A.《華嚴經》和《法華經》的成立史都是長時間發展出來的。

B.《阿含經》在佛涅槃後一百到二百年逐漸編集成功。

（2）集結經典：

① 第一次集結：由摩訶迦葉召集的七葉窟集結，無文字記載，五百阿羅漢證明人。

② 後期集結：大乘經典逐漸在佛涅槃後幾百年出現，如《法華經》為早期大乘經典，中期、晚期則包括密教經典。

2. 五時判教

（1）古代觀點：五時判教是當時大師們整理、貫穿佛的思想，予以層次化、類別化。

（2）現代觀點：現代學者從經典成立史的角度批判大、小乘經典，主要是受日本經典成立史的影響，目前學者之間已經成為一個主流的思想和觀念。

（3）時代思潮：

① 古代的判教系統在其時代是對的，現代的經典成立史觀點也有其時代背景。

② 未來可能出現新的證據推翻現有的觀點。

【研究者按】

法師語重心長地評析時代思潮下的不同演進有其時代意義，然亦理解當代對五時八教的討論之餘，尊敬古代大師們的用心，理解他們的智慧，而非單純以現代知識與方法論看待，甚且當更重視其中對修行所具備之意義。

✠討論主題：從判教、通別五時之討論，對現代經典成立史的反思、批判、提醒

◎ **筆記整理**（1-3）

1. 經典成立的歷史觀點：

在二十世紀之前，對於佛經的理解，多半認為是佛陀在世時所說。但隨著學術研究的發展，特別是日本學者如望月信亨，提出了經典成立史的觀點。這種觀點認為，佛經並非都是佛陀在世時一次性講述完成的，而是經歷了一個歷史演變的過程。

有些經典可能在佛陀在世時就已開始流傳，如早期的《阿含經》，但當時並無文字記載，而是透過口耳相傳。

佛陀涅槃後，弟子們進行了多次的結集，將佛陀所說的法加以整理、編輯。大乘經典的出現，則是在佛陀涅槃後數百年，逐漸在印度各地發展而成。

經典成立史的觀點認為，《華嚴經》、《法華經》等大乘經典的形成，經歷了較長的時間，可能在不同時期有不同的內容加入。

2. 經典成立史的影響：

經典成立史的觀點，對於理解佛經的內容和性質有重要的影響。

印順法師等學者，即是從經典成立史的角度，來批判大、小乘經典，並探討不同經典出現的時間和背景。

這種歷史觀點，挑戰了傳統上認為佛經都是佛陀親口所說的看法，而將佛經視為歷史發展的產物。

從歷史的角度來看，佛經的內容並非一成不變，而是在不同時代和地區，隨著佛教思想的發展而有所演變。

3. 對判教思想的影響：

在經典成立史的觀點出現之前，古代的佛教學者面對數量龐雜、層次眾多的經典，必須要有一種合理的分類方法，這就產生了各種判教的

思想。

天台宗的五時八教判教，就是在缺乏經典成立史的背景下，為了理解佛陀在不同時間、為不同對象所說的教法，而發展出來的一種分類系統。

在傳統的判教觀點中，佛陀的教法是整體性的，但透過經典成立史的視角，則可以將不同經典的內容，放到不同的歷史時空來理解。

4. 對傳統判教的挑戰與反思：

經典成立史的觀點，挑戰了傳統判教的基礎，使得原本的判教理論，在現代學術觀點看來，可能顯得不夠精確。

然而，我們不應全盤否定傳統的判教思想，因為它們在當時的歷史背景下，有其存在的必要性和意義。

早期的佛教大師們，透過判教來整理和分類佛陀的教法，這顯示了他們的智慧和用心。

5. 呈現不同時代的思潮：

每個時代都有其思潮，過去的判教思想，在當時可能是對的；而現代的經典成立史觀點，在現今也具有其合理性。

我們應以一種尊敬的態度，看待不同時代的思想和觀點，而不是簡單地否定或接受。

從歷史的角度來看，沒有絕對的真理，只有在特定時空下，最適合當代的觀點和方法。

6. 小結：

經典成立史是一種從歷史角度研究佛經的方法，它挑戰了傳統的觀點，並提供了新的視角來理解佛教經典。雖然經典成立史對傳統的判教理論提出挑戰，但我們不應因此否定傳統判教的價值，而是應該以一種開放的態度，理解不同時代的佛教思想和觀點，從而更全面地認識佛教的發展歷程。

• 第四章 •

天台教學之教與觀

誠如前述，天台之獨特性並非僅為「教下」之理論系統，法師指其目的實乃以「教」教導如何修「觀」，此教乃為內在義理之闡述，雖所謂義理之學，很容易解讀為理論、觀念或哲學，然天台之「教」與「觀」具二而一之關係。故而如能掌握天台教觀之特性，則不致往理論思辨與哲學探討之方向契入天台之學。此亦為法師所特別強調者，故別立一單元以整理之。

天台教觀並重之特色，聖嚴法師如何透過對《教觀綱宗》的貫註與詮釋呈顯之？為本章節所欲處理者。本章從教觀對舉，再針對教及觀分別呈現，最後以法師授課中特別標舉之經典與修行為例，以見其對教學所重視之面向。

第一節
天台教學中的「教」與「觀」

重點摘要：從《教觀綱宗》核心概念整理之

1. 天台教觀的目的

(1) 天台宗的著作主要講修行法門，不是哲學思想。

（2）《玄義》看似理論，其實目的是教我們如實修行。

（3）教觀的目的在於教我們修觀，這是釋迦牟尼佛的本意。

2. 釋迦牟尼佛教導之原意與目的

（1）釋迦牟尼佛要我們對症下藥，解決眾生的問題，而不是討論哲學或宇宙問題。

（2）天台教觀的教不是理論、哲學、思想，而是五時八教，目的是幫助眾生除煩惱，除見思二惑、塵沙惑、無明惑三種煩惱（此為天台宗對煩惱的定義）。

3. 教與觀的關係

（1）見惑是知見，思惑是心理，佛法講求正知正見，目的在於解脫煩惱。

（2）天台學不是一個思想的學派，而是次第化、分類化的修行整合方法。

（3）一念三千、性具思想等都是後人歸納的理論，真正目的是教人修行。

4. 蕅益大師的原則

（1）蕅益大師強調教觀的實踐性，《教觀綱宗》不是講理論，而是組織、次第化修行法門。

（2）教我們如何修行佛法，從哪裡入門，如何次第修行。

天台宗的《教觀綱宗》重點在於實修法門，不是哲學理論。釋迦牟尼佛的教導是為了對症下藥，解決眾生的煩惱。天台教觀強調正知正見，以實踐為主，整合次第化修行法門，指導修行的具體步驟和方法。

討論主題：直指天台學之特質

◎筆記整理（2-6）

1. 不是複雜的學問或思想的學派。

2. 是把佛法的法門次第化、分類化。

3. 主要在於把修行的方法調整、整合。

討論主題：天台學之「教」目的為觀，理論非重點

◎筆記整理（2-6）

1. 天台、華嚴重在教修而非論理：後人將天台詮釋為性具思想，華嚴為性起思想，但天台或華嚴，不是為了講這些理論，而是教修行。

2. 蕅益大師著《教觀綱宗》一書的教與觀，不是理論、思辨，而是組織、次第化，讓修行者知道入門、各種修行法、次第。教自已修、教別人修。

3. 教觀對照之特色：教的目的是為了觀，而不是理論為教，修行為觀。

第二節
天台教學中的「教」

討論主題：天台教觀精神與佛陀本懷、佛法基本目的之對照

◎筆記整理（2-6）

1. 以天台教觀精神回應釋迦牟尼佛的本懷：

（1）非思辨、邏輯的討論哲學問題。

（2）非討論本體、宇宙、根本等的問題。

（3）是應病予藥的概念：眾生有種種病，則以種種藥來對治。

（4）眾生有種種根性，就用種種教法來應對，即是度眾生。

（5）沒有一定要用理論、哲學去懾服人、辯論，而是有什麼問題就解決問題。

2. 對應佛法的基本目的：不在於成立學派，所有的中觀學派、唯識學派、華嚴學派、天台學派，皆是後來的發展與定義。

討論主題：天台的「教」所指為何？

◎筆記整理（2-6）

1. 天台宗的著作，講哲學思想者不多，主要是講修行法門。

2. 從《法華玄義》觀之：雖講理論，但目的在於教如實的修行，所以教觀者，教如何修觀。

3. 天台的教非理論、觀念、哲學、思想、邏輯。

4. 此教即是五時八教的教：目的即是為幫眾生除病、除煩惱。而於天台宗，所謂的煩惱，即「惑」的定義與分類，則為見思惑——知見為見惑、心理上的為思惑；塵沙惑及無明惑三大類。

討論主題：《教觀綱宗》完整修行脈絡之教學地圖

《教觀綱宗》之完整教學，主要從化儀四教之「因材施教」、「應機而說」概念出發，整合五時之內容，整理為化法四教中的對照脈絡，研究者依之整理如圖 4-1 所呈現之項目。

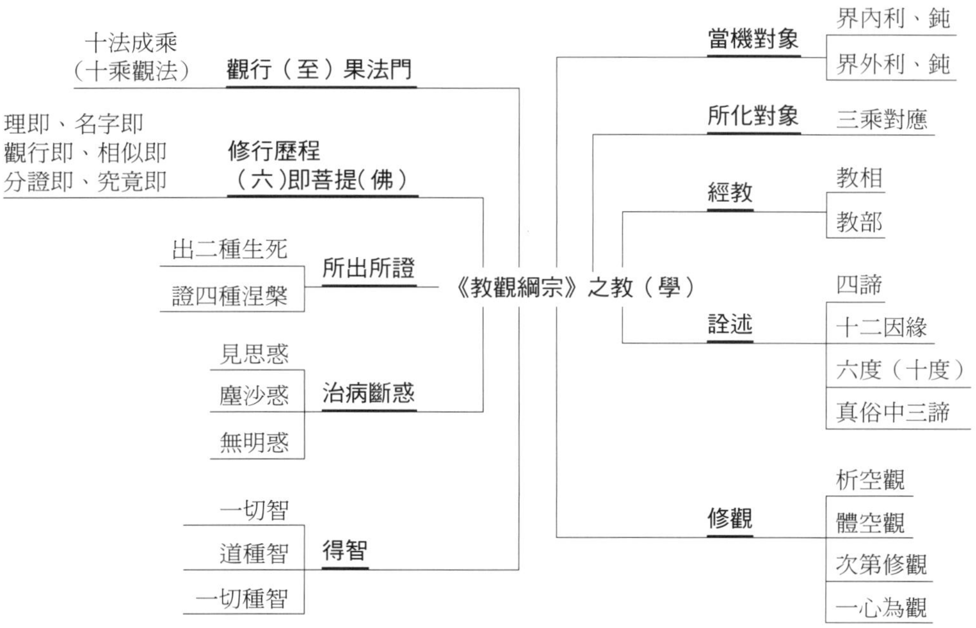

圖 4-1：《教觀綱宗》完整修行脈絡圖

內容摘要與討論

討論主題：《教觀綱宗》的六即菩提與六即佛

【研究者按】

雖則六即所述為整體修行歷程，從「不知其理而理自存」（理即），到知其名（名字即）、開始修觀行（觀行即）、逐漸增長而相似（相似即）、分證（分證即）到究竟（究竟即），有教有觀，然研究者將六即置於此，主要在於六即所呈現者，為《教觀綱宗》建立教學次第的基礎架構，故而以六即為天台之「教」。

此外，六即中的六個層次，也可約分為二，其一為概念系統，包括「理即」、「名字即」。「理即」指的是四教所各自詮解的「法義」（對究竟法的理解），「名字即」即為對該法義之「概念」，以語言文字符號系統詮釋之。

其次為後四即，乃真正進入修證系統的四個層次，「觀行即」類似儲備資糧的基礎修行；「相似即」為修行有成，但尚未進入斷惑修證，故僅為相似；「分證即」則斷一分惑，證一分道；至於「究竟即」，則各自進入四教的究竟果位。由於四教對應四層次根器，故而其對於究竟，自有四層不同體證。

然六即既是教，也是觀，故而在本章節後續有關天台之「觀」，則進一步從觀修的內涵討論六即。

◎筆記整理：六即的概念（1-6）

天台宗所講的六即是圓教的六即，而其他的藏、通、別三教並沒有這樣的解釋。然而，蕅益大師將四教全部講成六即，這是他的特色。六即菩提和六即佛在四教中有不同的解釋。

從藏教、通教到別教的相似即，皆僅能視之為「即菩提」，一直要到別教的分證即（十地），方進入斷無明證得中道之佛階位，故為「分證即佛」，爾後到圓教六即則名為「圓教六即佛」。

【研究者按】

從此一分疏，亦可理解蕅益雖將原本圓教的六即置於四教中，做為四教亦可循序修證而得各自究竟的歷程，然為免「以凡濫聖」，仍將六即佛位拆解出「六即菩提」與「六即佛」之別。一方面鼓勵四教前三教眾生，只要開始修行，皆能於自身的學習脈絡得到進益與各自的「結業」（究竟即菩提），一方面也指出與圓教究竟（究竟即佛）的差別。

◎筆記整理：六即的內容（1-6）

1. 理即：本來如此的理，即一切眾生本有佛性。
2. 名字即：通過聞法、學法，得知佛法的概念。
3. 觀行即：實踐觀行，從修行中體知佛法。
4. 相似即：修行有所成就，但與解脫僅是相似。
5. 分證即：菩薩分段證得佛果的過程，但尚未圓滿。
6. 究竟即：圓滿成佛，證得無上正等正覺。

第三節
天台教學中的「觀」

一、修觀要點：從基礎到圓頓

此單元整理之修觀要點，為進入修行狀態之指導，從五停心、四念住最基礎的次第修觀，而至圓頓法要之「觀不思議境」皆有指涉，完整呈顯天台觀門「層次分明、圓融無礙」之精神。其中特別針對止、觀之釐清，以及五停心、四念住之銜接做了完整陳述，對於修行者而言，不啻提供了基礎、精要又清晰的修行指引。

緣於許多禪修行者之次第修觀中，往往輕忽五停心、四念住之基本工夫，故法師於此特別予以細緻的指導，並指出修觀為入門，掌握清楚對修行乃極為重要之事。

【研究者按】

然對於五停心觀之修行法要，究係為止抑或為觀，似有不同對應之探討，如從漢譯名詞理解之，此五項修行方便，目的或作用在於「停心」，此當為「止」而修，亦即停止五種修行上心的障礙與煩惱。然而方法卻是「觀」，以修五種「觀」法而得「止」，故於修行指導上，論其如法師下述文本中所言：「不觀不可能有止，由觀而能止。」似為一種指稱方法達致目的的說明。

以下即就逐字稿筆記如下三個子題：止觀、五停心、四念住、觀不思議境等，先就相關主題予以摘要式整理，可輪廓式理解，再透過不同的討論主題，提供完整的筆記整理。

（一）從基礎的五停心、四念住開始

1. 五停心定義與對治

（1）不淨觀：對治多貪的眾生，主要指貪淫慾。

（2）慈悲觀：對治多瞋的眾生，觀眾生的苦。

（3）數息觀：對治多散亂心的眾生，數呼吸進出。

（4）因緣觀：對治愚癡心的眾生，觀十二因緣。

（5）念佛觀：對治多障的眾生，有時用「界分別觀」代替。

2. 一般常用修行方法

（1）通常修行的兩種法門是不淨觀和數息觀。

（2）現在多數從數息觀開始，數息觀用以對治散亂心。

（3）念佛觀即念佛禪，視為淨土法門的一部分，但也是五停心之一。

3. 四念住觀與應用

（1）觀身不淨：觀身體三十六物不淨。

（2）觀受是苦：觀受的本質是苦。

（3）觀心無常：觀察心念的無常變化。

（4）觀法無我：觀察法的無我性。

4. 四念住的對治與歷程

（1）以四念住對治四顛倒：不淨為淨、苦為樂、無常為常、非我執我。

（2）修成別相四念住後，進一步修總相觀。

（3）總相觀修法：在修四念住任何一個念處時，同時觀察其他三個念處的特性：

① 觀身不淨時，同時觀受、心、法的特性。

② 觀受是苦時，同時觀其他三相是苦。

③ 觀心無常時，同時觀其他三相無常。

④ 觀法無我時，同時觀其他三相無我。

5. 修四念住解脫

（1）修四念住需要加行，產生煖、頂、忍和世第一的功效，才能得解脫。

（2）四念住是從觀身開始，逐步觀受、心、法。

6. 修行次第

（1）四念住有次第修與不次第修，次第修是從身、受、心、法分別修，別相念別別修。

（2）四念住的根本在於觀法無我，達成無我才能得解脫。

（3）從五停心進入四念住是修行的順序，從別相念開始著力，逐步修四念住。

7. 四念住的基本說明

（1）觀身與觀身不淨：觀身不淨通常就是觀我們身體的三十六物不淨。

不淨是有分別心，去分別清淨、不清淨；如果沒有分別心，就沒有清淨和不清淨的問題。所以四念住目的是要達成無我，無我就能得解脫，從五停心進入四念住。

更深一層來看，凡是有執著，身體就是不清淨，是煩惱，使你生起煩惱的身體就是不清淨，身體任何部位讓你生起煩惱，身體就是不清淨，就是汙染。

（2）觀受：受是感受、觸受，例如苦、樂、憂、喜、捨，為五受；苦受、樂受、不苦不樂受，為三受。整個受的活動，也稱為「心」。

（3）觀心：從觀受看，誰在受？是心在受，心比受更深一層。通常人只知道感受苦、樂或不苦不樂，沒辦法體會到心，能體會到心是什麼，就已經看到自己非常細微的念頭了，因為觀心的心就是一個一個的念頭。

自己微細的心理活動能觀察到，這就是「心」。

（4）觀法：四念住觀的法，是觀五蘊法、十二入、十八界等法。這一些法講的是現象，是三界的有漏法，是世間法。

法有兩類：一是釋迦牟尼佛說的法，另一類則是唯識學講的法。唯識學有五位百法。《心經》裡講的「諸法空相」那個法，就含有世間法和出世間法、有漏法和無漏法。這些法既是符號，也是觀念。

符號有心理的、語言的、物質現象等的符號，凡是這些符號都叫做「法」，用以為邏輯思考的也是法，一個一個單獨項目的現象也是法，法的範圍相當廣。

如來藏思想有所謂的「一法界」，是法所有總體根本。有「大眾相」，大眾的總相為一法界，也有「別相」，差別相、差別法，有世間法、出世間法；或有漏法、無漏法，皆是指「別相」。

從觀法到「觀法無我」，是四念住的根本，即苦、空、無常、無我。因為不淨所以苦，因為苦所以不知道無常，因為不知無常所以有我。

如果知道無常，觀法無常，知道心是無我，就不會覺得苦。因為身心本身就是無我，所以就不苦。

8. 四念住的修法

四念住不一定次第修，也可以頓修。通常是次第修，如果不是次第修不容易著力。

9. 從五停心進入四念住的銜接點

◎筆記整理（1-7）

（1）不淨觀與觀身不淨：

① 五停心的第一項是不淨觀，觀察的是身體的三十六物不淨；當觀三十六物時，心理會有反應，此反應即是受。

② 四念住的第一項是觀身，因此不淨觀可以直接銜接到觀身。
③ 此可次第修，也可以頓修。
(2) 慈悲觀與觀受是苦：
① 慈悲觀觀察眾生的苦，而眾生的苦是身體在受苦。
② 不淨觀是觀自己的不淨，其實也是觀自己的苦。
③ 四念住的第二項是觀受，因此慈悲觀可以銜接到觀受。
(3) 數息觀與觀身：
① 五停心的數息觀是數呼吸，心在數，數的是身體的呼吸。
② 呼吸進出是與身體相關的活動，因此數息觀也可以銜接到觀身。
③ 開始用隨息法，之後再數息法，數息到不需數時又變成隨息。隨息法：觀察呼吸的自然進出。數息法：數呼吸的次數。
(4) 因緣觀與觀身受心法：
① 因緣觀主要觀十二因緣，包括五蘊、十二入、十八界。
② 觀無明到老死，實際上是觀四聖諦（苦、集、滅、道）。
③ 十二因緣中，生滅十二因緣是苦集二諦，還滅十二因緣是道滅二諦。
④ 十二因緣觀察的是身體和心，實際上涵蓋了四念住的身、受、心、法。
⑤ 因此十二因緣與四念住裡的身、受、心、法有連帶關係。
(5) 念佛觀與觀心：
① 念佛觀是念佛禪，念佛的人是自己，用口念是身，用心念是心，因此涉及心、法。
② 念佛觀也可以看作是四念住的前方便。
(6) 小結：
① 五停心各法門都是四念住的前方便。
② 五停心是修行的入門處，接著是四念住。
③ 可以從任何一個五停心法門進入四念住。
④ 修行次第可以是次第修（從身、受、心、法分別修），也可以

是不次第修（以總相念修）。

以上摘要整理從五停心進入四念住的主要銜接點和修行次第。

討論主題：關於止觀的討論

◎筆記整理（1-7）

1. 五停心觀、四念住觀：皆是觀，為何不稱止而名為觀？因止是依觀而得，其著力點在觀。

2. 印度譯為中文禪學的書稱觀，如「禪觀哲學」，或稱「禪數哲學」。「禪數」因為是有數目、有數字，例如五停心、四念住，這是以數為基礎故稱「禪數」。

【研究者按】

關於禪觀，涉及禪修發展過程中的複雜概念，法師於授課中主要是強調止與觀的關係，並說明何以修止、修定的方法稱之為「觀」，故本段說明較為簡略。

另可參照法師對此較完整之說明如下，將「以禪觀為方法，以修習禪定為目的」之概念澄清：

> 禪，可以分作禪定學及禪學的兩門學問來看，在印度佛教經論中所介紹的禪那，乃屬於禪定學，稱為禪觀、禪數，是以修習禪定為目的，必須是長年累月，退隱山林，修呼吸法、住心，以九次第定為階梯，以四聲聞果為目標。乃是解脫道的修行途徑。❶

3. 不觀不可能有止，由觀而能止。先觀才能達到止的功能，不觀沒有止的功能。

---

❶ 釋聖嚴，〈聖嚴法師教禪坐大陸版序〉，《書序》，《法鼓全集》第 3 輯第 5 冊，臺北：法鼓文化，2020 紀念版，頁 334。

4. 五停心的目的好像是止，但是它是修觀，從觀達成止。

5. 四念住：是觀，從觀而達止的目的，即修定。

6. 三十七道品的實踐：從五停心的前方便，進入四念住，開始別相念、總相念，再依於四正勤加強觀力，以四神足強化定力，進而產生五根、五力、七菩提分、八聖道，三十七道品修完，進入初果。此修行次第的開端亦是從觀著力。

7. 重點討論：修觀是入門，需要更深刻的體會與掌握，弄清楚很重要。

討論主題：對「觀不思議境」的討論

◎筆記整理（1-8）

1. 本書中的意義：十乘觀法第一——觀不思議境。

2. 解說：離名字相、離文字相、離語言相。

3. 意涵：離上述三種相，即離相，便無從思考。

（1）符號為思考的媒介：因為一般頭腦的思考，都是透過名相、語言、文句為符號，而可以思、可以議。

（2）思：頭腦的思考、思惟。

（3）議：言說。

4. 禪宗的對應：離心意識，離心、離意、離識。

（1）思：思考、分別。

（2）識：認知。

5. 此二者的禪修理念完全相通：於天台為「觀不思議境」，於禪宗，則是「離心意識」（【研究者按】可以此二者做為天台與禪的修行法門與境界之對照）

6. 禪的頓悟法門：問未出娘胎前的本來面目，不給答案、不給形容、不給說明。

7. 如「觀不思議境觀」觀成，亦等於禪宗的禪修見性、破參。

（二）次第到圓頓的六即與階位

※討論主題：天台學觀法之特色

◎筆記整理（2-6）

法師以智者大師之著作為例，指出天台觀法既有次第教一般人循序修觀，但又不離圓頓要旨。如以《小止觀》修次第禪法，以《摩訶止觀》的圓教立場講圓頓觀門。就修行根器之別及修持歷程而觀，並無杆格或矛盾衝突。

※討論主題：具體呈現：五十二位次

在《瓔珞經》中，修行的過程被分為五十二個位次，包括十信、十住、十行、十迴向、十地、等覺和妙覺。天台宗將這五十二個位次應用於別教和圓教。

1. 別教與圓教的位次：

（1）十信：五品弟子位。

（2）十住、十行、十迴向、十地、等覺、妙覺：這些位次在別教和圓教中都有應用，但具體修行方法和理解有所不同。

法師藉圖 7-13 的解說，呈現別教與圓教的位次和修行過程。別教的修行過程分為五十二個階位，而圓教則根據《法華經》的教義，將五十二個階位進一步應用到修行實踐中。

天台宗的六即是基於圓教教義提出的，描述了修行者從理論上的佛性到最終證悟佛法的過程。這一過程分為六個階段，每個階段都有不同的理解和實踐方式。五十二位次是根據《瓔珞經》的教義，描述了修行者在別教和圓教中的具體位次和修行過程。

2. 重要觀念：天台宗的六即

天台宗將修行過程分為六即，這是基於圓教的教義。六即是《摩訶止觀》中的圓頓止觀所提出的，主要是用來描述修行者在不同階段的境界和實踐。

※討論主題：天台宗的六即概說

天台宗所講的六即是圓教的六即，而其他的藏、通、別三教並沒有這樣的解釋。然而，蕅益大師將六即分別置於四教中，這是他的特色。六即菩提和六即佛在不同的教中有不同的解釋。六即簡述已於前文中有關天台之「教」中介紹。

※討論主題：六即的次第與圓頓

1. 法源與應用：依《摩訶止觀》之六即入四教中

（1）理即

定義：指一切眾生本具如來藏或佛性，也稱為「理佛」。

狀態：眾生雖具佛性，但因未聞佛法概念，不知其存在，故仍是凡夫。

譬喻：就像「未出娘胎以前的本來面目」，或「清淨的法身」。

重點：此時尚未開始修行，只是在理上具有成佛的潛力。

（2）名字即

定義：指已從經卷或善知識處聽聞佛法，得知眾生皆有佛性，也稱為「名字佛」。

狀態：雖知有佛性，但尚未開始修行開發。

重點：此時僅止於理解佛法的名相，沒有實際體驗。

譬喻與提醒：世界上很多的佛教徒都是在名字即，也就是聽佛法，知道，但是沒有如法修行。多半的人今天到這裡聽，明天到那裡聽，號稱親近善知識不怕多，連善財童子都有五十三參，天天參，一個一個參，大法師、老法師全部參光，就是跟自己沒有關係，這就是現代的名字即。

（3）觀行即

定義：指已開始依教奉行，實際修持佛法。

狀態：已開始修行，但尚未堅固。

重點：此時開始透過實踐來體悟佛法。

圓教的觀行即：相當於別教十信位，也等於《法華經》所說圓教五品弟子位。此時修習「隨喜」、「讀誦」、「說法」、「兼行六度」、「正行六度」等五品。

藏教的觀行即：修五停心觀、別相念、總相念，屬於外凡資糧位。五停心觀包括：不淨觀、慈悲觀、數息觀、因緣觀、念佛觀。別相念修四念住觀（觀身不淨、觀受是苦、觀心無常、觀法無我）。總相念是在修習四念住時，同時觀其他三個念住，即在觀身不淨時，也同時觀受是苦、觀心無常、觀法無我。

（4）相似即

定義：指修行已有所成就，開始生起與聖者相似的智慧和功德。

狀態：已經發相似的無漏觀行，但尚未真正證悟。

重點：此時修行已趨成熟，即將進入聖位。

圓教的相似即：相當於別教的十迴向位，也等於《法華經》所說的六根清淨位，已發相似的無漏觀行。圓教的十信位（初信到十信），包含別教的初住到十迴向。此時已達內凡位，六根清淨，不受外境六塵干擾。

六根清淨：指六根（眼、耳、鼻、舌、身、意）不受外境六塵（色、聲、香、味、觸、法）的干擾。

斷見惑：六根清淨位，已斷小乘的見惑（身見、邊見、見取見、戒禁取見、邪見），建立堅固的信心。

① 圓教的十信位：在圓教的修行過程中，十信位是指從初信到十信之間的修行階段。在這一階段中，修行者從信心初步建立到信心堅固，並逐漸達到六根清淨的境界。

② 別教的對應：圓教的十信位包含了別教的初住、十住、十行、十迴向。在別教中，這些位次被稱為「三賢位」，同樣也被描述為六根清淨位。

③ 六根清淨：六根清淨位是圓教的內凡位，這一位次表示修行者的六根已經達到清淨的境界。五品弟子位則是外凡位，外凡位是指尚未真正入門的修行階段，信心還未堅固，容易進退。

A.外凡位：外凡位是在修行的初期階段，信心不穩定，修行者可能會進進退退，未能堅定不移。圓教的五品弟子位即屬於這一階段。

B.內凡位：內凡位是在修行的進一步階段，信心已經堅固，修行者能夠持續精進，不再輕易退轉。圓教的初信位和別教的初住即屬於這一階段。

（5）分證即

定義：指開始斷除無明，證悟部分真理，進入聖位的菩薩。

狀態：已證得部分的佛性（覺悟狀態），但尚未達到圓滿的覺悟。

重點：此時已具聖者的智慧與功德，並持續修行。

圓教的分證即：相當於圓教的初住，也相當於別教的初地，開始斷無明，見一分佛性，每斷一分無明，即證一分法身。此後經歷圓教的十住、十行、十迴向、十地、等覺。

① 圓教的進階過程：圓教的修行過程包括初住、十住、十行、十迴向、十地、等覺。從初住開始，逐步斷除無明，初住到十住共斷十分無明；十行再斷十分無明；十迴向再斷十分無明，這樣總共斷四十一品無明。當最後一分無明斷盡時，即證得「究竟即」。

② 修行的進階：

A.初住：開始斷除一分無明。

B.十住：斷十分無明。

C.十行：再斷十分無明。

D.十迴向：再斷十分無明。

E.十地：繼續斷無明，直到最後。

F.等覺：已接近究竟位。

G.究竟即：斷盡所有無明，證得究竟佛果。

圓教的修行是逐步斷除無明的過程，每一步都是在增長智慧，見到佛性，最終達到「究竟即」，成為究竟的佛果。

（6）究竟即

定義：指斷盡一切無明煩惱，證得圓滿的佛果。

狀態：已達究竟的覺悟，成就無上菩提。

重點：此時已圓滿證得佛的一切智慧與功德。

圓教的究竟即：依分證位的觀力，斷最後一分的無明，發究竟圓滿的覺智，證妙覺無上的菩提。

2. 六即的凡聖等級

六即中的凡聖等級，將修行的進階過程分為外凡位、內凡位和聖位：

（1）外凡位

包括理即和名字即，屬於尚未進入佛法之門的凡夫，尚未體驗或運用佛法。對應於五品弟子位。

（2）內凡位

包括觀行即和相似即，這些層次屬於賢位，已經開始進入佛法的修行。對應於六根清淨位。

（3）聖位

包括分證即和究竟即，這些層次屬於已經進入斷微細無明的階段，證一分法身或是證十分，乃至四十二分法身。成為妙覺的菩薩，即「究竟即」。

以不同層次的分級系統，有助於修行者明白自己所處的修行階段，並在佛法的道路上不斷進步，最終達到究竟的覺悟。

【研究者按】試問與探討

提問一：上文描述六即位次，尤其由觀行即至究竟即等四個實證階位，內容繁瑣複雜，僅以文字似難以掌握？

反思與探討：如法師課程講述中屢屢提及，須對照十八圖以檢視四教修行階位，方不致受文字所限，此可參照《天台心鑰》一書之十八圖對照之。

提問二：無論是天台或華嚴，菩薩至佛的修證位次極為繁複，好簡之漢傳佛教，是否需要以此做為修行的必要對應或修行要素？

反思與探討：此前討論天台學於漢傳佛教之意義時，聖嚴法師強調因中國佛教發展偏好簡易，尤其禪宗不立文字，直指究竟，恐造成含糊籠統、以凡濫聖的問題，故強調須以天台補偏救弊，以天台的特質讓漢傳佛教也能發展出次第分明的修學系統。

此外亦以蕅益的教觀系統，做為未來形塑世界佛教的基底，然法師是否即以天台為唯一或相對重要的系統？

如以研究者前所提出，法師曾手繪之「漢傳佛教傳承發展系統表」觀之，似可發現，法師於表中所呈顯，佛教傳入中國後的兩大主軸，乃以天台判教與教觀、華嚴判教與觀行為主，加上集阿含、阿毘達磨，並融合唯識、般若、天台、華嚴而大成禪宗❷，而法師又承繼禪宗後復開出中華禪法鼓宗，或可如此詮解：法師對天台或《教觀綱宗》之重視，應以判教、教觀與行解並重為心鑰。

關於六即，重點似應在於四教皆立六即，倡議所有修行者皆可依根器而逐步修學、達致層次分明之系統；同時因理解有四教之層次，而不致產生絕對的頓、漸二元。

至於法師特別提出複雜的菩薩階位，對我們凡夫的修行帶來的意義，可從以下文字略體其心，此亦符應其前所述之憂心：

> 我們從分位斷惑的程度上，也可以自己衡量一下，自己的修持工夫，究竟已到了什麼階位？不要忘記，調伏見思二惑，（雖有而）

---

❷ 此表參見拙著《聖嚴法師心靈環保學意義與開展》，臺北：法鼓文化，2022 年，頁54-57。

不受偏見我見等所迷惑，亦（雖有而）不為貪瞋癡等所轉動，尚不過在十信位中的凡夫階段而已呢！今有一些自以為開悟見道入賢出聖的人，相信他們多數的多數，是禁不起考驗的。❸

提問三：承前問，如以禪宗不立位次立場觀之，法師又是如何解讀二者之別？

反思與探討：雖然法師已於聽講者質疑禪宗道場與天台之別時，回應天台對禪宗之作用，然不立位次與繁複階位畢竟於修行上有極大差異。如欲深入理解此問題，或可參酌法師其他文本以理解之。

法師曾於解釋禪宗之「覺」時指出，覺有不覺、小覺、大覺三類，其中小覺又可分為始覺與漸覺。其闡釋漸覺概念時，便指出禪宗之覺與修證層次之關聯：

> 修證均有層次，每一個層次代表一個階段。根據《華嚴經》及《瓔珞經》，佛道的修證，全程有五十二個階段，從初發菩提心，經過十信、十住、十行、十迴向、十地，再加等覺及妙覺。所謂見性，沒有一定的說法，在此五十二個階段中，究竟到哪個叫見性？通常的所謂親證法身，是指天台教判通教的初地菩薩；但禪宗不採取這個觀念，禪宗說見性就能見到法身。
>
> 一般講，初地菩薩開始見性，見性以後所見的那個性，就永遠再不會退失了，他們所見的那一部分或是那種程度，是永遠不會退失的了。這與禪宗所講的見性不同，禪宗所說見性之後，可能還會退到牛胎馬腹中去受報；見性以後如不繼續努力，仍如「逆水行舟，不進則退」，所以禪宗的見性，並不是一旦開悟，就一了百了。他是可以講頓悟成佛的，但那成的是一念之間的佛，或一時之間的

---

❸ 釋聖嚴，〈第一章　菩薩的層次與境界〉，《戒律學綱要》，《法鼓全集》第 1 輯第 3 冊，臺北：法鼓文化，2020 紀念版，頁 348。

佛，過了這一念或過了這一段時間，依然是眾生，仍然有煩惱，故須漸進漸修，修了再修，悟了再悟。一層一層往上提昇，故稱之為漸覺。❹

如以此文本觀之，可發現法師對於禪宗的見性與開悟、頓悟等概念，似更重視行者禪修過程中的層次，即非一悟永悟，仍須悟後起修。二者於實修系統，並非迥然有別者。

吾人似可從此些文本中觀察，法師雖承臨濟、曹洞兩大禪宗法脈，然其於指導禪修，仍從初階，乃至數息、隨息等基礎教起，甚至對現代人尚未準備要禪修者，教以放鬆入門。雖則對於利根者亦開設默照、話頭禪法，但並非只提供頓法。對於其後所立之中華禪法鼓宗，亦可見其中漸修、頓悟並舉之傳承概念。

3. 從究竟即看釋迦牟尼佛在四教中的身分

釋迦牟尼佛的分位：

（1）藏教和通教的佛

① 在藏教來看，釋迦牟尼佛是藏教的佛。

② 在通教來看，釋迦牟尼佛是通教的佛。

（2）別教和圓教的佛

① 在別教和圓教來看，釋迦牟尼佛是應身佛、應化身佛，而不是法身佛或法性身佛。

② 釋迦牟尼佛被視為化身佛，千百億化身的佛，不是根本佛。

（3）四教佛的區別

① 藏教的佛

A.釋迦牟尼佛在藏教中是丈六金身，坐在菩提樹下成道。

---

❹ 釋聖嚴，〈知與覺〉，《禪的生活》，《法鼓全集》第 4 輯第 4 冊，臺北：法鼓文化，2020 紀念版，頁 161。

B.成道時坐的是金剛座，用草做成的金剛座。

② 通教的佛

A.通教的佛坐在七寶樹下，以天衣為座，示現世間高大身（丈六紫金身）。

B.類似天人，因為以天衣為座，而非木頭菩提樹下。

C.度化三乘根性眾生。

（4）以空假中詮釋

即空、即假、即中：釋迦牟尼佛在天台中被視為法性身佛，釋迦牟尼佛沒有離開法性身佛，也沒有離開最高的佛。法性身佛與釋迦牟尼佛是一體的，即空、即假、即中。

（三）修觀的次第與圓頓

討論主題：化法四教的當機對象與觀法

1. 藏教（界內鈍根眾生）：修析空觀。

2. 通教（界內利根眾生）：修體空觀。

3. 別教（界外鈍根眾生）：修空、假、中次第三觀。

4. 圓教（界外利根眾生）：修即空、即假、即中的一心三觀。

觀法說明：

1. 析空觀（藏教）：

（1）適合鈍根凡夫，觀察五蘊（身心的色法和心法）。

（2）分析三大科：蘊、入、界的色心二法。

（3）如剝芭蕉樹樹皮般，一層一層剖析，終歸於空，稱為「人空」或「人我空」。

（4）觀成後可離開三界的分段生死。

（5）方法是觀的方式，而非用頭腦分析。

2. 體空觀（通教）：

（1）適合界內利根眾生，觀察體空之理。

（2）體空觀指的是通達一切法的本體皆空。

(3) 方法是直接觀察法的本體即空。

3. 空、假、中次第三觀（別教）：

(1) 適合界外鈍根眾生，次第修起空、假、中三觀。

(2) 修行過程中，先觀空，再觀假，最後觀中。

(3) 是逐步的修行過程，需要依次進行。

4. 即空、即假、即中的一心三觀（圓教）：

(1) 適合界外利根眾生，一心三觀即同時觀空、假、中。

(2) 即一心之中同時含攝空、假、中三觀。

(3) 是最高層次的修行，一心中圓融無礙。

依四教眾生根器而設的修觀方式，乃透過次第與層次，提供行者依根器和修行狀態對應適合的觀法。

討論主題：天台的獨特修觀系統——十法成乘（十乘觀法）

十法成乘又稱為十乘觀法，乃天台教觀中獨特又複雜的系統，可充分體現天台教觀次第圓頓並舉的特色。

法師對此亦多所著墨，整理如下。

◎筆記整理：十乘觀法（1-5）

1. 定義與修法簡述：

(1) 第一是「觀不思議境」，此為圓頓的頓觀，如果根性非常利，即可涵蓋十乘觀法的後面九項。

(2) 相同地，若修「觀陰入界境」，後面的所有九種境也涵括在內，此即圓教「圓頓」之意。

2. 修觀法則：從初發心時便成正覺，一發心開始修觀，修任何一觀即修一切觀，一觀成功即全部成功。例如釋迦牟尼佛對善來比丘說一句法，善來比丘馬上證阿羅漢果，這是頓，即一悟一切悟。

3. 釐清大乘與小乘的觀法不同：雖然在《阿含經》裡也有頓悟的例子，但小乘的觀與大乘的觀法不同。

4. 十法成乘緣由與教觀綱宗的應用：十乘觀法出自《摩訶止觀》，共學十種觀心次第法門。本來是圓教的，但也可以用於三藏教（教觀綱宗四教皆用）的次第修行法，適合上、中、下三根所有眾生的修行。

5. 十乘觀法的次第：

（1）上根人只需修第一種「觀不思議境」，就能具足十觀。

（2）十種觀境下的十乘觀法如何觀之：觀不思議境，如果觀不成，再觀第二觀，不成再觀第三觀，如若一直不成，一直到第十觀。

6. 十法成乘在四教中的應用：圓教圓頓行人所行的觀法，化法四教雖也配合十乘觀法，但內容四教完全不同。

討論主題：天台觀心法門與禪修

1. 觀心法門：天台觀心法門觀什麼心？

（1）天台宗的「心」指現前一念的虛妄心，煩惱重時是重煩惱心，煩惱輕時是輕煩惱心，煩惱除時是智慧心。

（2）虛妄心是我們觀的對象，用前一念的虛妄心觀後一念。

2. 觀心的實例：

（1）在講課時觀察自己心裡在想什麼，覺察煩惱心或清淨心。

（2）用前一念覺察後一念，或用後念覺察前念。

3. 十乘觀法中觀不思議境與禪宗之對照：

（1）最高境界：圓教的利根人，即上上根人，一觀即觀不思議境。

（2）離相：離名字相、離文句相、離語言相，無從思考。

（3）禪宗的理念：離心、意、識，即明心見性。

4. 離心、意、識：

（1）離心：真如妙性的心，即明心見性的心。

（2）離意：思考或分別。

（3）離識：認知。

（4）離開這些即是不思議境，與禪宗的頓悟法門相通。

頓悟法門的比喻：什麼是你未出娘胎前的本來面目？這無法用答案

形容，這即是不思議境。

（四）修與斷：修觀與斷生死層次之別

兩種修行所體證的生死觀：分段生死與變異生死。

1. 分段生死

(1) 概念：分段生死是指有情眾生在三界內的生死現象，生命以段落的形式進行，從出生到死亡，再從死亡到出生，反覆不斷。

(2) 特點：

① 階段性：每一生命都有其期限，如人類的平均壽命，動物、天人等各有其壽命長短。

② 三界內：所有三界內的眾生，無論是人類、動物、鬼神，甚至天人，都會經歷這種生死輪迴。

(3) 示例：

① 人類：一生中的各個階段，如嬰兒、青少年、成年、老年。

② 天人：儘管壽命長，但也有其生命終結的時候。

2. 變易生死

(1) 概念：「變易」的意思是從果位看，斷一分無明，見一分法身；斷一分無明，增長一分涅槃。所以雖斷分段生死的三界內果報，還未斷界外的煩惱。

(2) 階次說明：

① 初地以上菩薩：已經到初地以上的菩薩，或甚至到等覺的一生補處位菩薩，尚未真正出離變易生死。

② 等覺菩薩：即使達到等覺位的菩薩，仍有最後一品無明未斷，須經歷變易生死。

二、修行的日常提點

前述修觀法要，直指修行狀態之核心，然法師所欲建立之修行地圖，承繼自天台與禪宗，二者皆重視日常修行，故而對此亦有提醒。尤其以佛法而言相對陌生的專有名相「六即佛」中的「名字即」，直指一般習佛者的問題，如當頭棒喝般，直接對應許多人學佛的「症頭」。

另外，也因為《教觀綱宗》本身極為精要，且似乎為專業修行人所著；而法師以《天台心鑰》一書為之貫註，又加上許多如法師序中所謂「小論文般」的註解，對許多人而言，當非日常修行所用。而法師卻直指研讀本書並實踐之，是可以對日常生活起作用者，可見其對此並非為佛學或研究取向，而更是修行取向。

⊠討論主題：從「六即」之「名字即」檢視普遍佛教徒狀態

◎筆記整理（1-6）

大部分的佛教徒，屬於「名字即」：

1. 還未開始修持，只是知解，知有此名。

2. 只是聽佛法，但沒有如法修行。

3. 今天去這裡，明天去那裡，自稱為善財童子五十三參，親近善知識不怕多。大法師、老法師都參光，但所參內容與自己沒有關係。

⊠討論主題：以譬喻說明六即以為日常修行提醒

比喻：玉山與修行階段

1. 理即：即使沒聽過玉山，玉山仍然存在於臺灣，稱為理即。

2. 名字即：聽說臺灣有一座玉山，聽說玉山的存在，稱為名字即。

3. 觀行即：知道玉山在嘉義，決定前往玉山的過程，無論步行或坐車，稱為觀行即。

4. 相似即（見道位）：雖然還未到達玉山，但已經看到玉山的樣子，稱為相似即或見道位。

5. 分證即（修道位）：看到玉山並前往玉山的過程，稱為分證即或見道位。從玉山腳下開始爬山，稱為修道位，仍屬於分證即的範疇。

6. 究竟即（無學位）：爬到玉山頂，即達到無學證道位，稱為究竟即。

將登玉山喻為修行各階段的歷程，從聽聞、理解、實踐、看到部分真理、逐步實證，到最終達到究竟解脫。此可以圖 4-2 理解之。

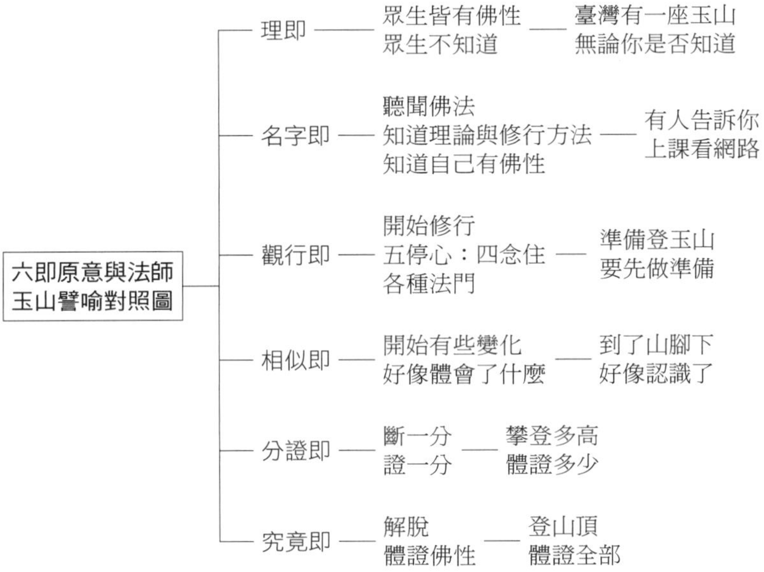

圖 4-2：六即原圓教義與法師玉山譬喻對照圖

討論主題：修行未到位而解恐退失信心：以六根清淨位為例說明

在信仰佛教過程中，若尚未進入圓教初信位或別教初住位，信心隨時可能退失。一生中或許能保持信心，但到來生就不一定了。若這一生中也沒有把握，今天聽《教觀綱宗》，明天可能就會去聽其他宗教或其他教法。信心不退非常不容易，必須達到「六根清淨位」。

六根清淨位：表示六根（眼、耳、鼻、舌、身、意）不受外境六塵（色、聲、香、味、觸、法）的干擾。其中，「法」包括所有的觀念、符號、思想等。我們的觀念會受到其他觀念的影響而轉變或退失，六根清淨意味著第六根（意根）也要清淨，非常不簡單。

小乘初果：即已斷三界的「見惑」。見惑包括五種見解：「身見」、「邊見」、「見取見」、「戒禁取見」、「邪見」。這些見解斷除後，知見從此不再改變，信心建立，才能進入六根清淨位。

信心不退的難度：信心不退需要達到圓教的第十信位或別教的十迴向位，非常不簡單。這意味著修行者已經達到相當高的境界，信心堅固，不受任何外在因素的影響。

要在信仰佛教的過程中保持信心不退，必須達到「六根清淨位」，這是一個非常高的境界。只有達到圓教的第十信位或別教的十迴向位，才能確保信心堅固，不再退轉。

討論主題：讀此書對日常生活有什麼用

◎筆記整理（1-7）

從佛法的不同層面來思考：

1. 就日用與應用的層面觀之：日常應用沒有理論為背景，會有認知的偏差，可能會變成附佛外道。

2. 就理論的層面觀之：為應用的基礎與背景。如果理論架構、理論背景不清楚，應用會有問題。理論是為了實用與實踐，如果禁不起實用、實踐的考驗，理論就變成空洞的紙上談兵。

第四節
天台教學中的經典與修行舉隅

一、經典的連結

摘要：《心經》中的三乘共法與觀法解析

《心經》雖然是大乘菩薩的經典，但其中的教法兼具三乘共法。以下為法師對《心經》主要觀法的解析：

（一）觀法與諦理對應

1. 俗諦：「五蘊」：色、受、想、行、識五蘊是俗諦，表示世間的身心現象。

2. 真諦：「照見五蘊皆空」：觀察五蘊本性皆空，這是二乘的觀法，即分析五蘊的無常、空、無我。

3. 中諦：「色不異空，空不異色；色即是空，空即是色；受想行識亦復如是」：這是中道實相觀，表示空與色不二，為大乘的中觀智慧。

（二）觀法解析

1. 析空觀：

（1）分析五蘊（身心）的色法和心法，認識它們的無常、無我。

（2）五蘊皆空：理解身心的現象是無常、是空，無實在的自我存在。

2. 行深般若波羅密多觀照：

（1）「行深般若波羅密多時，照見五蘊皆空」：以深智慧觀照五蘊的空性。

（2）為深入的觀法，強調觀照而非理論的理解。

（三）實踐應用

1. 隨時觀察自身的色身和心念是無常的，認識到「無常故空，空故無我」。

2. 這種觀法應該在日常生活中應用，而非僅僅停留在理論層面。

3. 透過這種觀法，可以達到出離分段生死的目的。

透過對《心經》的解析，從「行深般若波羅密多時，照見五蘊皆空」的最基礎概念，幫助修行者認識到五蘊的空性，從而超越世俗執著，達到智慧開悟。此觀法對三乘修行者都適用。

※討論主題：以《心經》詮釋「析空觀」與「三諦」

◎筆記整理（1-5）

1. 三乘共法：如以《心經》第一句「行深般若波羅密多時，照見五蘊皆空」觀之，此為三乘共法。

2. 二乘法 / 真諦：如僅觀「五蘊皆空」，則是二乘法。「五蘊皆空」一句，「五蘊」為俗諦，「五蘊皆空」的「空」，為真諦。

3. 中諦：如觀「色不異空，空不異色；色即是空，空即是色；受想行識亦復如是」，則非二乘法，乃是中諦，不僅講真諦，而是中諦。

4. 從「五蘊」觀之為俗諦，「照見五蘊皆空」為真諦，至「色不異空，空不異色，色即是空，空即是色，受想行識亦復如是」則為中諦，故《心經》涵攝俗、真、中三諦。

5. 分析「照見五蘊皆空」，五蘊之中沒有「我」，五蘊第一個為色法，其次受、想、行、識是心法。色法無常，身體都是色法；受、想、行、識屬於心法，心法也是無常，既無常，即是空。

6.「無常故空，空故無我」，此即是觀無我、觀空。把佛學的名詞，與我們的自我配合來觀，應隨時隨地，觀自己色身是無常，隨時隨地觀心念是無常，念念是無常。念念無常，無常之中沒有我。只有暫時的我，假的我，非真的我，所以「無我是空」。

7. 因此總結「行深般若波羅密多時」，即是用深般若、深智慧，來觀照我們的五蘊，五蘊實際上是是空的，這樣就把《心經》講完了。

8. 析空觀即是觀無常，觀無我、空。

二、重要修行概念延伸詮釋與討論

法師於解讀《教觀綱宗》時，會延伸至其他修行概念，或於詮釋時補充重要觀點，研究者將此部分歸整於此單元，以提供修行對照。

※討論主題：天台宗關於煩惱的三種分類

天台宗將煩惱分成三類：見思惑、塵沙惑、無明惑。對於一般人而言，此三概念容易流於名相陳述，故而法師將此概念以易解方式詮釋如下所整理。

1. 見思惑：

（1）見惑：涉及知見上的煩惱，如身見、邊見、見取見、戒禁取見和邪見等。

（2）思惑：涉及思想和情感上的煩惱，如貪、瞋、癡、慢、疑等。

2. 塵沙惑：

並不是指煩惱多如塵沙，而是指菩薩化眾生時，須通達無量法門來度眾生。如果不學任何法門，塵沙惑依然存在。為了度無量眾生，菩薩必須學習無量法門，每學一法門，就減少一分塵沙惑。

3. 無明惑：

無明惑是障礙中道智慧的煩惱。一般人只了解俗諦（世俗真理），小乘佛教了解真諦（涅槃真理），大乘佛教了解中諦（中道真理）。中諦即「色即是空，空即是色；色不異空，空不異色」，講的是中道智慧，不落入兩邊（非肯定，也非否定），即是「中」的精神。

天台宗的煩惱分類系統，強調修行者在修行過程中，必須認識和對治這三類煩惱，特別是中諦智慧的開展，不落兩邊，才能真正體達中道，實現佛道修行的圓滿。

討論主題：一心三觀與一心三智的關係

◎筆記整理（1-3）

「一心三觀」是修行過程中運用的方法，「一心三智」是修行結果產生的功能；用「一心三觀」的「觀」（方法）來完成「一心三智」的「智」功能。

此為法師對此二者以方法與結果對應而說，詳細內容引書中所註如下：

> 「一心三智」：三智即是：（1）一切智，是知一切法之總相的

聲聞智及緣覺智。(2) 道種智，是知一切法之種種差別道法的菩薩智。(3) 一切種智，是通達一切諸法的總相、別相、化道、斷惑的圓明佛智。原出於《大品般若經》卷一所說的菩薩摩訶薩習行般若波羅蜜，具足聲聞、緣覺、菩薩之三智，《大智度論》卷二十七云：「一切智是聲聞辟支佛事，道智是諸菩薩事，一切種智是佛事。」

天台家將此三智，配以空假中三諦的觀智，既有一心三觀，便有一心三智。如《摩訶止觀》卷三上及《法華玄義》卷三下，智顗依三觀義，立三智為兩種：(1) 別相三智，就別教菩薩而言，觀因緣假，修別相三觀，次第成就一切智、道種智，乃至修中道觀，見佛性，成一切種智。(2) 一心三智，就圓教菩薩而言，融三諦一境，即三觀一心，故所發三智，亦於一心中證得。[5]

---

[5] 釋聖嚴，〈九、圓教的六即及其修證〉，《天台心鑰——教觀綱宗貫註》，《法鼓全集》第 7 輯第 9 冊，臺北：法鼓文化，2020 紀念版，頁 281。

• 第五章 •

五時八教概述

第一節

五時八教概說

摘要與討論

本單元將法師逐字稿內容有關五時八教相關概說彙編於此，主要見其彼此關聯性，並指出修行之學習脈絡。包括：化法四教與五時教、五時八教權實對照圖之圖示與說明。

五時為佛陀一代時教的時間分期，八教中的化儀四教為教學現場的根器對應，化法四教為對應根器（化儀）與教說時間（五時）而整理出的教觀內容，可以簡單以下列概念說明之：五時八教涵蓋經、教、觀，此三者編整自五時教法，編整為化法四教。同時以頓、漸有別之經、教、觀對應頓、漸、不定根機，其中不定與祕密教，則為學習現場狀態之解析，有助於教學者之教學參照。此即如前述，「儀」於中文字義上有「匹配」、「合宜」之意，故可以「對象與教材之匹配，使之合宜於學習者之程度」解釋八教之關係。

關於五時、化儀與化法之關聯性，整理如表 5-1，內容則簡述於後：

表 5-1：五時八教對應表

八教 五時	化法四教（藏、通、別、圓）	化儀四教
第一華嚴時	說化法四教的圓教，兼帶也說別教。	頓教
第二阿含時	僅說化法四教中的三藏教。	屬於漸教之初
第三方等時	相對於化法四教中的三藏教半字生滅門，宣說通教、別教、圓教滿字不生不滅門。	屬於漸教之中
第四般若時	於化法四教，雖帶說通教及別教的二種權理，主要是說圓教的實理。	屬於漸教之後
第五法華、涅槃時	《法華經》開化法四教中的三藏教、通教、別教之權理，唯顯圓教之實理；深明如來為實施權的始終，具發如來為本垂跡的廣遠。	名為會漸教歸頓教，亦名為非頓教非漸教。

一、化法四教與五時教

（一）第一時：「華嚴時」

1.《華嚴經》：以化法四教中的圓教為主，兼帶說別教。

2. 化儀四教：屬於頓教。

（二）第二時：「阿含時」

1.《阿含經》：化法四教中的三藏教。

2. 化儀四教：大乘漸教之初，《阿含經》中已有菩薩存在。

（三）第三時：「方等時」

1. 方等經典：大乘經典，包括大方廣、大方等等。除了涅槃、法華、華嚴和般若等，其他都是方等經典。方等之意如下：「方」是廣大，「等」有普遍之意。

2. 廣大普遍的度一切的眾生，即是方等經典。

3. 於化法四教：三藏教、通教、別教、圓教。

「半字」：悉曇字最初入門，喻為大乘的入門。

「滿字」：喻為通教、別教、圓教的不生不滅門。

4. 化儀四教：大乘漸教之中。

（四）第四時：「般若時」

1.《般若經》：圓教的實理，兼帶說通教、別教的權理，方便之道，非究竟道理。

2. 化儀四教：漸教之後。

（五）第五時：「法華、涅槃時」

1.《法華經》：為說明「為實施權」之理，為施實理而開權巧方便的道理，以及而本地、垂跡的始終。

（1）「開」藏教、通教、別教的權理。

（2）「顯」圓教實理。

（3）本地、垂跡的始終。

「本地」：真實的佛、根本的佛、究竟的佛。

「垂跡」：方便開展的道理。

（4）《法華經》常不輕菩薩：表達一切眾生都能成佛的觀念。

2.《涅槃經》：

（1）一切眾生都有佛性。

（2）《法華經》裡的未收眾生，再由《涅槃經》收一次。

3.「涅槃時」是指在《法華經》說完以後，還有若干眾生未被教化、收拾，到《涅槃經》再來一次，把《法華經》未收的再收一次，全部歸入。

所以《涅槃經》有「一切眾生都有佛性」之說，《法華經》裡雖無此言，但已有此意。要到《涅槃經》才明白指出「一切眾生都有佛性」。例如《法華經》裡有「常不輕菩薩」見到所有人都說：「我不敢輕汝等」「汝等皆當作佛」，此已表達一切眾生都能成佛的觀念，但還沒有明指「一切眾生」。《涅槃經》裡則很明顯指出，使得所有一切眾生，已經得度的、還沒有得度的，沒有得度的就等待於未來吧，即是指出大家都可以成佛。

雖然佛涅槃時，很多眾生都還沒有學佛，就等待於未來。此即《法華經》裡面沒說，《涅槃經》說了，故而天台宗將之歸納進來，即全收所有一切眾生。

二、化儀與化法

（一）化法四教

1. 三藏教：特指小乘的教法，以經、律、論三藏為主要內容。三藏教以析空觀為觀法，教導修行者分析色、受、想、行、識等五蘊，從而體悟空性，並滅除人我執。此教法主要目的是讓修行者出離三界輪迴。

2. 通教：是大乘的初階，前通小乘三藏教，後通大乘別教和圓教。通教含攝聲聞、緣覺、菩薩三乘，以體空觀為觀法，教導修行者直接體悟一切諸法皆由因緣所生，沒有自性。

3. 別教：是不同於二乘的大乘教法，唯獨為菩薩宣說大乘無量法，明示三界外的菩薩行。別教以次第觀為觀法，教導修行者次第修習體假入空觀、從空入假觀和第一義諦觀。

4. 圓教：是佛陀為最上利根的菩薩所說的事理圓融的中道實相法。圓教以一心三觀為觀法，教導修行者體悟一切諸法皆是俗、真、中三諦圓融，並以一空一切空，一假一切假，一中一切中的方式來修行。圓教是天台宗的最高教義，其目標是使修行者達到圓滿的智慧和解脫。

（二）化儀四教

1. 頓教：對於根器銳利的眾生，直接宣說大乘法，如《華嚴經》、《梵網經》等。此教法不強調次第，而是直指佛法的核心。

2. 漸教：對於需要次第修證的眾生，宣說漸修教法，如《阿含經》、方等經典、《般若經》等。此教法強調修行次第，逐步引導眾生進入佛道。

3. 祕密教：佛陀在同一時間、同一地點說法，但聽眾各自以自己的程度與根器來理解，彼此之間互不相知。也就是說，佛陀的教法對不同的人有不同的意義，而這些人彼此之間並不知道對方理解的內容。此與不定教皆為教學現場之對應。

4. 不定教：在佛陀同一說法會中，眾生同聞異解，可能在漸教中獲得頓悟，也可能在頓教中獲得漸悟。因此，得益不同，故稱不定。

（三）化法與化儀的目的與關係

1. 化儀：為了適應各種眾生根器而設立的教法軌道，即是教導眾生如何按照不同的修行方式進行修行。提供適合眾生的修行方式，使他們能夠在修行的軌道上不斷前進，最終達到圓滿的佛果。

2. 化法：為了適應不同程度的眾生而設的教化層次，即是給眾生提供適合他們的教法，幫助他們修行。幫助眾生在修行過程中逐步提昇自己的層次，最終達到解脫和成佛。

3. 化儀不離化法：頓、漸、祕密、不定等化儀四教的教法內容，都不能脫離三藏、通、別、圓等化法四教。化儀四教是根據眾生的根器而設，最終目的都是為了傳達化法四教的教義。

三、五時八教權實對照圖及相應之解說

（一）化儀與五時

1. 頓教：華嚴。

2. 漸教：阿含、方等、般若（漸教分初、中、後）。

3. 祕密教：華嚴、阿含、方等、般若都有，指眾生間聞法後理解上的差異。

4. 不定教：華嚴、方等、阿含、般若都有，指不定根性的教化。

（二）化法與五時

1. 藏教：小乘教，阿含、方等（阿含單對小乘，方等主要為大乘）。

2. 通教：大乘，但屬於權教。

3. 別教：華嚴中兼別教，方等中有藏、通、別、圓四種。

4. 圓教：實教，真實教，《法華經》、《涅槃經》。

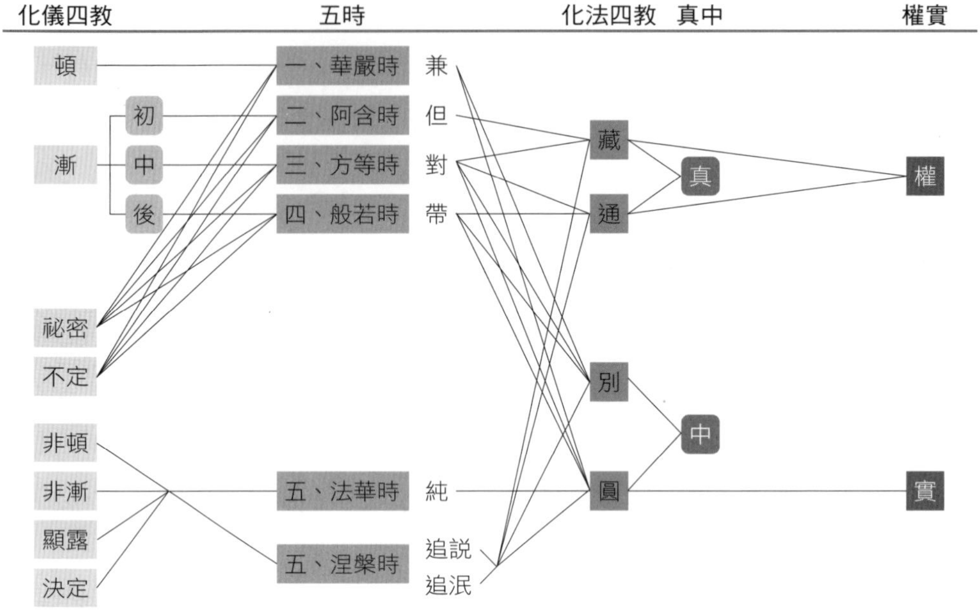

圖 5-1：五時八教權實對照圖

（三）教法內容權實對照

1. 權教：方便教，權教全部是跡。

2. 實教：真實教，只有圓教是真實教。

（四）特別教法

1.《法華經》、《涅槃經》：非頓非漸，不是祕密而是顯露，不是不定而是決定，純粹是圓教。

2. 涅槃：追說和追泯藏、通、別、圓，全部歸於圓教。

（五）三諦

1. 俗諦：世間法。

2. 真諦：出世間法，藏、通重真諦。

3. 中諦：世出世間法，別教、圓教是中諦。

第二節
化儀四教

一、簡述：根器與教學現場

【研究者按】

化儀四教雖說源於根器之別而設定學習類型，諸如應病與藥之藥方，對應不同病症；或論及對應佛一生五時說法而以不同根器於不同時對應法教，乃至於之後從化法四教取對應之藥，皆著重於根器之討論。

然如以其內容檢視，當可視之為教學兩大重點，一為根器之別的「因材施教」觀，如頓根對頓教、漸根對漸教；一為教學現場的實務經驗說明，如祕密教指稱教導者所教之內容，於學習者各有領略而彼此不知。如不定教，則指學習者之根器不定，於頓教之法卻獲漸教之益，亦可於漸教之法中得頓法之益。

故如簡述此四者，可視為學習根器之別，與教學現場狀況分析，對於指導或弘法者，得有參照之理解。如以中文「儀」字解之，可視為「匹配」使之「合宜」之概念。

◎筆記整理

1. 根器對應五時：

(1) 頓根對應：直接教以別教、圓教大乘，如《維摩經》和《華嚴經》是頓教經。

(2) 漸根對應：次第修證漸修教法，如《阿含經》、方等經典、《般若經》。

(3) 祕密根：不同根器者互不知對方所學，佛在同一時間對不同根性的人說法，各自理解不同。

(4) 不定根：同一說法現場，聽者得到的效益不同，可能於漸教中得到頓益，或於頓教中得到漸益。

2. 根器對應化儀四教教法：

（1）頓教：為頓根人說，直接講大乘教義，根器利者能迅速理解深奧法義。

（2）漸教：次第修行，循序漸進，適合根器較鈍的人。

（3）祕密教：佛同時對不同根器者說法，但彼此不知所說的差異，理解各不相同，不等於密宗。

（4）不定教：聽者根性不定，於漸教中可能得頓悟，於頓教中可能得漸解，根性不確定。

3. 不定根性與不定教：

（1）不定教的定義：於前四時（華嚴、阿含、方等、般若）中，雖所說內容有頓有漸，然因眾生根器有別，能理解頓法者即獲頓益，能體解漸法者得漸益，與佛所說法無必然關係。此教法稱為「不定教」，即法對眾生而言，本身是不定的，因為眾生的根器不同，各自得到的法益也不同。

（2）根器不同：佛說同樣的經教，眾生因為根器不一，理解各異。但這不是祕密，因為祕密是指彼此不相知。

（3）不定益：聽頓教可能得到漸益，聽漸教可能得到頓益。

（4）不定根性：唯識宗指出有一種根性的人決定不能成佛，稱為「一闡提」。《法華經》與天台宗認為沒有人決定不能成佛，並認為有不定教的根性。

（5）不定教舉例：《維摩經》的例子，如《維摩經》是頓教，但有人聽《維摩經》只聽到故事和比喻，覺得故事好聽。例如，天女散花的故事，天女把花散在羅漢身上，花不掉；散在菩薩身上，花掉了。有人會理解為羅漢是執著，菩薩是偉大，這種理解只見表層，非體頓教意。也有人聽《維摩經》一句話，「隨其心淨則國土淨」，心清淨，國土就清淨，當下心清淨就見到佛國淨土，此得頓教益。

（6）不定教的特點：

① 不同理解：聽同樣經典，有的人聽頓教產生漸解，有的人聽漸

教卻能得頓悟。聽《阿含經》、方等經典、《般若經》，也能得頓悟，這就是「不定教」。

② 不定的根性：可能聽頓教就頓悟，聽漸教就漸解。也可能從頓教中聽到漸教的內涵，從漸教得到頓教的作用，這樣的根性是不確定的。

4. 祕密教解說：

（1）定義：祕密教是釋迦牟尼佛在同一時間對不同根性的人說法，聽者因根性不同，理解也不同，彼此之間不清楚對方的理解。

（2）在前四時中，佛或為此人說頓教，或為彼人說漸教，聽法者彼此之間互不相知但各得其益。

（3）事例與譬喻：《阿含經》中也有頓教，例如善來比丘即「慧解脫阿羅漢」。聽法者聽到同樣的內容，但因根器不同，所體會到的法義各異，彼此不知，此即祕密教。

譬喻：以「盲人摸象」形容之，各自以為所摸到的是整個象，但事實上僅理解一部分，且彼此之間無法互通。

（4）與密宗的區別：祕密教非密宗，與藏傳密宗毫無關係，而是指彼此互不相知。

（5）與祕密咒的區別：

① 祕密咒五時教法中皆存在：五時教法中皆有祕密咒，從《阿含經》到《華嚴經》、《涅槃經》、《法華經》皆有咒。例如，《法華經》有〈陀羅尼品〉，《楞嚴經》有〈楞嚴咒〉。

② 祕密教非祕密咒：「祕密教」與「祕密咒」不同，祕密教是指教法的不同理解，而祕密咒則是具體的咒語，五時教中皆有祕密咒。

祕密教是指佛為不同根器的眾生所說的法，使得眾生各自得到利益但彼此不知。這種教法不同於祕密咒，後者是具體的密咒存在於五時教中。

5. 漸教與頓教的關係：

（1）漸教：

定義：「歷劫修次第」，需要經過一劫一劫的修行，逐步達到目標。

例子：《華嚴經》講述了五十二位菩薩的次第，包括十信、十住、十行、十迴向、十地，還有等覺、妙覺。因此，雖然《華嚴經》是頓教，也包含了次第的內容。

（2）頓教與漸教的關係：

① 華嚴的次第：即使是頓教的《華嚴經》，也涉及到漸次的修行階位。

② 《法華經》會漸歸頓：在《法華經》中，漸教和頓教並不是割裂的，而是漸次歸於頓教。

③ 三乘歸一乘：《法華經》將聲聞、緣覺和菩薩三乘統一歸於一佛乘，稱之為純圓獨妙的圓教。

④ 五乘：在太虛大師時期，增加了兩乘，形成五乘系統，包括：人天乘、聲聞乘、緣覺乘、菩薩乘、最高的佛乘。

（3）漸教與頓教的融合：

《華嚴經》雖為頓教，但包含漸次的修行階位；《法華經》則強調將漸教最終歸於頓教。太虛大師的五乘系統，進一步細分了修行階位。

強調漸教與頓教之間的關係，以及在《華嚴經》和《法華經》中次第修行的重要性。

二、化儀四教內涵：教部、教相與教觀

（一）教相與教部

1. 教部、教相對照

「教部」是指這部經對應的根器，這部經裡的功能則是「教相」。經是部，經中義理的功能，含有的功能是「教相」。

（1）教部的部，是對機而言：

① 機是眾生的根機，即聽法者的根機。

② 根機有頓、漸和不定的分類，此分類即是「教部」。

(2) 教相是義理：用什麼樣的義理對什麼樣根機的眾生說法，一個是根器（教部對應根器而說），另外一個是教材內容的性質（教相指對機而施設的義理內容）。

2. 頓教部與頓教相

(1) 頓教部：

① 只有《華嚴經》是頓教，屬於頓教部。

② 在講《華嚴經》時，二乘人是聽不到的，阿羅漢即使在現場，在華嚴的會上也是如聾如盲，沒有看到也沒有聽到。

③ 華嚴部主要的對象就是頓教根器者。

(2) 頓教相：

① 頓教之義理在多部經典中存在。

② 如以頓教部而言，華嚴、方等、般若諸經之中皆有頓教之相。

③《華嚴經》、《般若經》、方等經典中也有頓教義理。例如《維摩經》屬於經集部，講頓教義理，《般若經》也有頓教，方等經典也有。

3. 漸教部與漸教相

(1) 漸教部：

① 只有《阿含經》屬於漸教部，它主要的對象是漸教的根器，對應次第而悟的根器。

② 四禪是次第悟還是頓悟？是次第悟，即漸悟。但證聖果、證阿羅漢果裡有頓入，也有次第入。

③ 舉例，以證阿羅漢果說明：有些「善來比丘」見到佛聽到一句、兩句法，馬上證阿羅漢果，這種是頓悟。但通常快的要修三生，慢的要修六十劫，這是漸悟。阿羅漢果從初果向開始，即四雙八輩（初果向、初果、二果向、二果、三果向、三果、

四果向、四果），這是漸悟。

（2）漸教細分：

① 漸教部中的《阿含經》是漸教之初。

② 漸教分為初、中、後三種。阿含為漸教之初外，方等經典是漸教之中，般若經典是漸教之後。

③ 除《阿含經》，方等、般若等經典也都是次第修行的，漸教就是次第。

法師的本段說明，對化儀中所指之根器，如何對應五時經典有更清晰的理解，因《教觀綱宗》分類複雜，很多名詞容易混淆，故而可藉由法師釐清相關概念，以理解化儀中不同根機眾生所用經典和相應義理之分類。

（二）化儀之教與觀

1. 化儀四教的三觀

（1）三觀：化儀四教立頓、漸、不定三觀，三觀的頓、漸、不定，與之前所討論根器上的頓、漸、不定不同。

（2）教與觀的不同：前面講的是教，這邊講的是觀，教和觀並不相同。

（3）祕密教與觀法：祕密教不立為觀。無法立觀及其原因：化儀四教裡應該有另外一個祕密教，但因為祕密教無法彼此互相傳遞，所以無法給出或傳遞修行觀法。因此修觀只有頓、漸和不定三種觀。

（4）密行人：修行人中有密行人，佛的大弟子之一羅睺羅被稱為密行第一，因為他的修行方法無法被人所理解，無法表述。

2. 頓觀與頓教的差別

（1）頓教是指《華嚴經》內涵，其中也兼有化法的別教，因為《華嚴經》主要是對頓根人說，所以稱為頓教；但也兼有化法的別教，有次第教，亦即有漸教在其中。

（2）頓觀唯就圓教的根機而說，開始就是發起大菩提心，圓觀諸法實相，而非次第禪觀。

（3）次第禪觀：以天台而言，包括《六妙門》、《小止觀》、《禪波羅密次第法門》。

（4）圓頓的止觀、頓觀：主要在《摩訶止觀》裡面。

《摩訶止觀》共有十章，有十境和十乘的關係。如果是修二十五方便，不是頓。從正修下有十種觀法，方為頓觀，第一是「觀陰入界境」，內含十乘觀法和觀境。

3. 漸觀與漸教

（1）漸教：

① 定義：指阿含部、方等部以及般若部的諸經典。

② 內容：

A.包含藏、通、別、圓四教，但尚未到達《法華經》開權顯實的一實教。

B.藏、通、別、圓四種根性的人都可能在同一時期或某種經典中學習，但還未體解到《法華經》所說的開權顯實，因為那不是漸教，而是圓教。

（2）漸觀：

① 定義：就圓教根機而言，已理解圓的理，但還需要次第修漸觀。

② 修行方法：

A.如《禪波羅密次第法門》所說。

B.相關著作：《禪波羅密次第法門》、《摩訶止觀》、《六妙門》、《小止觀》，皆為天台智者大師的著作。

以上為漸教與漸觀的定義、內容和修行方法，及其相關經典與著作。

4. 不定教與不定觀

（1）不定教：

① 定義：化儀四教中的不定教，指五時中的前四時，包括《華嚴經》、《阿含經》、般若、方等經典，不包括《涅槃經》和《法華經》。

② 內容：

A.兼有化法四教的藏、通、別、圓四教，但尚未達到《法華經》所說的會三歸一的程度。

B.「會三歸一」：

a.三乘：小乘（聲聞、緣覺二乘）和大乘（菩薩乘）。

b.歸一乘：歸入一佛乘，即究竟圓滿的佛乘，不同於大乘的菩薩乘。

c.大乘是次第的，佛乘是圓頓的，不是次第教而是頓教。

（2）不定觀：

① 定義：就圓教根機而言，先得圓解，即已知初發心時便成正覺，但尚未成佛，還需行和證。

② 修行法門：

A.如《六妙門》所說，隨不同的修行法門，或超（頓）、或次（漸）皆得悟入。

B.《六妙門》是天台智者大師禪觀的修行觀，包含三種不同的觀法或層次。

5. 化儀四教小結

（1）特點：非一成不變，乃隨根機的利鈍而有教部及教相的互相交織。

① 教部：經典本身的屬性。

② 教相：經典內容適應的對象。

（2）祕密教與不定教：

① 祕密教：聽法者彼此之間互不相知，故稱為祕密。即眾生各自理解不同，但彼此不知。

② 不定教：在前四時中，法對眾生本身而言是不定的，因為眾生根器不同，得到的法益也不同。

(3) 教部與教相：

① 頓教與漸教：有教部和教相。

② 祕密教與不定教：沒有教部和教相，因為它們是不確定的。

教部與教相的設立證明了通、別五時論的正確性。祕密教和不定教因其不定性，無法設立固定的教部和教相。

第三節
化法四教

化法四教乃天台判教最重要的內容，指涉整個組織化、系統化天台學的教觀層次與修證地圖，以下即就逐字稿內容分別從簡述、四教共相與殊相予以說明。至於詳細的四教內容，則於第六章分別彙編。

一、簡述

（一）定義

化法四教是指四種層次的教材，對應四種根器的眾生。這四種教材是三藏教、通教、別教、圓教。

（二）四種根器與四種教材

1. 三藏教：針對小乘人，通常講佛教涵蓋經、律、論三藏，並無分大、小乘，但《法華經》中提到貪著三藏者被視為小乘，故稱小乘為三藏教或藏教。

2. 通教：大乘初階，通於前的小乘，也通於後的大乘的別教及圓教。以菩薩為正機，二乘為傍機，屬於大乘初階。

3. 別教：不共二乘的大乘教，別教的菩薩和教材中沒有二乘，稱為「界外菩薩法」，指三界以外的菩薩，與二乘和圓教不同。

4. 圓教：最上乘的、最上根菩薩所用的法，闡述中道圓融的實相法，教義圓妙、圓滿、圓足、圓頓。

（三）化儀、化法對應關係

1. 化儀與化法沒有直接對照關係，八教彼此之間沒有一定的關聯。化儀四教對應的根器即頓、漸、不定三種，至於化儀四教的頓、漸、祕密、不定，則指教學現場的教學法對應不同根器眾生形成的樣態；化法四教則是教學內容、教材、教學法，運用不同的教材組合，對應不同根器的學生。

2. 化法四教根據治病的處方，給予對應的四類教材，分成層次分明的四等教材。

（四）華嚴的判法討論（筆記 1-3）

1. 日照高山與大地的比喻：

(1) 日出先照高山：華嚴時，是頓教。

(2) 日中照大地：對一般大眾，包括緣覺、聲聞，以緣覺、聲聞為主，因為根機小。

(3) 日沒還照高山：涅槃、法華時，是接引高層次的人。

2. 四乘的轉變：

涅槃時、法華時：把前面的兩時（日出、日中）所接觸到的眾生全部回歸到最後一乘，最後一乘是最高的，即「一佛乘」。

（五）天台根據《涅槃經》的五味說

根據《涅槃經》五味說，即以牛奶、酪、生酥、熟酥、醍醐等五味比喻，「味」即是法味，將之判斷為五個時段。另如前引《華嚴經》的日照高山喻，於第五時還照高山，與涅槃五味同為五時，引用不同，解釋略異。

二、四教共相與殊相

如前天台教學之「教」與「觀」中所述，天台判教四教中，有其整合式的脈絡，亦即此整體的修行地圖，乃是建立在共同的模式下，無論教法或觀法，皆共其名（形式、模式或模組）而異其內涵。

本單元即就法師於詮釋或說明當中的共相（模組）與殊相（內涵差別）內容，做一整體之對照與比較，然四教各自的闡述與內容，則由後面章節各自分說中呈現。

整理主題：由四教詮述層次差別理解模組與內涵之別

四教除修證歷程有別，修觀方法有別，最明顯之形式與內涵差異，主要在於所詮述之理具有共同的名稱（形式），卻具備層次分明的內涵。而此所謂之詮述內容，可謂四教最為基礎且明確之差異對照，此亦為法師於授課中所強調者，其每說明化法一教，皆反覆指出：「名稱皆同內容完全不一」，提醒如欲理解四教之別，必須再三對照參考。可以圖 5-2 呈現之。

整理主題：由四教修觀差別理解模組與內涵之別

除上述詮述之別外，當機之對象、化導之對象、所修之觀、所用之經教，乃至所斷之煩惱、所出之生死，以及所證之涅槃，亦皆形式同而內容層次逐漸轉出，整理如表 5-2。

圖 5-2：四教詮述對照

表 5-2：四教修觀對照表

四教對照	當機對象	所化	經教	所詮理	所修觀	斷惑除煩惱	證得智	所出	所證
藏	界內鈍根	正化二乘 旁化菩薩	三藏	實有二諦	析空觀	見思二惑	但有一切智 少分道種智 無一切種智	分段生死	偏真涅槃
通	界內利根	正化菩薩 傍化二乘	方等般若	真俗中	體空觀	見思二惑		分段生死	真諦涅槃
別	界外鈍根	獨被菩薩	華嚴	真俗中三諦 隔歷不融	次第三觀	次第斷 見思 塵沙 無明惑	次第證 一切智 道種智 一切種智	出二種生死 分段 變異	中道無住涅槃
圓	界外利根		法華	圓融三諦	一心為觀	圓斷三惑	三智 一心中得	圓超二種生死	圓證三德涅槃

整理主題：四教六即對照表

除詮述、修觀與所證，化法四教中另有一被法師稱之為蕅益大師之創見，且能為修行者帶來信心者，為四教皆有六即，而非僅圓教具備最終究竟成佛之歷程，乃每一教皆可先達致其最高修行位次，如根器相應，則進一步修行進階之教。其簡表整理如下，再另針對六即之別內容詳述如表 5-3。

表 5-3：四教六即對照表

	藏教	通教	別教	圓教
理即	偏真 雪山偈	真諦 無生偈 未聞中道	但中 真如法性，隨緣不變 迴超二邊，助發真修	圓中 不思議理性 如來藏 不變隨緣隨緣不變
名字即	一切法從因緣生 因緣所生法 皆無常無我	幻化 一切法 當體全空 生死涅槃 同於夢境	仰信真如法性 不增不減 藉緣而修 助發真修	一色一香無非中道 兩重三千同在一念 心、佛、眾生一如
觀行即	外凡三賢 資糧位	三乘外凡位	外凡十信位	五品外凡位
	五停心 別相念 總相念	乾慧地	十信、信仰中道 伏三界見思惑 伏忍	圓伏五住煩惱
相似即	內凡四善根 加行位	三乘內凡位	內凡三賢位	十信內凡位
	煖 頂 忍 世第一	性地 伏見思惑	十住 斷界內塵沙、習種性、從假入空觀、見真諦、成一切智、開慧眼、凡聖同居土、證位不退 十行 斷界外塵沙、性種性、從空入假觀、見俗諦、成道種智、開法眼、方便有餘土 十迴向 伏無明、道種性、正修中觀、方便有餘土、證行不退	初信 斷見惑、證位不退 二心至七心 斷思惑 八心至十心 斷界內外塵沙 伏無明 證行不退

分證即	有學位		見道位	
	須陀洹 見道位 斯陀含 修道位 阿那含 修道位	八人地見地 斷見惑 薄地斷思惑 離欲地（不還） 斷思惑 已辦地（無學） 斷見思 辟支佛地 侵除習氣 入空觀 菩薩地 六度圓滿	十地 以中道觀見第一義諦、開佛眼、成一切種智、初入實報無障礙土、各斷一品無明、證一分中道、證念不退 等覺位 金剛心（初中後三階段）、一生補處、有上士	十住／初住 斷一分無明、證一分三德、具佛五眼，成一心三住實報淨土→常寂光土，現身百界、八相作佛、證念不退 十住／二住至十住 與別十地齊 十行至等覺 初行與別等覺齊 二行與別妙覺齊 三行已去，所有智斷，別教之人不知名字
究竟即	無學位 阿羅漢 辟支佛 佛果— 劣應身 證偏真涅槃 居凡聖同居土	第十佛地 帶劣勝應身 證真諦涅槃 居方便有餘土	妙覺性 圓滿報身 證無住處涅槃 居實報無障礙土	等覺位 斷四十二品微細無明永盡 性修不二、理事平等 清淨法身 圓證三德涅槃 居上上品常寂光土 亦名上上品實報無障礙土

整理主題：十法成乘（十乘觀法）四教對照

化法四教既為去疾治病之方，必然需要給予實際修證之方法，而十法成乘正是其中度化眾生從此岸到彼岸之舟乘，也是法師所強調蕅益之重要創見，將十乘觀法入於四教中，此中對照如圖 5-3 所呈現。

整理主題：四教理即之別在於四教人對佛法本具之理認定之層次差別

以四教「初門」概念說明之：

1. 初門的意義與四教的詮解：

初門的意思是一開始就是這樣子的：

(1) 圓教：其初門即一開始的修行就是「即空、即假、即中」的「不但中」觀念。

(2) 別教：修行者在開始修行時，首先會聽聞到「空、假、中」之外的「不二但中」之理。

（3）通教：關於中道理體是什麼都沒有聽過，初門是從觀行和觀無生偈著手，特別是引用《中論》的無生偈來詮釋《大涅槃經》中四種四諦的無生四諦。

2. 圓教初門的修行觀念：

（1）煩惱即菩提：在圓教的觀念中，煩惱與菩提是不二的。意指煩惱本身即是修行的對象和成果。圓教以「即」之概念超越二元。

（2）戒、定、慧三學：殺、盜、淫、妄等行為的對立面就是戒、定、慧三學。

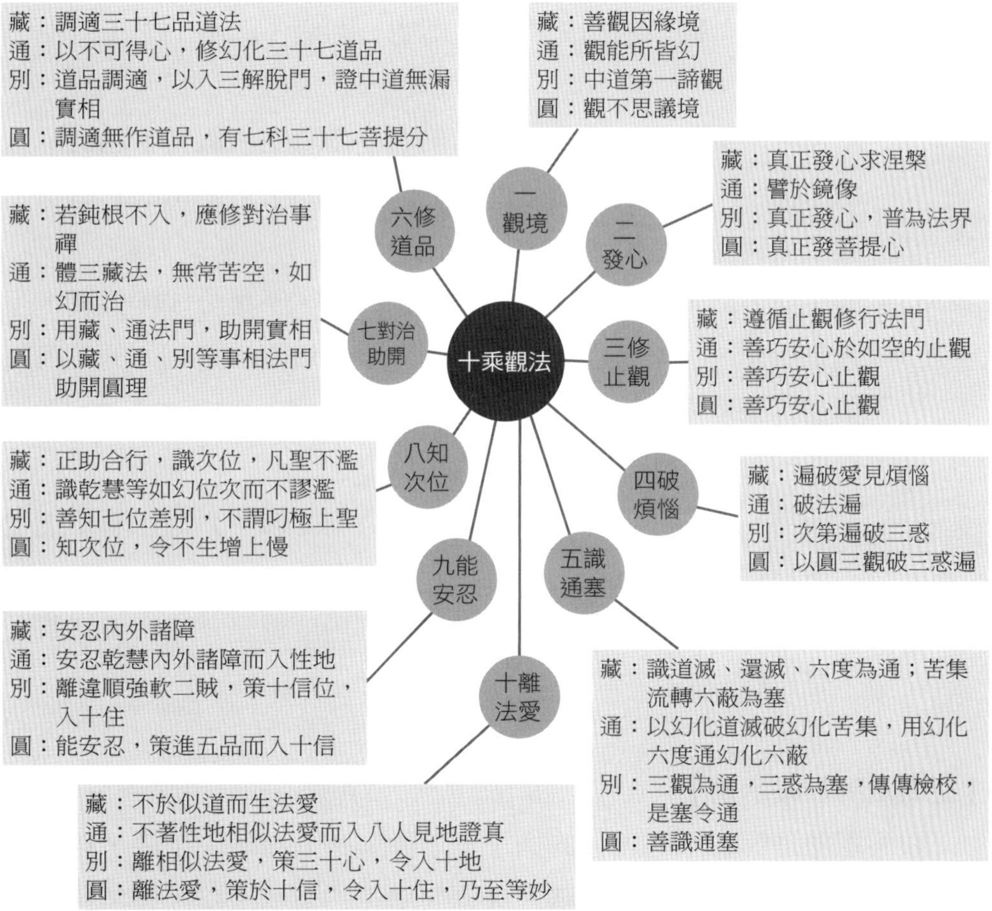
十乘觀法
一觀境
藏：善觀因緣境
通：觀能所皆幻
別：中道第一諦觀
圓：觀不思議境
二發心
藏：真正發心求涅槃
通：譬於鏡像
別：真正發心，普為法界
圓：真正發菩提心
三修止觀
藏：遵循止觀修行法門
通：善巧安心於如空的止觀
別：善巧安心止觀
圓：善巧安心止觀
四破煩惱
藏：遍破愛見煩惱
通：破法遍
別：次第遍破三惑
圓：以圓三觀破三惑遍
五識通塞
藏：識道滅、還滅、六度為通；苦集流轉六蔽為塞
通：以幻化道滅破幻化苦集，用幻化六度通幻化六蔽
別：三觀為通，三惑為塞，傳傳檢校，是塞令通
圓：善識通塞
六修道品
藏：調適三十七品道法
通：以不可得心，修幻化三十七道品
別：道品調適，以入三解脫門，證中道無漏實相
圓：調適無作道品，有七科三十七菩提分
七對治助開
藏：若鈍根不入，應修對治事禪
通：體三藏法，無常苦空，如幻而治
別：用藏、通法門，助開實相
圓：以藏、通、別等事相法門助開圓理
八知次位
藏：正助合行，識次位，凡聖不濫
通：識乾慧等如幻位次而不謬濫
別：善知七位差別，不謂叨極上聖
圓：知次位，令不生增上慢
九能安忍
藏：安忍內外諸障
通：安忍乾慧內外諸障而入性地
別：離違順強軟二賊，策十信位，入十住
圓：能安忍，策進五品而入十信
十離法愛
藏：不於似道而生法愛
通：不著性地相似法愛而入八人見地證真
別：離相似法愛，策三十心，令入十地
圓：離法愛，策於十信，令入十住，乃至等妙

圖 5-3：化法四教十乘觀法對照表

(3) 理解和實踐的難度：

① 觀念：在理論上，圓教的觀念是，認為不執著於自己是聖人或凡夫，不執著於別人對自己的看法，也不執著於自己有沒有修行，此即圓教的觀念。

② 實踐：真正做到圓教的修行觀念並不容易。這需要在修行的過程中，不斷提昇自己的境界，達到不執著的層次。

圓教強調的是在修行的過程中，不斷突破對自我和他人的執著，達到真正的解脫和智慧。

(4) 圓教的初門和不但中：

① 圓教初門：圓教初門先理解「即空、即假、即中」的不但中。

② 中的區分：

A 但中：別教的中道是不二的但中，還有空、假、中之別。

B.不但中：圓教的中道是即空、即假、即中，是相即的概念。

③ 從生死與涅槃理解不但中：

即生死，即涅槃：生死與涅槃是相即的，不是分成兩個即。生死是生死，涅槃是涅槃，但在圓教中，這兩者是相即的，所以稱為「不但中」。

④ 從即一而三，即三而一理解「不但中」：

A.即空、即假、即中：空中有假、有中；假中有空、有中；中中有空、有假。

B.即一而三，即三而一：雖然從不同角度看是三者，但本質上是一體的。

【聖嚴法師教學示例】

如同聖嚴法師在不同角色的例子，以師父身分教學生上課，以負責人身分建設法鼓山道場，以債務人身分欠學生的債務。這三個角色是同一個人，只是從不同角度來看，分開是三個，但實際上是同一個人，這是圓教即一而三，即三而一的概念。

3. 別教的初門：

（1）別教的修行觀念：

① 不二但中：別教強調「不二但中」的觀念，即不執著於解脫與不解脫、生死與涅槃等二元對立的概念。此觀念源於《維摩經》中所講的不二法門。

② 空、假、中：別教修行者理解空、假、中的差異，但也知道這三者在某種層次上是不二的。

（2）不二法門：不二即是清淨和不清淨、解脫和不解脫、生死和涅槃在本質上是相通的，沒有絕對的區別。不執著於這些二元對立的概念，而應理解它們之間的相通性。

（3）判教中的位置：

① 《維摩經》在判教時，通常被判為通教，而不認為是圓教。

② 別教的不二但中：別教的不二但中之理，指的是在修行中不執著於空、假、中的道理，而是理解這三者之間的相通性。

別教的初門強調在修行開始時就理解和接受「不二但中」的觀念，並且在修行過程中不執著於解脫和生死的對立，而是認識到它們之間的相通和不二性。

4. 通教的初門：

（1）通教的修行觀念：

① 觀〈無生偈〉：天台家引用《中論》的〈無生偈〉，這偈子的內容是「諸法不自生，亦不從他生；不共不無因，是故知無生」。這表示諸法是因緣所生法，本質上是無生的。

② 無生四諦——四諦全部都是真諦：

A.苦諦：通常苦諦是業報，是俗諦，滅諦才是真諦（藏教）。但從無生偈來看，苦也是無生的，因此是真諦。當下不以為苦，就不會感到苦。

B.集諦：集諦是因，但從無生的角度看，這也是無生的，故為真諦。

C.滅諦：滅諦通常是真諦，從無生的角度仍是真諦。

D.道諦：道諦也是無生的，因此也是真諦。

③ 無生四諦的理解：

A.苦諦無生：當你在苦的時候，如果能觀無生，理解這是因緣所生法，當下就會覺得沒有苦的事實，這是智慧的顯現，苦就會消失。

B.集諦無生：集諦做為因，從無生的角度看，這也是因緣所生法，無生的本質讓它也是真諦。

C.滅諦無生：滅諦本是真諦，從無生的角度仍是真諦。

D.道諦無生：道諦做為修行的途徑，從無生的角度看，這也是因緣所生法，無生的本質讓它也是真諦。

通教的初門強調觀無生偈，理解無生四諦的概念，即苦、集、滅、道全部都是真諦。修行者通過觀無生偈，能夠在苦的當下不感覺到苦，從而智慧顯現，達到不苦的境界。

整理主題：四教名字即之別在於對佛法之理解

佛弟子對佛法內容之理解，本當建立在同樣的知識（知見）與實踐（修行）系統上，然而判教之所以產生，即在於同為佛法之理論與實踐，卻有諸多差異甚或扞格，究其原因即在於前述之眾生根器有別，故而佛之教說有層次。

因此法師對於四教在佛法理解上的不同層次，亦給予詮解與釐清。

名字即四教之別為所聽聞之「佛法」：

雖說佛教之觀念解讀有不同層次，然佛法與他教、他思想最基礎的差別，乃在於「諸法從因緣生」這一概念，在此相同基礎上，其教法差別即落於如何解釋「因緣」。圓教所理解之因緣為「知性具為因，迷悟為緣，三千性相為所生法」，別教為「知一切種識為因，輾轉熏習為緣，分段變易乃至四智菩提為所生法」，通、藏二教之因為「以六識相應有漏的種子為因」，緣則為「六塵美惡中庸境界為緣」。以下即為法師所敘之整理。

1. 圓教：

文本：「知性具為因，迷悟為緣，三千性相為所生法。」

於「性」之解釋：

(1)《法華經》的「十如是」：第一個是如是性。「三千性相」即「十如是」，十如是的第一個是性，性具一切十法界。

十法界：四聖法界及六凡法界。四聖：聲聞、緣覺、菩薩、佛。六凡：三惡道（地獄、餓鬼、畜生），三善道（天、人、阿修羅）。

(2) 性具及性之意義：

① 本具的性，一切眾生本具的性，諸法的法性。

② 中觀而言是空性，如來藏是佛性，又稱法性、如來藏、真如。

③ 任何眾生的本性包含十法界，遇到不同的緣產生不同的界。遇地獄緣，則地獄功能產生；遇菩薩緣，則菩薩功能產生。

④ 本身種子即存在，即性具。

(3) 三千迷悟為緣：性具十法界，遇迷緣出現迷界，自己處於迷界；遇悟緣進入悟界。悟是除煩惱，迷是被煩惱纏繞。

(4) 三千性相：

① 三千即《法華經》十如是，十如是乘十法界為一百界，百界再乘十為千如。

② 十界每界含有十界，為百界，百界乘十如是為千如，千如乘三世間（五蘊世間、眾生世間、國土世間）為三千。

③ 三千性相指三千界每一界的性與相，具在本性中，遇迷則迷，遇悟則悟。

2. 別教：

文本：「知一切種識為因，輾轉熏習為緣，分段變易乃至四智菩提為所生法。」

(1) 從唯識到天台的名詞：

① 一切種識和熏習：這些名詞來自唯識學，《成唯識論》的

術語。

② 蕅益大師指出，天台宗不使用這些名詞，這些是他個人的使用。

（2）四智：天台學講三智，而四智是唯識學的概念，指「轉八識成四智」。

（3）轉八識成四智：

① 一切種識是第八識，即阿賴耶識。

② 四智包括：成所作智、妙觀察智、平等性智、大圓鏡智。

3. 藏教和通教：

文本：因，以六識相應有漏的種子為因；緣，六塵美惡中庸境界為緣。

法師指出這些還是唯識的思想：

（1）借唯識學概念：

① 「有漏種子」、「無漏種子」。

② 種子熏現行，現行熏種子。

（2）六識相應有漏種子：做為因，這是知道，是名字即。名字即是已經知道這些道理，還沒有開始修行。

（3）三界的色心因果為所生法：因果，造業時是「因」，受到果報時是「果」。有因、有緣，有所生法，就是結果。

整理主題：化法四教的功能：對治不同的煩惱

1. 四教功能：對治煩惱別：

化法四教是針對不同根器和煩惱的眾生設立的教法，每一教法對治不同的煩惱病症：

（1）三藏教：為見思病重者說，主要對治見惑和思惑的煩惱。

（2）通教：為見思病輕者說，適合見思煩惱較輕的修行者。

（3）別教：為無明病重者說，專門對治深層的無明煩惱。

（4）圓教：為無明病輕者說，針對無明煩惱較輕的修行者。

2. 煩惱對照：見思與無明煩惱病：

（1）見思煩惱：屬於較淺的煩惱，包括見惑和思惑。見惑為知見上的障礙，較易斷除；思惑為心理上的障礙，較難斷除。

① 見惑共有八十八使，包括身見、邊見、見取見、戒禁取見和邪見，為「五利使」。

② 思惑有八十一品，包括貪、瞋、癡、慢、疑，又稱為「五鈍使」。

（2）無明煩惱：屬於深層的煩惱，是一切煩惱的根本，稱為根本煩惱。

3. 煩惱的對治階段：

（1）無伏斷：不伏煩惱，也不斷煩惱，屬於最初的修行階段。

（2）伏見思：伏見惑和思惑，但尚未斷除。

（3）斷三界內的見惑：此為初果。如果是大乘，則是通教的「八人地」、別教的「初住」及圓教的「初信」。

4. 別教與圓教對無明的對治：

（1）別教：從十迴向位開始伏無明，開始進入對治深層無明的階段。

（2）圓教：對無明煩惱較輕者說，屬於更高層次的修行，對治較微細的煩惱。

化法四教提供對治不同煩惱病症的教法，使各類根器眾生皆能找到適合自己的修行方法。從伏見思到斷無明，逐步對治各種煩惱，最終達到解脫和成佛的目標。

整理主題：生滅四諦的層次

於所詮述項下，四教皆涵蓋四諦，然四教層次不一如下：

1. 生滅四諦：有生有滅，苦集是生，道是滅，修道是為了斷集滅苦，為一般四諦之道。

2. 不生滅四諦：對應於通教的層次。

3. 無量四諦：對應別教，強調無量法門和無量的四諦。

4. 無住四諦：對應圓教，強調不住於任何一法，超越一切。

整理主題：斷惑證果層次

如前所述，佛教之意義在於提供知見與修行方法，以供人從煩惱中解脫，離開生死流轉。故而修行目的之一即在於斷除煩惱達致解脫，佛教，尤其天台的煩惱，以「惑」稱之，斷煩惱即斷除三惑，斷惑即得解脫，以下即就此整理斷煩惱的四教不同層次。

1. 為何須理解修行過程中的斷與證？

繁複的名詞是有用的，能幫助修行者了解自己的修行進展。在修證過程中，斷惑的品位呈現了修行者所處的層次，如藏教判斷自己是在預流、一來、不還中的哪一階段。

2. 斷惑層次，以藏教為例：

(1) 預流果（初果）：頓斷三界見惑，為見道位。

(2) 一來果（二果）：斷欲界五趣地前六品思惑。

(3) 不還果（三果）：斷欲界五趣地九品思惑，死後生淨居天。

(4) 阿羅漢果（四果）：斷色界、無色界的七十二品思惑中的七十一品，最後斷完一品思惑即證無學位。

3. 對斷惑品位的認知：

(1) 修行者須了解自己的修行層次，否則可能因無知而誤認自己的修行成果。

(2) 小經驗不代表解脫，須警惕內心的微細貪、瞋、疑、慢等思惑是否完全斷除。

(3) 慢心：有證、有修的人如果不清楚見惑和思惑，以為得定功夫或聰明境界就得解脫，內心有慢心但自己不知道，這不是真正的解脫。

第四節
五時說

一、五時說概述

【研究者按】

依法師逐字稿內容，彙編下圖以說明五時的基本概念與討論。五時之存在乃建立於佛弟子本具之根基差異，故而其學習歷程亦因而出現深法無從理解（第一華嚴時），從而進入由深轉淺之層次（第二阿含時），之後佛弟子於教法、修行逐漸提昇，而有之後的從淺再入深（第三方等時、第四般若時）。至佛晚期教說轉至最高教法（第五法華時），乃至於涅槃前，特別透過所謂之捃拾教，提供佛涅槃後弟子之學習與未來之開展（第五涅槃時）。

至於通別議題，緣於《教觀綱宗》論主蕅益智旭對過往分判方式之不同見解，而特地探討「通五時」、「別五時」之議題。

有關別五時存在之緣由，乃如前述五時的別別產生，是建立在弟子的根器與學習次第，故有從淺入深的逐漸調整。而其程序為最深「華嚴」轉而為最基礎「阿含」，最後收於「法華」圓法與收一切眾生之「涅槃」。

而通五時之說，則偏重於實際教學與學習過程，五個時段都有不同根器之眾生會隨類而各得其解，故佛不會一時僅說一法，惟其說法會有不同時段的主要、次要對應內容之差別。如圖 5-4 所示之概念。

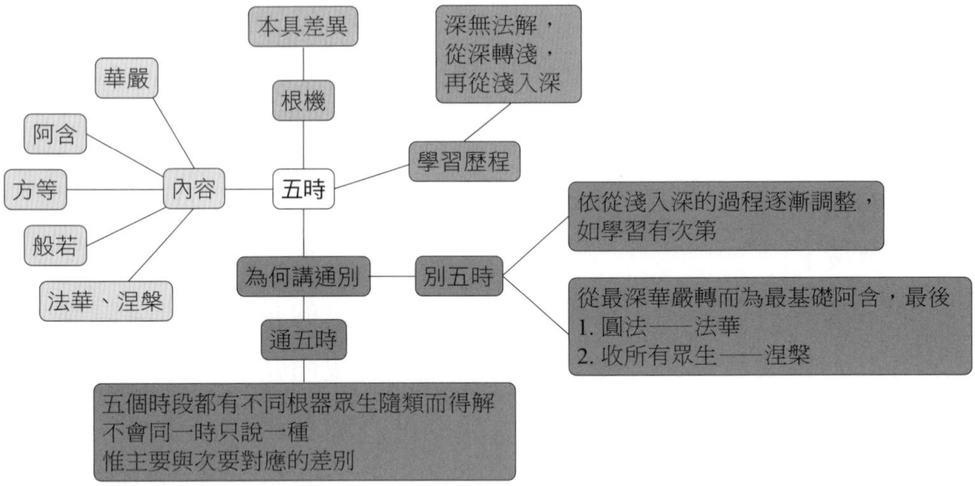

圖 5-4：五時基本概念圖

二、五時通別論

（一）五時有通有別

1. 何謂通與別？（筆記 1-3）

（1）通：每一經裡都具備五時。

（2）別：某部經典主要說出的時間在某個時段。

2. 以《阿含經》為例說明

（1）別五時：《阿含經》主要是在釋迦牟尼佛說完《華嚴經》之後，在鹿野苑開始繼續說法。釋迦牟尼佛一生中哪個時段說《阿含經》的比重較大，那個時段即稱為「阿含時」。

（2）通五時：釋迦牟尼佛一生中，從鹿野苑說法到進入涅槃，無論見到二乘根機或小乘根機，皆會應機而說《阿含經》的內容。因此，各時段都有說《阿含經》內容的可能性，這是「通五時」。

3. 五時實際情況

（1）五時是交錯發生的。

（2）固定時段主要講不同的經，但同時也講其他的經。

（3）通五時與別五時說法不一。

4. 別五時與通五時的論爭

（1）天台宗一般說法與討論：

① 通常只講別五時，例如「阿含十二，方等八」等四句話，只看到別五時，沒有看到通五時。

② 實際上，佛說法不會只在某一時段度一類眾生，其他的不度。

（2）蕅益大師的依據：

① 根據智者大師《法華玄義》卷一：「釋此五章，有通有別。」這是一經的通與別，及眾教的通與別。

② 智顗的弟子章安尊者在《法華玄義》卷十下也說：「人言第二時，十二年中說三乘別教。若爾，過十二年，有宜聞四諦、因緣、六度，豈可不說？」

說明即使是第二時的十二年中說三乘別教，過了十二年，仍會應機說四諦、十二因緣、六度等。

（3）劉虯的判教：

① 「南三北七」：十家中有劉虯立別五時，章安尊者提出批判。

② 劉虯指出十二年中只專門說三乘的別教，這是章安尊者所批判的，蕅益大師特別重視這一點。

③ 說別教的大乘法時，也會說小乘法，佛的一生時間都會講小乘法（因其說法一生中皆有小乘弟子），這是章安尊者的主張。

（二）通五時的依據

1. 從說法時間觀之

以《華嚴經・入法界品》而言，其所描述之事件時間長，不可能僅二十一天講完。八十卷《華嚴經・入法界品》，即善財童子五十三參的內容，五十三參進行時間頗長，絕非釋迦牟尼佛成道後三七二十一天可對大眾講完者。

2. 從對象觀之

（1）小乘根機者：從親近世尊開始，自鹿野苑到佛涅槃的拘尸那城的鶴林，自始至終僅僅聽到小乘的三藏教典。

（2）小乘轉大乘者：另一類原為小乘人，因聽「恥小乘歎大乘」的佛法後，生起恥為小乘而欣慕大乘的心，佛便為他們說方等經典。這也非僅僅於十二年之中說，只要有這樣的對象，任何時間都說。

所謂「恥小乘而歎大乘」，可從註解「歎大褒圓」、「灰身滅智」看到解釋。歎大即是歎大乘，褒是褒貶之意。褒圓教而斥恥小乘，謂其為焦芽敗種。

（3）三乘人：又有三乘人，必須經歷色、心等世出世法，之後會歸大乘，佛即為他們說般若經典。如《金剛仙論》所說「成道乃至涅槃，恆說摩訶般若、華嚴、大集」，故知般若也是通前通後者。

《金剛仙論》這部論典裡講述，釋迦牟尼佛從成佛到涅槃，都在說摩訶般若波羅蜜，都在說華嚴、大集，此即通五時的概念。

（4）根熟眾生：佛隨時為他們說「開權顯實」、「開跡顯本」之法。根據《法華經》、《梵網經》的內容，釋迦牟尼佛並非一定到最後才說《法華經》、《涅槃經》等「開權顯實」、「開跡顯本」的法。

3. 從所說內容分析——色、心等世出世法的討論

色、心指三大科：五蘊、十二入、十八界，三大科只有兩類，一是色法、一是心法。無論是世出世法、世間法、出世間法，皆是通過色、心來修證者。例如三十四心或十六心，十六心斷結就變成出世法。用「五停心」、「四念住」，要藉色法、心法；修「八正道」要用色法、要用心法。世出世法都用色、心二法。

因此無論什麼時間、什麼根器，都會用此二法，此二法貫串五時。

（三）別五時的依據（筆記 1-4）

1. 蕅益大師的別五時觀點

蕅益大師的別五時觀點與傳統天台家的觀點有所不同。

2. 從五味教法理解

《大涅槃經》有五味教法，但並非僅限於涅槃時的教法。

3.《阿含經》階段

最鈍根者須經四階段後進入第五階段，才能進入《法華經》所說的「一實相」。先聽《阿含經》，轉凡成聖。小乘根基者中有成阿羅漢、辟支佛者，但原則上無法再轉為大乘菩薩。

因此《法華經．信解品》形容二乘聖者的涅槃如酒醉，即問題暫時消失，但未完全醒悟。法師亦指《絕妙說法——法華經講要》一書中有述及，這些二乘的涅槃像酒醉的狀態，只覺得什麼問題都沒有了，但既是酒醉，酒會醒，只不過沒有那麼快。所以一生之中沒有希望轉小成大。

4. 次聞方等經典

此雖具聞化法四教，然而僅得通教利益。所聽聞者含化法四教藏、通、別、圓四種教材，但得到的是通教的利益。

5.《般若經》階段

雖然《般若經》有通、別兩教，但這兩種教是它的「帶」。「帶」是「兼」或附帶之意，即附帶有通教、別教義理，可是真正講的是圓教。

其中也能祕密得到別教的利益，指不是很明顯得到圓教或什麼教，但能祕密得到別教利益。

6.《法華經》階段

《法華經》開權顯實，才是真正得到圓教的實相利益。

• 第六章 •

化法四教教觀彙編

由於化法四教乃同一修行模組的差異性內涵提昇，故而法師講述每一教法，皆有其模式，未來如欲開展修行地圖，亦可依此而設。

首先是定義，每一教有其獨特的重點，如藏教與三藏教法有關，通教具備通前通後的佛法共同內涵，別教以八個面向開展其有別於其他三者之重點，同時強調隔歷有別的修行次第；而圓教具超越性的圓融一切。故而每一教的介紹皆會從定義或特色入門。

其次為四教的基本教理，書中以「四教詮述」說明之，包括了一套共四個佛教重要觀念：四諦、十二因緣、六度、實有二諦（通、別、圓三教則另加詮三諦）。四教在此四個面向下，開展出四個不同的層次。

第三為當機與修證，當機指修持對象，亦即根基的對應。所化對象，此針對大、小乘、菩薩而分類。修證則包括所修觀法，觀成後出離生死的層次，以及最後證得的涅槃屬於哪一階次。

相關基本資料如表 6-1。

表 6-1：化法四教教觀彙編

	藏教	通教	別教	圓教
經典	四阿含（經） 毘尼（律） 阿毘曇（論）	方等 般若 三乘共行者	方等經	《法華經》
定義			教理智斷 行位因果	圓妙、圓滿、圓足、 圓頓
作用			別前藏、通 別後圓教	圓伏、圓信、 圓斷、圓行、 圓位、圓自在莊嚴、 圓建立眾生
詮述觀念	生滅四諦	無生四諦	無量四諦	無作四諦
	思議生滅 十二因緣	思議不生滅 十二因緣	不思議生滅 十二因緣	不思議不生滅 十二因緣
	事六度行	理六度行	不思議 六度十度	稱性 六度十度
	實有二諦	幻有空二諦	顯中二諦	不思議二諦
		兩種含中二諦	別三諦	圓妙三諦
		別入通三諦 圓入通三諦	圓入別二諦 圓入別三諦	
方法	析空觀 析色入空觀	體空觀 體色入空觀	次第三觀	一心三觀
果位	出分段生死 證偏真涅槃	真諦涅槃	出分段、變易生死 證中道無住涅槃	圓超二種生死 圓證三德涅槃
當機對象	界內鈍根眾生 正化二乘 傍化菩薩	界內利根眾生 正化菩薩 傍化二乘	界外鈍根眾生	界外利根眾生

第四為四教的修行歷程——六即（菩提、佛），從理即、名字即、觀行即、相似即、分證即到究竟即，開展出究竟解脫的成佛之道的教理與修行階位，可視為本書最複雜卻又符應次第分明、圓融相攝天台教觀特色的系統。尤其六即佛原為天台智者大師於《摩訶止觀》圓頓法門之發明，為《教觀綱宗》作者借用而創造出層次分明的修行脈絡，同時也讓一切非圓教眾生皆有「成各自佛」的信心。故而法師也指出，此為《教觀綱宗》一書極為重要的發明。

第五項為四教的修行觀門，如法師不斷提醒的，天台原非為成就哲學思想系統而出，從溯源觀之，皆與修觀有必然關係，法師甚且指出，所謂的「教觀」，乃「教如何觀」之意。故亦可知，修行觀門必然成為本書重要內容。

而澫益承上所述六即佛之概念，取用《摩訶止觀》十乘觀法，將涵融圓頓的觀法置於此四教修行，同樣開出次第分明又圓融無礙的系統。故法師亦指出，對一切眾生而言，門門皆可依各自根器而入，乃一龐大又縝密的修行脈絡。

上述內容已於第五章第三節第二項，針對化法四教之共相、殊相以圖、表分別整理，以下則依法師逐字稿內容，就各教分別整理於本章節。

由於二次講述僅得十六次課程，法師除重要觀點與對弟子語重心長之叮嚀外，以較多時間闡述、指導修行法門，故而講述至別教、圓教時，已無暇多所論說，講述內容較偏向重要觀念提點，因此由逐字稿所整理之內容亦較簡略。

因《天台心鑰》一書中對此內容及註解相對完整，故本書不多做補註，主要用力於將相對繁瑣、複雜之修證階位以對照圖表整理之，以補文字繁複理解不易之問題。

第一節
化法四教之藏教

關於三藏教之內容，主要整理自課程 1-5 至 1-8 之逐字稿。因筆記整理以內容完整為要，後面文本即不特別標註出處。

一、三藏教定義

三藏教包括經藏、律藏和阿毘曇藏（論藏），分別涵蓋了佛教的主要經典、律法和論理體系。

經藏：主要指四種《阿含經》，即《長阿含經》、《中阿含經》、《雜阿含經》和《增壹阿含經》。

律藏：指五律四論，律部的典籍，主要涉及僧團的戒律和規範。

阿毘曇藏（阿毘達磨）：包括「六足」和「發智」，主要是對佛法的系統整理和論述。

▌重要提醒：阿毘達磨的重要性與漢傳關係

阿毘達磨對佛教教義具備系統化和條理化的作用，幫助修行者更清楚地理解和修習佛法，包括如下作用：

1. 整理佛法：阿毘達磨將佛法的內容進行系統整理，使得佛法的體系更為明晰。

2. 便於學習：透過阿毘達磨的學習，修行者可以更全面地掌握佛教的教義和修行方法。

3. 中國人學習者少：雖然阿毘達磨的學習在中國佛教中相對較少，但它對於全面理解佛法具有重要意義。

三藏教以經藏、律藏和阿毘達磨為核心，構成了佛教經典、戒律和論理的完整體系。阿毘達磨的學習雖然在中國不多見，但其對於理解佛法體系和教義有著重要的輔助作用。

二、三藏教詮述

三藏教詮釋的是生滅四諦、思議生滅十二因緣、事六度行、實有二諦。

四教對四諦而言，即有四個層次；十二因緣、六度、二諦（通、別、圓則加詮三諦）亦同樣具備四個層次。

（一）生滅四諦

生滅四諦是佛教中基本的教義，用以描述世間的真理和解脫的途徑。蕅益智旭於其自註中引如下：「〔旭師自註云〕：生滅四諦：苦則生、異、滅三相遷移，集則貪、瞋、癡、等分，四心流動，道則對治易奪，滅則滅有還無。」❶

1. **苦諦**

（1）描述世間的痛苦和不滿。

（2）三相遷移：生、異、滅。

① 生：生命的開始。

② 異：變異，無常的變化。

③ 滅：消亡，生命的結束。

2. **集諦**

（1）解釋痛苦的根源。

（2）集：貪、瞋、癡、等分，「等」指與此三種煩惱相應，四心流動即是「集」。

① 道諦：解脫痛苦、對治煩惱的方法。

② 滅諦：痛苦的終結、煩惱的消滅。

（二）思議生滅十二因緣

1. 十二因緣的流轉門

於藏教，十二因緣乃是思議生滅十二因緣，亦即有流轉有還滅，故有生有滅，從無明緣行、行緣識、識緣名色、名色緣六入、六入緣觸、觸緣受、受緣愛、愛緣取、取緣有、有緣生，生緣老死憂悲苦惱，是具體的流轉。

---

❶ 釋聖嚴，《天台心鑰——教觀綱宗貫註》，《法鼓全集》第 7 輯第 9 冊，臺北：法鼓文化，2020 紀念版，頁 134。

2. 十二因緣的還滅門

如能如實修行，則當從生而滅，有流轉就有還滅，無明滅則行滅、行滅則識滅、識滅則名色滅、名色滅則六入滅、六入滅則觸滅、觸滅則受滅、受滅則愛滅、愛滅則取滅、取滅則有滅、有滅則生滅，生滅則老死憂悲苦惱滅。

3. 思議與無明

思議指可想像、可言說的內容。無明則是煩惱的總名，是煩惱的源頭。一切煩惱的名稱都可以稱為無明。

無明的不同解釋：

（1）藏教：無明是煩惱的總名。

（2）別教、圓教：無明有更深層次的解釋。

4. 概念與原理

此十二因緣的流轉與還滅，即《阿含經》的基本道理。「此生故彼生，此有故彼有；此滅故彼滅，此無故彼無。」此有故彼有：有苦、有集。此無故彼無：無煩惱即無生死，煩惱是生死的根本，煩惱滅，生死也滅。

（三）事六度

藉由藏教事六度與通教理六度對照分析，提供層次化的理解。

1. 事六度：即是一般人所謂的六度行，包括布施、持戒、忍辱、精進、禪定、智慧。

2. 理六度：注重內在智慧的理解和觀照，體悟六度的本質空性。

3. 事六度是相對於通教的理六度而言，有不同的層次。

在《阿含經》及藏教中，六度行是基礎的修行方法，稱為事六度。這些修行方法雖然看似是菩薩行，其實在早期的經典中已經有所提及。

（四）實有二諦

實有二諦是指佛教哲學中，將所有法（現象）分為兩類：俗諦和真諦。

1. 俗諦：俗諦是世俗的真理，是可觀察、可分析、可言說的現象。它包含了陰、入、界等實法，諸如：五蘊之色、受、想、行、識；十二入中的六根（眼、耳、鼻、舌、身、意）和六塵（色、聲、香、味、觸、法），以及十八界的六根、六塵、六識。此些皆屬於三界（欲界、色界、無色界）內的種種身心現象，稱為俗法俗諦。

2. 真諦：真諦是出世間的真理，是超越世俗現象的涅槃境界。它代表了煩惱的滅盡和解脫。真諦即實有滅，指煩惱滅盡，進入涅槃的狀態。

涅槃的解釋：涅槃不等於死亡，證得涅槃意味著解脫煩惱的束縛。涅槃分為兩種：

1. 有餘依涅槃：阿羅漢仍存活於世間，雖煩惱已滅，但色身尚存，稱為有餘依涅槃。

2. 無餘依涅槃：色身死亡後，完全解脫煩惱和業的束縛，稱為無餘依涅槃。

實有二諦強調的是世俗和出世間兩種真理的分別：俗諦是可以經驗和描述的現象界，真諦則是超越現象界的涅槃境界。

三、三藏教的當機、修證

1. 當機：開示界內的鈍根眾生。

2. 修證：修「析空觀」。

3. 正化二乘，旁化菩薩：界內眾生有鈍根、有利根，界內眾生如為利根，即成為菩薩；如為鈍根，則只能成為三藏小乘。

4. 修觀：析空觀。

5. 出分段生死。

6. 證偏真涅槃。

※主題整理：三藏教出分段生死

1. 修行目標：三藏教的修行主要是斷除分段生死，通過析空觀達到解脫。

2. 局限性：雖能出分段生死，但不能出變易生死。需要進入大乘的修行，才能進一步斷除變易生死。

3. 修行方式與所出生死之對照：

（1）析空觀：三藏教的修行者通過觀察五蘊皆空，認識到身心現象的無常、無我，從而斷除分段生死。

（2）大乘修行：進入大乘修行的菩薩，須通過更高層次的觀法，如中觀的即空、即假、即中觀，來斷除變易生死。

（3）分段生死：三界內的有情眾生所經歷的生死現象，具有階段性和週期性。

（4）變易生死：大乘菩薩在修行過程中的微細變化，是無明的逐步斷除和法身的增長。

※主題整理：三藏教證偏真涅槃

1. 小乘聖人果位：

（1）初果（須陀洹）、二果（斯陀含）。

（2）三果（阿那含）果報：不再返回人間，但還在三界內，居界內的五淨居天。仍為分段生死，稱為偏真涅槃。

（3）阿羅漢果。

2. 偏真涅槃：

（1）概念：小乘修行者所證得的涅槃，稱為偏真涅槃。

（2）原因：

① 離俗入真：小乘修行者通過觀察五蘊皆空，離開俗諦，進入真諦。

② 未達中諦：未能達到即真即俗的中諦境界。

A.特點：偏重於真空的體驗。

B.範圍：限於三界內的修行，未出離三界。

C.果報：居住於五淨居天，仍有分段生死。

主題整理：三藏教的教化對象

1. 正化二乘：

（1）二乘：聲聞和緣覺。

（2）內容：以《阿含經》為主要經典，主要對象是小乘弟子。

（3）教化：以聲聞和緣覺的修行法門為主，教授四諦、十二因緣、三十七道品等內容。

2. 傍化菩薩：

（1）菩薩：在《阿含經》中，雖主要對象是二乘弟子，但也包含菩薩的教法。

（2）例子：如彌勒菩薩、釋迦菩薩在《阿含經》中出現，說明三藏教中仍有菩薩的教化。例如「六度」實際上是菩薩法，但在三藏教裡「四攝」也是菩薩法。

三藏教「正化二乘，傍化菩薩」，有人認為三藏教是純小乘的，但從所化而言，不一定如此。

四、三藏教的六即菩提

（一）三藏教的理即菩提及偏真涅槃

1. 定義：「理即」是指還沒有開始學，三藏教的理即菩提被天台宗稱為「偏真涅槃」。

2. 主要概念：

（1）諸行無常是生滅法，生滅滅已，寂滅為樂：諸行是指色、心二法，色、心二法皆為生滅法，修道、滅集斷集證滅苦，苦滅已即是「寂滅為樂」，寂滅即是涅槃，此處的涅槃是「偏真涅槃」。

（2）偏真涅槃：名為偏真涅槃，亦名偏空涅槃，屬於小乘法，故尚屬非真，四諦之中的前三諦就更不用說了。依大乘判二乘涅槃為偏真，從大乘立場看生滅四諦，此滅不是真滅。

（3）大乘的觀點：從大乘佛教的角度來看，二乘（聲聞和緣覺）所達到的涅槃只是偏真的。

在《法華經》的〈信解品〉中提到，阿羅漢的涅槃狀態類比於酒醉，亦即他們的解脫並不是究竟解脫，而是一種暫時的、感覺上沒有煩惱、沒有事的解脫。

（4）實相與理：此「理即菩提」的「理」是偏真的，體得空，認定空即是真理，而非真正的理。小乘所見之實相是偏真偏空而非中道的理。

（二）名字即

1. 學習名言文字：學習名言文字，經教即是名言文字，亦即《阿含經》的經文，知因緣所生諸法皆悉無常、無我。

2. 重要內容：

（1）因緣所生諸法皆悉無常、無我。

（2）內容即《阿含經》教導：「此生故彼生，此滅故彼滅」、「此有故彼有，此無故彼無」。

（3）就十二因緣：講緣生的道理。

（4）無明滅故心滅，生滅諸法屬於緣生緣滅。

（5）知緣生、緣滅，知無常、無我，《阿含經》講述因知緣起緣滅而知苦，不知緣起緣滅，必苦不堪言；知緣起緣滅，苦即不存在。

（6）觀照到無常、無我、空，苦即不存在。

（7）理解這些觀念，即是名字即。

（三）觀行即

總說：藏教觀行即開始修第一、五停心，第二、別相念，第三、總相念，三種加起來為外凡的「資糧位」，小乘為「三賢位」。還沒有進入「相似即菩提」的位子。

「觀行即」在七方便之中，只修三個前方便，即「三賢位」。藏教的五停心、別相念、總相念，為三賢位。

如已到四善根位——煖法、頂法、忍法、世第一法，為「內凡加行位」，又稱為「四善根位」，此已進入相似即菩提。

「觀行即菩提」則是修五停心、別相念、總相念等七個方便的三賢位。修行內容：

1. 五停心

五停心包括第一、不淨觀，對治多貪的眾生；第二、慈悲觀，對治多瞋的眾生；第三、數息觀，對治多散亂心的眾生；第四、因緣觀，對治愚癡心的眾生；第五、念佛觀，對治多障的眾生。念佛觀有時用「界分別觀」代替。

現代一般禪修通常修兩種：不淨觀、數息觀。多貪主要指貪淫慾，所以修不淨觀；治散亂心的眾生，則修數息觀。一開始多半是數息、呼吸法，呼吸法就是從數息觀開始，對治散亂心而用的。

念佛觀即念佛禪，念佛觀多半被視為淨土法門，但不一定如此，念佛觀是五停心之中的一個法門。

2. 別相念

別相念是修四念住觀，一項一項地修。四念住是：觀身不淨、觀受是苦、觀心無常、觀法無我，用以分別對治五蘊所起的四種顛倒，包括：以不淨為淨、以苦為樂、以無常為常、以非我執我，此即四顛倒。

以四念住對治四顛倒，修成以後進一步修總相觀。

3. 總相念

總相觀修法：在修四念住任何一個念處之中，其他三個念住同時都出現，即觀身念處不淨時，同時也觀其他三相不淨；觀受念處是苦，同時其他三相也觀苦；觀心念處無常時，其他三相也都觀無常；觀法念處無我，其他三相也都觀無我。

總相念修成才離開外凡位，進入三賢位，之後再進入四加行位。很多人修四念住認為就是解脫法，原則上是對的，但如果僅僅修四念住不得解脫。修四念住一定要加行，修四念住的加行而產生煖、頂、忍和世第一的功效，這才能夠得解脫。

4. 五停心與四念住

四念住還是從身觀起的，而逐步觀身、受、心、法。數息觀或是數呼吸法，應該是四念住的基礎，五停心、四念住是一直相接上來的。五停心任何一法與四念住是可以相接的，從四念住然後往下，一定會產生四善根。

【研究者按】

法師講述至此，特別針對五停心與四念住之銜接做了詳盡而完整的解說，其指出，此乃修觀最基礎處，如能清楚其中的次第與觀法，對修行而言極為重要。故彙編時，特將此銜接處與相關基本概念，置於前述第四章「天台教學之教與觀」之第三節「天台教學中的觀」合併處理之。

（四）相似即菩提

修七方便的後四行位：煖、頂、忍、世第一。

這四個行位實際上還是修四念住的功力產生的功用，勿誤解此四為另外有東西可修，實際上還是修四念住，從四念住修，依之功力而產生功用。即《教觀綱宗釋義》第十六條：修行四念住再加上四正勤，就能夠斷已生及未生的二惡，就能修未生及已生的二善，此有四個行位。

1. 煖

勤觀四諦能發相似的理解，像鑽木生火先得煖相，所以用煖比喻之。

十二因緣觀也是觀四諦，進入修四念住時，是配合四諦來修。四諦即苦、集、滅、道。觀身能把身體觀為因緣所生法，就不會執著身體，不執著身體，則無論有病無病就不會苦。

有病的人不一定苦，原因就是對身體是否執著，身體一執著馬上感到的受就是苦受。

2. 頂

修欲、勤、心、觀四個步驟修定。

根據修四念住，發生禪定的觀力轉明，愈來愈高明，好像就到頂上，到山頂。但是此頂並不是最高點，而是到制高點上，並不等於已經出離。

3. 忍

定慧均等，四念住觀慧，四正勤加強觀慧功能，四神足使得四念住產生定的力量。

定、慧功能平行發展，能夠增進為信、精進、念、定、慧等五根。產生五根就能安住不動，由此五根而產生忍。任何狀況出現都能安住不動，既忍苦也忍樂。

4. 世第一

修五根增長而成五力，能破五障（煩惱障、業障、生障、法障、所知障）。

破此五障將進入見道位，是世間有漏地位之中最勝最妙者。此時依稀彷佛見到真理，為「內凡加行」，與「外凡資糧」不同。

（五）分證即菩提

1. 分證即的意義

分證即是實證，實證聖道和聖果。聖道、聖果即已出離三界，見到部分真理，屬於見道位。分證即是漸次修斷的次第，從初果、二果到三果。

2. 修行次第

（1）初果（預流果）：見道位，以四聖諦，用八忍八智頓斷三界的見惑，稱為「十六心見道」。思惑還沒有斷，斷見惑是見道位，斷思惑是修道位。

（2）二果（一來果）：修道位，斷欲界五趣地所屬九品之前六品思惑。

（3）三果（不還果）：全斷欲界五趣地九品思惑，不再還到欲界，死後生淨居天。

3. 修行過程

（1）解脫道是一步一步的，從見道位開始，分證即即漸次修斷。

（2）預流果依四聖諦斷三界見惑，進入見道位。

（3）修道位斷欲界、色界、無色界的思惑，最終達到阿羅漢果。

4. 相關概念——三界九地

色界、無色界為「八地」，又稱為「四禪八定」，加上欲界的五趣雜居地，即為三界九地。

（1）欲界：五趣雜居地，九品思惑。

（2）色界：初禪四地，九品思惑。

（3）無色界：四地，九品思惑。

5. 修行中的注意事項

修行者須了解自己的修行層次，知曉自己在預流、一來、不還中的位置。修行中的小經驗不代表解脫，需要明辨貪、瞋、疑、慢等思惑是否完全斷除。內心微細貪、瞋、慢等也須注意，真正的解脫須斷除這些內在障礙。

疑，包括對自己有疑，對他人有疑。

慢心，許多所謂有證、有修的人，自己不知道什麼是見惑、什麼是思惑，以自己得到一些定的功夫，而認為已經得解脫；或得到一些聰明境界，以為得解脫，但內心中有慢自己不知，這都不是解脫。

（六）究竟即菩提

1. 究竟即基本觀念澄清

（1）小乘是否有三乘？通常指二乘：聲聞、緣覺。

（2）小乘佛教是否有佛？釋迦牟尼佛即是佛。

（3）部派佛教承認有佛，但認為只有少數人可成佛，非人人都能成佛。

2. 三等果位

小乘阿羅漢果、中乘辟支佛果、大乘佛果，此即三乘無學位。

（1）阿羅漢果：聲聞最究竟。

（2）辟支佛果：緣覺最究竟。

（3）佛果：佛的果位最究竟。

3. 從《法華經》觀點的討論

（1）《法華經》中提到，有五千人退席，這些人多為二乘人，主要是聲聞，已證阿羅漢果。他們認為阿羅漢果是最究竟，已得解脫。

（2）但經中指出，阿羅漢果未得究竟，進入的是「化城」，不是「寶所」，化城是暫時性的，不是最究竟的。

（3）這五千人為增上慢比丘，雖已證阿羅漢果，但不相信每個人都能成佛，也不相信自己能成佛。

三藏教的究竟即主要是指阿羅漢果，辟支佛果和佛果也包含在內，就其各自立場而言，其果位都是最究竟的。

4. 三藏教究竟即的證和修

（1）阿羅漢依四聖諦的八忍八智：八忍八智是進入見道位觀四聖諦

的方法，每一聖諦各生起無漏的忍法及智法，合計為十六心見道。

① 八忍：忍可印證欲界四諦之理的智，名為四法忍；忍可印證色界及無色界的四諦，名為四種類忍。

A.四法忍（欲界四諦）：苦法忍、集法忍、滅法忍、道法忍。

B.四種類忍（色界、無色界四諦）：苦類忍、集類忍、滅類忍、道類忍。

② 八智：八忍正斷三界的見惑，觀照明了，便成為八智。

A. 四法智（欲界四諦）：對應四法忍。

B. 四類智（色界、無色界四諦）：對應四種類忍。

（2）無間道與解脫道：

① 無間道：八忍為因，指未解脫前的一念心，稱為金剛道或無間道。

② 解脫道：八智為果，斷惑之後進入的狀態，稱為解脫道。

③ 無間道、解脫道是什麼？

無間道叫金剛道，解脫道就是已經完成了。無間道是還沒有解脫之前，這一念心為金剛道，又叫無間道。無間是一念滑過，中間沒有間斷、沒有間隔，直接就進入解脫道。

一念頓斷，所斷者為「惑」，斷一品惑，最後一品惑斷，就是正在斷的那一個時刻，為金剛道，或稱為無間道。斷完馬上滑過去以後就是解脫道。

（3）見道與修道：

① 前十五心為見道位，第十六心為修道位。

② 斷三界八十八品見惑和八十一品思惑，斷盡習氣後證得兩種涅槃（有餘涅槃和無餘涅槃）。

（4）無餘涅槃：

① 灰身泯智，證阿羅漢果後死後進入涅槃，不再度眾生，不再受生於三界。

② 證兩種有餘涅槃，子縛已斷，果縛尚存。

子縛已斷，指煩惱已斷即為「子縛」；果縛尚存是指過去世帶來的果報體、果報身，果報身還在為「果縛」。子縛為煩惱，果縛為果報身。

無餘涅槃為「灰身泯智」，指人已經證了阿羅漢果，到最後死了，身體火化了，變成了灰。而從此進入涅槃，再也不來度眾生了，再也不到三界受生。他的智慧沒有用了，進入寂滅境，進入涅槃。

何以稱為小乘，即指他這一生中證了阿羅漢果，從此以後不再來。沒有想到「眾生無邊誓願度」。

③ 智是有八忍八智的智，八忍為因，八智為果，最後進入無餘涅槃時，智不用了，沒有了，所以是灰身泯智。

5. 藏教佛果位

三藏教的佛果位即是《阿含經》中的阿羅漢，他們的佛果位是釋迦牟尼佛的人間身果位。證佛果位這個人，初發心就緣自己的四聖諦境，發四弘誓願，名為菩薩。

釋迦牟尼佛不忍眾生如此，出遊四城，當時以王子身或太子身，到城外看到許多景象，諸如生、老、病、死等，看到後覺眾生苦，進而發願能夠解決人的痛苦。不是想到自己，解決自己的問題，而是想到眾生的問題，進而出發修行，這即是菩薩。

釋迦牟尼佛出家時即發菩薩誓願，此為三藏教裡所見到的菩薩，修六度行，經過三大阿僧祇劫後成佛。此佛的果位為偏真果位、偏真涅槃，也為灰身滅智。

6. 三藏教的果位與修行次第

(1) 位次比照聲聞：比照七方便，名稱相同，發真無漏三十四心，頓斷三界見思惑，斷一切煩惱正使及餘習。

(2) 正使與餘習：

正使：見思二惑為正使，見惑和思惑各有品位。八十八品見惑，八十一品思惑為正使。

餘習：阿羅漢有餘習，成佛的佛果位沒有餘習。

7. 佛果位的依正

依：指所依的環境，如釋迦牟尼佛的菩提樹和金剛座。坐木菩提，印度那棵樹目前還在。另外草座是金剛座，當時用吉祥草為座，稱為金剛座。

正：指成佛後自己的果位，如丈六身的劣應身。

8. 度眾生與法眷屬

度眾生，眾生為其法的眷屬。三乘根性者，緣盡入滅。入滅後釋迦牟尼佛就不再來。

9. 偏真果位與偏真涅槃

阿羅漢、辟支佛和佛都證得偏真果位和偏真涅槃，也都是灰身滅智。三藏教認為彌勒佛會再來成佛，釋迦牟尼佛沒有說再來。

10. 聲聞、緣覺、菩薩修行次第對照

表 6-2：聲聞、緣覺、菩薩修行次第對照表

內容＼對象		聲聞	緣覺	菩薩
差異處	所觀修	觀四諦	觀十二因緣	修四弘誓願、六度
	初門	苦諦為初門	集諦為初門	道諦為初門
	歷時	利根者三生， 鈍根者六十劫	四生百劫	三大阿僧祇劫
	所證	阿羅漢果	阿羅漢果	頓悟成佛
共同點	果位不同，但同斷見思，同出三界，同證偏真。 只行五百由旬中的三百由旬，入化城尚未到達寶所。			

《法華經》之譬喻：上述三者有關三百由旬、五百由旬乃《法華經》化城喻，要到五百由旬才真正進入大乘別教的初地、圓教的初住。前面只有三百由旬，阿羅漢、辟支佛都是，是化城，臨時的、幻化的、假相的解脫境，不是真正的究竟解脫境。

《法華經》裡講二乘，也是三藏教的涅槃，相當於酒醉。

五、三藏教的十法成乘（十乘觀法）

1. 觀正因緣境：

（1）正因緣破除邪因緣和無因緣。無因論：類似唯物論。邪因論：有神論，如神創造宇宙。

無因緣和邪因緣這兩種涵蓋所有一切邪知、邪見。外道並不等於邪惡，而是有了這種見解和想法，就沒有辦法出三界。因為有所執著，或無因緣講自然論，一切都是自然的，自然就形成了，這也是有問題。凡是離開因緣所生法這正確的因緣論以外，就是邪因緣或無因緣，又稱為顛倒見。

（2）正信佛教在八正道裡非常重視正見，正見就是因緣論。

2. 真正發心：學佛為得解脫，得解脫不是為了要抓什麼東西，不是為名利或依靠。

3. 遵修止觀：五停心名為觀，它的效果能達成止。止：修五停心。觀：修四念住。

4. 遍破見愛煩惱：觀無常、無我之空，破除煩惱。

5. 識通塞：通為道滅、還滅、修六度。塞為苦、集、流轉三界六道。觀自己修行方向，朝道滅和六度方向即識通，朝苦集方向即識塞。

6. 修道品：調適三十七道品，得入三解脫門。

7. 修對治事禪：鈍根不易入道者，以修事禪來對治。事禪有四個項目，以此「對治事禪」對治苦集。

（1）不淨觀、八背捨：對治多貪欲。

（2）八勝處、十一切處：對治三界的貪愛。

(3) 四無量心（四梵行）：對治福德少。因為有福德少者，進入初禪、二禪、三禪、四禪以後就不想離開。

(4) 四空處定：對治貪著四禪境。以修四空處定來對治，然後還要出離。

因此在指導禪修方法時，不斷提醒大家要捨，有什麼捨什麼，一直捨到底，捨無可捨，這時候至少有輕安會現前。然後真正可以見性、見道，如果執著某一樣東西，大概沒有辦法進步了。

8. 知位次：察知修證道品次第，避免以凡濫聖、得少為足。

9. 能安忍：對修行中的內外障礙安然忍耐。

(1) 業障：例如因工作不能來修行等問題，是業障。業是工作、職業、行業，使他無法上課，工作就是業的障礙。

(2) 報障：身、口、意三業的障礙，如聽不到、看不到。

(3) 煩惱障：內心的煩惱。

10. 無法愛：不以獲得若干相似解脫道的法益，而生法愛，才能夠十法具足，乘十種法，而到偏真涅槃。

所謂的相似解脫道，即以四禪為四果，以聰明為智慧等等，法師也指其在禪修時講不同層次的悟境，都是相似解脫道，不是真的解脫道。

第二節
化法四教之通教

一、通教基本資料

（一）定義與立場

通教通於大、小三乘，向前與藏教相通，向後通於大乘別教。通教本身沒有固定立場，適應大乘、小乘佛法。

（二）通教的特點

有些人接受大乘佛法，但對小乘也有興趣，即是通教特質。一些南傳佛教大師認可大乘佛法的道理，一些中國佛教徒崇拜南傳佛教，皆屬通教。

通教攝小乘、大乘二邊，小乘包括緣覺、聲聞二乘。

（三）通教的涵蓋範圍

向前通於聲聞、緣覺，向後通於大乘別教。三乘鈍根人通於三藏教（小乘教），利根人通於別教和圓教，中根人即為通教。

三乘與三人的討論：一句稱三乘，一句稱三人，是根據《教觀綱宗》內容，「三人同以無言說道」，體法入空所以是通；下面則為「有明三乘共行者」。

所謂三乘，實際上就是三人，三人就是三乘的三類人。三乘是指他的層次。有三個層次的人，「三人同體法空」，即三個層次的人。「三乘同行此教」，就是三個層次都用這個通教。

二、通教詮述

（一）無生四諦

定義：

1. 苦諦：苦沒有逼迫相。

2. 集諦：集沒有和合相。

3. 道諦：道沒有二相，即不二相。生滅四諦中的道諦有二相（正道與非道、八正道對八不正道）。無生四諦中的道諦是一切道皆無二相。

4. 滅諦：無生相，即滅諦是無生，而非有什麼可以滅。

（二）思議不生滅十二因緣

定義與特點：

思議不生滅：無明如虛空，不僅無明，行、識、名色、六入、觸、受、愛、取、有，乃至於老死，都像虛空。

無明如幻：無明、行、識、名色，乃至於老死都如幻，都不可得。即如《心經》所講無智亦無得，無無明亦無無明盡，無老死亦無老死盡，此即通教所詮述的層次。

（三）理六度行

1. 理六度：六度每一度都是三輪體空，與藏教的事六度相對應。事六度包括布施、持戒、忍辱、精進、禪定、智慧。在三藏教中，事六度清清楚楚，有六度可修的。

2. 通教的修行觀：通教六度的每一度都要修，但不應執著於修行本身。例如布施，不執著有布施的人、布施的物、接受布施的人，如此才能達到三輪體空。

3. 功德觀：認為布施後有功德，非通教的觀點。通教的理六度強調修行不執著於功德，因為一切乃是虛幻的。

（四）幻有、空二諦

1. 幻有與空二諦：幻有是俗諦，幻有即空是真諦。

「有」是一般的觀點，然而此「有」於佛法而言，乃是「幻有」（即虛幻之有），故而稱此虛幻的「有」為俗諦；幻有空，則是以空的理解對待此虛幻的幻有，此即真諦。

2. 含中二諦：

(1) 三層次：幻有是俗諦，幻有即空、幻有即空不空是真諦，一共三個層次。

(2) 第一個層次：幻有是俗諦。

(3) 後兩個層次：幻有即空和幻有即空不空是真諦。這是通教含別教的二諦，因此與別教接軌。

3. 化法四教的觀點分析：

(1) 藏教「幻有」：視有為幻。（有是虛幻的）

（2）通教「幻有即空」：視「幻有」為空，認為「有是虛幻的」也是空。

（3）別教「幻有即空不空」：認為「幻有」既是空也是不空（空入假）。

（4）圓教「一切法趣空不空」：認為一切法本無空無不空，空與不空皆是立場。所有一切諸法是空的，但並不是沒有。此即《法華經》的實相論，唯佛與佛乃能體證。

（五）別入通三諦與圓入通三諦

1. 究竟諸法實相裡面有東西嗎？

諸法實相是空相，但裡面有作用。這即指圓教，所以通教可以被圓教來接。

2. 通教的立場：可以被別教接，也可以被圓教接。根性不同，通於別教及圓教的為利根人。

3. 別入通三諦：

（1）有漏是俗諦。

（2）無漏是真諦。

（3）非有漏非無漏是中諦。

（4）俗、真、中三諦是從有漏、無漏來看，即從煩惱的淨、不淨，煩惱的有、沒有，煩惱的多少來看。

4. 圓入通三諦：

（1）有漏是俗諦。

（2）無漏是真諦。

（3）非有漏非無漏而具一切法，除了與前相通的「非有漏非無漏」的中諦，還「具備一切法」此為別與圓的差異。

【研究者按】

有關「被接」的概念較為複雜，參見法師書中註釋，補附如下，以為對照。

「被接」：是被接入之意，乃天台學派的專用名詞，是對化法四教中的通別二教之利根人，各有被其後的別圓二教所接入之意。因此而有三種被接：（1）是別接通，又名別入通，是指通教的利根人，若見但中之理，即被別教接入。（2）是圓接通，是指通教的利根人，若見不但中之理，即被圓教接入。（3）是圓接別，又名圓入別，是指別教的利根人，若見不但中之理，即被接入圓教。由於藏教皆屬鈍根人，但見俗真二諦，不見不空的中道，故不被接入別圓二教。

《摩訶止觀》卷六下有云：「佛滿字（大乘教）門，通通、通別，鈍根止能通通，不能通別，故此（通）教得有別接之義。利者被接，更用中道；不被接者，不須（空假中的）第三（中）觀。」這是說，滿字門的大乘教，既通於通教，也通於別教，若係鈍根人，只能通於通教，不能通於別教。此通教中利根者，被接後再用中道觀；如果不被別教接入的鈍根人，就無須用到中道觀了。

有關別入通、圓入通、圓入別的三種被接，請參閱《法華玄義》卷二下。❷

三、通教的當機、修證

1. 通教的對象：通教開示界內的利根眾生。

2. 所修觀：體空觀。

3. 所出：分段生死。

4. 所證：真諦涅槃。

5. 分段生死與變易生死：

通教：因為未出三界，是界內眾生，所以所出是分段生死，與二乘

---

❷ 同註❶，〈五、通教的六即及其修證〉，頁 217-218。

相通。

6. 正化與傍化：正化菩薩，傍化二乘。主要是為了教化大乘的菩薩，但也附帶的教化二乘的行者。

【研究者補註】分段生死與變易生死

藏教、通教皆出分段生死，而未出變易生死，故特於此引法師《天台心鑰》書中有關二種生死之註解整理如下：❸

1. 分段生死與變異生死之定義：

（1）分段生死：一切凡夫，以見思二惑造諸有漏善不善業，所感得三界六道果報，即一般所知受身捨身的流轉生死。

（2）變易生死：已斷見思二惑，是依所知障造諸無漏善業，所感之界外淨土以及非色形、無壽期的果報身，即阿羅漢以上的聖者功德莊嚴身。

2. 通教別教所出生死之別：

（1）通教所出：分段生死

《釋義》云：通教約三界內論，雖不生滅，約三界外說，仍屬生滅，以通教但能體得分段生死之空，尚不能體得變易生死之空。

（2）別教所出：二種生死

別教約三界外論，雖云生滅，若約三界內說，亦不生滅，以別教雖不能體得變易生死之空，亦能體得分段生死之空。

3. 界內教與界外教：

（1）界內教：三界之內，見思二惑為因，所感分段生死為果，三藏教及通教，正治此病，名界內教。

（2）界外教：居於三界之外的方便、實報二土，以無明為因，所感變易生死為果，別教及圓教，正治此病，故名界外教。

另於論別教所詮中，復再引《勝鬘經》說二種生死如下：

---

❸ 同註 ❶，〈二、何謂五時〉，頁 54。

又名二種死，依據《勝鬘經．一乘章》有云：「有二種死，何等為二？謂分段死、不思議變易死。分段死者，謂虛偽眾生；不思議變易死者，謂阿羅漢、辟支佛、大力菩薩意生身，乃至究竟無上菩提。」以此可知，分段生死是界內的眾生有漏之身，不思議變易生死是界外的阿羅漢、辟支佛、大力菩薩三種人的意生身。唯有無明斷盡的無上佛果位，才得二死永斷。❹

四、通教六即菩提

（一）理即菩提

1. 無生為通教的理即：無生是通教的理，即通教定義的真正之理。

2. 無生四諦：

(1) 生滅、無生滅。

(2) 有生有滅的不是真正的理，只有無生才是真正的理。

3. 出自《中論》的無生偈：

(1) 不自生、不他生、不無因生，這是無生的概念。

(2)《中論．觀因緣品》：「諸法不自生，亦不從他生；不共不無因，是故知無生。」

4. 因緣生法即無生：因緣生法就是無生，無生是因緣生法的本質。

【研究者按】

無生的理論在通教中被視為真正的理，強調了因緣生法的無生性質。這一觀點引用了《中論》的偈子，呈現因緣生法和無生理之間的關係。此外關於別教理即討論的初門，因四教各有理即初門，可相互對照其中差異，故相關論説已於第五章「五時八教」概述中的第三節第二項「四教共相與殊相」中處理。

---

❹ 同註❶，〈六、別教〉，頁 230。

（二）名字即菩提

1. 定義

通教的名字即是指對於佛法已有相較基礎認知更高的層次，但尚未達到實證階段。側重於理解世間法和出世間法的本質──「一切法皆為幻化、假名。」

2. 內容

（1）幻化觀念：

通教所說的法是一切皆是幻化，如幻的、如化的，都是從因緣而生。好像是有，但事實上並不是實在的，這就是幻化。

（2）諸法當體即空：

一切法即空，任何一法，無論是世間法還是出世間法，都是空的。與《心經》中所說「五蘊皆空」相符合，即五蘊所構成的諸法無非是空相。

（3）生死與涅槃皆夢：

通教認為生死和涅槃全部都是夢境，既不執著生死，也不執著涅槃。不畏懼生死，不追求涅槃，這種觀念有別於藏教，藏教認為生死是夢而涅槃是真。

3. 理解層次

名字即是理解到這個層次，但並未實證。這是初步認識和理解的階段，需要進一步的修行和實證才能達到更高的境界。

（三）觀行即菩提

1. 定義

通教觀行即的位置相當於三乘共十地的第一地，即乾慧地，因還未得到理水，所以是乾慧。此地尚未進入聖位，藏教的聖位都沒有進入，所以是屬於藏教的三賢位。亦即通教觀行即的位置，相當於藏教的三賢

位。但此觀行即不是三藏教，是通教、是大乘教，只是位置相當於藏教。（位置相當而非內容相同）

2. 三乘共十地

菩薩的十地是出於《華嚴經》、《仁王般若經》等，天台依《華嚴經》和《仁王般若經》等所講的十地，成為別教及圓教的菩薩十地。但「三乘共十地」的說法，是出於《般若經》與《大智度論》，天台宗依之立為通教三乘的地位。

3. 三乘共十地的位階

(1) 乾慧地：通教的觀行即，相當於藏教的三賢位，屬於修五停心、四念住的位置。

(2) 性地：通教的相似即，相當於藏教的四善根位。

(3) 八人地：通教分證即初階，相當於藏教的見道位。

(4) 見地：通教分證即第二階，相當於藏教的初果位。

(5) 薄地：通教分證即第三階，相當於藏教的二果位。

(6) 離欲地：通教分證即第四階，相當於藏教的三果位。

(7) 已辦地：通教分證即第五階，相當於藏教的四果位（阿羅漢位）。

(8) 支佛地：通教分證即第六階，相當於藏教的辟支佛位。

(9) 菩薩地：通教分證即第七階，相當於藏教的菩薩位。

(10) 佛地：通教的究竟即，相當於藏教的佛位。

4. 特點

(1) 通教的佛位：通教的究竟即即是通教的佛位，與藏教的佛位對應同一位次。

(2) 修行內容：三乘共十地的位置中，包括了觀行、相似、分證以及究竟等不同的修行階段。

【研究者按】

如以三乘共十地看通教的位次，實則涵蓋觀行即到究竟即，置於此說明，乃是因從觀行即開始入此十地，且可對應至藏教的位次，整理如表 6-3。

表 6-3：三乘共十地和三乘果位的配置

十地位次名稱	通教	藏教
第一地乾慧地	觀行即	三賢位
第二性地	相似即	四善根位
第三八人地	分證即（初階）	見道位
第四見地	分證即（第二階位）	初果（預流）須陀洹
第五薄地	分證即（第三階位）	二果（一來）斯陀含
第六離欲地	分證即（第四階位）	三果（不還）阿那含
第七已辦地	分證即（第五階位）	四果阿羅漢
第八支佛地	分證即（第六階位）	緣覺位辟支佛果
第九菩薩地	分證即（第七階位）	菩薩位
第十佛地	究竟即	佛位

（四）相似即菩提

即三乘共十諦的第二地——性地。性地及其修證：

1. 性地內容與定義

(1) 是三乘共十地中的第二地，得相似的法性理水。

(2) 在此位上修證，伏見思二惑，也是三乘內凡位。

(3) 所謂「相似」即是伏見思二惑，還沒有斷煩惱。

(4) 前有外凡位，即三賢位，此處為「內凡位」。

(5) 三賢位、四善根位七個等級之中，後四個稱為「內凡位」，得以伏見思二惑。

2. 性地相關修證概念之「見思二惑」

見惑：有八十八使。思惑：有八十一品。「伏」與「斷」不同，

「斷」是斷煩惱，「伏」是不現行，但並未斷，如草被蓋起來，但根還在。

3. 性地相關概念之「相似法性」

真諦和中諦：藏、通二教以真諦為法性，即相似的法性。圓、別二教以中諦為法性，是真實的法性。

相似理水：「性地」看到的是相似，依真諦為法性。三諦為俗諦、真諦、中諦。因藏、通二教以真諦為法性，尚未見中諦，故為相似。真正的法性是見中諦。

4. 小結

通教的相似即菩提是三乘共十地中的第二地（性地），在此位上修證伏見思二惑，屬於內凡位。相似即位是伏見思二惑，尚未斷煩惱，得以相似的法性理水。

（五）分證即菩提

1. 定義與內容

通教分證即為三乘共十地之「八人地」到「菩薩地」——八人地、見地、薄地、離欲地、已辦地、辟支佛地、菩薩地，共七個位階。分分斷惑證真，稱為「分證即」。

(1) 八人地

入第十五心的無間三昧。十五心指十六心見道之八忍八智中的第十五心。無間三昧則是第十五心到第十六心間的剎那之間。剎那之間就過去，是沒有間斷的，所以是「無間三昧」。

無間三昧一下子過，馬上就是第十六心的見道位。第十五心還沒有見道位，但馬上就見道了，很快，時間很短。

(2) 見地

十六心具足，即八忍八智。頓斷三界見惑，達見道位。「見道位」

即三界見惑斷了，還沒有見道時是「伏」，見道時是「斷」。三界見惑已斷，但思惑還沒有斷，這是「見地」。

（3）薄地

斷欲界九品思惑中的前六品。煩惱稀薄，稱為薄地。

（4）離欲地

斷欲界九品思惑。離開欲界思惑，稱為離欲地。欲界一共有九品思惑，薄地時斷了前六品，離欲地斷欲界九品思惑，離開欲界思惑，稱為離欲地。

（5）已辦地

斷盡三界八十八個見惑及八十一品思惑的正使。正使如燒木成炭，餘習還在。

（6）辟支佛地

斷三界見、思正使和侵蝕習氣。「侵」指的是侵蝕習氣，習氣漸漸減少。正使和習氣是相對的，本惑已經斷，但餘習猶在。

正使和餘習可以茶和壺比喻，例如用宜興茶壺泡茶，茶壺裡的茶洗得乾乾淨淨，也沒有茶了，但宜興茶壺裡還有茶味。茶葉沒有了，茶沒有了，但茶味還在，這就是習氣。習氣不是正使，正使是茶葉。

（7）菩薩地

三乘之中最敏利的眾生，斷盡三界見思二惑的正使。不住二乘涅槃，扶習潤生。化道與空觀並行，成熟眾生，莊嚴佛土。

2. 菩薩的悲願與修行

（1）扶習潤生

有悲願行，有大根性，斷正使，具悲願心。正使應斷，習氣可在但悲願不失。菩薩地的菩薩正使斷了，也斷塵沙，就是無明沒斷。如果塵沙未斷，就不能度眾生，願心發不出來。

「塵沙」不是煩惱，而是障礙菩提心的。「扶習潤生」這句話很重要。

（2）道觀雙流：即化道與空觀

度眾生與修空觀並行，帶空出假，是「雙流並行」。知空行假，遊戲神通，自在教化眾生。「化道」就是度眾生，「空觀」是一邊度眾生的過程之中一邊要修空觀。「帶空出假」是知道是空的，但著力點在假，「假」是「有」，有度眾生的行為，有眾生可度。

空是「三輪體空」，沒有要度眾生的自我，沒有眾生可度，也沒有度眾生這樣的事，這是空。即使修空但是是「從空入假觀」，是帶空出假。

「遊戲神通」是用種種的方便，自在教化眾生，為「遊戲神通」。

3. 三乘共十地的通教菩薩、究竟即與藏教菩薩、究竟即之異

（1）藏教菩薩

假說菩薩，伏見思二惑而不斷，為相似即佛。伏見思二惑，但尚未完全斷除。藏教到究竟即才見思二惑全斷。

（2）通教菩薩

地地皆斷三界見思二惑。在菩薩位時，尚有習氣；到究竟即，即佛位時，所有習氣斷盡。

（六）究竟即菩提

1. 定義與內容

何為究竟？通教的三乘共十地的最高位，稱為通教佛地，即三乘第十地的菩薩。

. 通教佛的佛位

（1）狀態

機緣熟時，一念相應斷餘殘習。所有習氣斷盡，通教菩薩在菩薩位時還有習氣，到究竟即佛位時，習氣全部斷盡。

（2）坐七寶菩提樹下緣盡涅槃

以天衣為座，示現帶劣應身，緣盡時入滅。通教菩薩是帶劣應身，不是法身，既然是劣應身，身體是有壽命的，壽命到了時間，也就是化緣到了、盡了，就離開這個世間進入涅槃。

（3）所化與所轉

通教的佛所化，是三乘根性的眾生，轉無生的四諦法輪。

3. 通教佛的斷證

正習俱除：正指正使，習指習氣。如劫火所燒炭灰俱盡，煩惱正習俱除。前面燒的時候還有炭，或還有灰，現在通教佛位時，灰也沒有了。炭沒有灰也沒有，意思是好像燒過以後什麼都沒有了。「什麼東西沒有」是指煩惱、正習俱除的意思。

4. 出三界

和聲聞、緣覺同出三界：雖然聲聞、緣覺、菩薩的佛不同，但同樣出三界。出三界指不受三界煩惱和果報的束縛與困擾。所以同出三界是解脫的意思，但藏教和通教的佛對於解脫是不一樣的。

小乘藏教的出三界是離開生死界，進入真諦。通教的出三界是不受生死和涅槃困擾，既不被生死所困，也不被涅槃所困。

（七）通教三乘修證次第

1. 四諦的滅諦為觀行的初門

（1）鈍根二乘但見緣生性空，未見空即不空。

（2）般若部從天台來看是鈍根，因為沒有見到「空即不空」。

（3）《般若經》裡面講空，有大空、小空、空空、畢竟空，沒有見到不空。

（4）利根三乘已見緣生性空，亦見空即不空的中道。

2. 中道的兩種

(1) 但中：唯有理性之體，不具諸法之相。若見但中者，便被接入別教。別教的人見但中，藏教不見但中，通教知道有但中，但自己本身並沒有實證但中。如果見到但中，就能夠被接入別教。

(2) 圓中：此理圓融亦具備諸法之相。若見圓中者，便被接入圓教。圓中具備諸法之相。《法華經》是圓中。

3. 三種根器的接

(1) 上根人：到八人地及見地便被接。利根，所以很快被接入別教或圓教。

(2) 中根人：到薄地、離欲地被接。

(3) 下根人：到已辦地、辟支佛地被接。下根人到已辦地、辟支佛地，好像更高一些，其實是晚了，慢慢地才被接的。

4. 小結

修證次第與根器的關係：

(1) 通教的修證次第分為鈍根和利根。

(2) 鈍根二乘見緣生性空，未見空即不空。

(3) 利根三乘見緣生性空，亦見空即不空的中道。

(4) 根據見但中或圓中，被接入別教或圓教。

(5) 根據根器的不同，分為上根人、中根人、下根人，分別在不同的階段被接入別教或圓教。

五、通教的十法成乘（十乘觀法）

1. 明所觀境

能觀之心及所觀之境皆如幻化：觀察的心和所觀察的境界都如幻如化，了解一切法如幻。

2. 明真發心

真發心：二乘人依緣無生四諦的真諦而修行，菩薩乘的人體達諸法如幻如化，亦兼教人體達如幻如化，與樂拔苦，譬如鏡像。菩薩行者修行時自己也教化眾生，體達諸法如幻如化。

3. 善巧安心如空之止觀

通教人用如空如幻的止觀，治如空如幻之昏散，生如空如幻的智慧，破如空如幻的煩惱。

4. 破法遍

以幻化的慧，破幻化的見思：用如幻的智慧破除如幻的見思二惑。

5. 通塞

知道苦、集、流轉、六蔽；六蔽為慳貪、破戒、瞋恚、憐念（懈怠）、散亂、愚癡。用六度來通，六度來幫助除掉苦、集、流轉、六蔽。

6. 道品調適

以不可得心修三十七道品：修三十七道品時，一定要用不可得心來修持。

7. 對治助開

體三藏法是無常、苦、空：用如幻的智慧來對治三藏教的執著，幫助開通三解脫門。

8. 知位次

識乾慧地等如幻位次，而不謬濫：通教是三乘共十地，位次清楚。

9. 能安忍

安忍乾慧位的內外諸障而入性地：執著心不產生，不起驕慢心，以平常心對待，如此內外諸種障緣就不會起。修行最麻煩的就是得少為足，稍微得到一點成就，得到一點經驗、體驗，就洋洋得意，覺得非常受用，很執著。如此則內外諸種障緣全部產生。一般說一念瞋心起百萬障門開，實際上一念執著心起，一念不忍，忍於這個有所得心，障緣馬上就產生。

10. 離法愛

不著性地相似法愛，而入八人地證真諦：離開法愛才能進入無間三昧，進入八人地和見地。進了八人地以後馬上就是見地，見地相當於見道位。八人地相當於無間道，無間三昧，如果不離法愛，大概沒有辦法進入無間三昧，也沒有辦法離開八人地而進入見地。

十法成乘（十乘觀法）呈現從觀境到離法愛的修行過程，透過一系列觀法來破除煩惱、調適修行，最終達到見地證真諦。十乘觀法為修行提供詳細的次第和方法，使行者能夠在修行中逐步提昇，突破內外障礙，達到菩提。

第三節
化法四教之別教

一、別教特點之八個面向

透過別教的八個面向，充分解說何以別教稱之為「別」，亦即藉由八個特性定義別教的內涵。此八個面向即教、理、智、斷、行、位、因、果等，由逐字稿內容整理如下。

（一）別教的「教」

1. 別教的定義

（1）別教有別於藏教、通教和圓教。

（2）別前：與藏教、通教不同。

（3）別後：與圓教不同。

（4）別教即大乘法，但尚未圓滿，故稱別教。

2. 別教的特點

（1）別教是一乘法，即大乘法，不是小乘法。

（2）透過教、理、智、斷、行、位、因、果八個方面理解其不同於藏教、通教與圓教不同之處。

（3）別教所教只有菩薩，沒有聲聞、緣覺。

別教有別於藏教、通教和圓教，專為大乘法門，適用於菩薩，在教、理、智、斷、行、位、因、果八個方面均具特色，然尚未達到圓教的圓滿境界。

（二）別教的「理」——隔歷三諦

1. 隔歷三諦

（1）別教的理，亦即真、俗、中三諦，非圓融而是相隔歷者。

（2）隔歷三諦指的是三諦不相融，須次第而證。

2. 別教與其他教的區別

（1）藏教和通教不講三諦。

（2）圓教講的是稱性圓解、圓融三諦。

（3）別教的三諦是隔歷的，與圓教的圓融三諦不同。

別教的理論特點是隔歷三諦，強調真、俗、中三諦的次第證得，這與不講三諦的藏教和通教，以及講圓融三諦的圓教有明顯不同。

（三）別教的「智」

1. 三智的次第

別教所證的三智包括一切智、道種智、一切種智，這三智是次第而證的。別教的三智次第與藏教、通教和圓教不同。

2. 與其他教的區別

藏教和通教僅有一切智和少部分的道種智，沒有一切種智。圓教的三智是一心中得，不歷次第。

（四）別教所「斷」三惑

1. 所斷三惑

所斷三惑為見思惑、塵沙惑、無明惑等三者，且是次第而斷的。

2. 與其他教的區別

藏教和通教僅斷見思二惑，少分塵沙惑。通教有少分塵沙惑，藏教沒有塵沙惑，且不知道有塵沙惑。不斷塵沙惑者沒有大菩提心，無法發願度眾生。通教則不知有無明惑。

3. 別教菩薩的修行

別教菩薩知有三種惑，且次第而斷，漸次斷除。別教的斷惑與圓教的「不斷而斷」、「圓斷三惑」不同。

（五）別教的「行」：行則五行差別

1. 別教所修五行

別教修行包括五行，五行的概念源自《涅槃經》❺。五行為：聖

---

❺《大般涅槃經》卷 18：「善男子！若大涅槃經乃至有是五行，所謂聖行、梵行、天行、病行、嬰兒行。」（CBETA 2019.Q3，T12，no. 374，p. 472a7-8）

行、梵行、天行、病行、嬰兒行，按次第而修。

(1) 聖行：聖行是菩薩行的戒、定、慧三學。

(2) 梵行：梵行是以清淨心運慈悲行，為眾生拔苦與樂。

(3) 天行：天行是四天之中的義天（見《大般涅槃經》卷二十二），菩薩由天然之理而成就妙行。

(4) 病行：病行是菩薩以大慈悲心，隨和一切眾生，同有煩惱、同有病苦。

(5) 嬰兒行：嬰兒行是譬喻人天小乘之行，菩薩以慈悲心，示現人天小乘的善行。❻

2. 與其他教的區別

(1) 藏教和通教僅有聖行和少分的梵行，無其他的天行、嬰兒行、病行。

(2) 圓教講一行一切行，圓修五行。

(3) 別教則是次第修五行。

別教的修行方式為次第修五行（聖行、梵行、天行、病行、嬰兒行），這與藏教和通教的有限修行以及圓教的一行一切行不同，強調按次第逐步修行。

（六）「位」——位不相收

1. 別教的位次

有十住、十行、十迴向（合稱三賢）、十地（名為十聖）等。

---

❻ 聖嚴法師指出：「五行之名，出於《涅槃經》卷十一。不過此處各項下之釋義，則非本於《涅槃經》，概見於《法華玄義》等。參見北涼曇無讖《大般涅槃經》卷十一〈聖行品〉第七（T12，no. 374，p. 432a8-11）、宋代慧嚴等《大般涅槃經》卷十一〈聖行品〉第十九（T12，no. 375，p. 673b22-25）及隋代天台智者大師《法華玄義》卷三（T33，no. 1716，p. 716c9-p. 718a7）、卷四（T33，no. 1716，p. 718a15-p. 724c23）。」（同註❶，頁 352，校註 18）

2. 與其他教的區別

（1）藏教為七方便、四果、緣覺、菩薩的三乘位次。

（2）通教有三乘共十地的位次。

（3）圓教講一位一切位，隨舉一位圓具諸位，相入相收。

（4）別教的位次不相收，即各位次獨立，不相含攝。

3. 相收的概念

圓教的位次相收，一位一切位，登一位即含攝一切位，這也是華嚴、天台和涅槃所講的圓教位次。

別教的位次不相收，各位次獨立存在，與圓教的一位一切位不同。

（七）「因」——一因迴出不即二邊

1. 別教的因依

（1）別教的因依是正因佛性，修證時必須有因才有果。

（2）此因一般人講的即是佛性，所以是以正因佛性這一因，迴然超出於生死涅槃二邊之外。

2. 與其他教的區別

藏教和通教還不知道有正因佛性。圓教具足三因佛性。

3. 三因佛性

（1）根據《涅槃經》，三因佛性包括正因佛性、緣因佛性、了因佛性。

（2）正因佛性是一切眾生皆有的佛性。

（3）不即二邊指的是超越生死和涅槃兩邊。

別教強調正因佛性做為修行的基礎，這一因超越生死和涅槃，與藏教和通教不同，並且有別於圓教的三因佛性。

（八）「果」——果則一果不融，諸位差別

1. 別教的果證

（1）別教的果證指的是妙覺位的極果，不和其他位次相融。

（2）因為各位次不相即，直到妙覺極果方證法身，不說「初發心時便成正覺」。

2. 與其他教的區別

（1）藏教和通教不知道有法身。

（2）圓教同時具足法身、報身、化身，且一身即是一切身。

（3）別教在妙覺位才證法身，位次非常明確，不融其他位次。

別教的果證是逐步達成的，直到妙覺位才證得法身，與藏教和通教對法身的無知，以及圓教的同時具足法、報、化三身不同，別教強調各位次的獨立性和最終的果證。

二、別教的詮述

（一）四諦

1. 別教四諦

（1）別教的四諦可以與藏教、通教對照，藏教是生滅四諦，通教是無生四諦，別教為無量四諦。

2. 無量四諦

（1）苦諦有無量相：十法界的眾生受苦各各不同，所以苦有無量相。

（2）集諦有無量相：五住煩惱各各不同。

（3）道諦有無量相：有恆河沙數的無量法門，有八萬四千煩惱，要用八萬四千法門對治。

（4）滅諦有無量相：滅除煩惱的波羅蜜（度）也有無量，通常是六度、十度，此處為無量波羅蜜。

別教的四諦強調無量性，每一諦都有無量的相和法門來對治，這與通教的無生四諦和藏教的四諦有所不同。

（二）不思議生滅十二因緣

主要在解釋五住煩惱的前四住，此四為枝末無明，是分段生死之因，第五住地就是根本無明，為變易生死之因，分別整理如下。

1. 五住煩惱的分類

(1) 前四住為枝末無明，是分段生死之因。

(2) 第五住為根本無明，是變易生死之因。

(3) 藏教只知道枝末無明，不知道根本無明。

2. 無明的兩個層次

(1) 枝末無明和根本無明。

(2) 十二因緣中的無明在大乘經典中分為這兩個層次。

3. 五住煩惱

(1) 第一住：見一切處住地。

(2) 第二住：欲愛住地。

(3) 第三住：色愛住地。

(4) 第四住：有愛住地。

(5) 第五住：無明住地。

前四住屬於見思二惑中的見惑和思惑。

4. 無明煩惱的斷除與分段、變易生死

(1) 枝末無明只能斷分段生死，根本無明斷變易生死。

(2) 證到阿羅漢果以後分段生死斷，變易生死還沒有斷，因為尚不知有根本無明，就好像喝醉酒，一時間沒有煩惱，但並非究竟無煩惱，

無明惑還在，只是不知道。

(3) 從別教初地開始，分分斷除，直到十地菩薩還未斷除。

(4) 最終在金剛道後全部斷除，即成佛之前的最後一念。

別教將五住煩惱分為枝末無明和根本無明，對應分段生死和變易生死。枝末無明在見思二惑中，根本無明須到成佛前的金剛道才徹底斷除。

（三）不思議六度、十度

1. 十度的定義

(1) 十度是在第六度的般若度中，擴展出方便、願、力、智四種，加起來共十度。

(2) 十度是一個總稱，實際上應該是無量法門。

2. 不思議的原因

(1) 每一個度皆攝一切法，皆生一切法，皆成一切法，數量多如恆沙，故名不思議。

(2) 一一度中皆攝一切法，等於無量法。

(3) 包含所有一切法，無論是世間法、出世間法，有漏法、無漏法，善法、不善法，一切法都攝於其中。

不思議十度因其每一個度都包含無量法門，攝受一切法，無量無邊，因此被稱為不思議。

（四）三諦

1. 顯中之二諦

(1) 別教的二諦：

① 「幻有」、「幻有即空」都是俗諦。

② 「幻有」是通教的俗諦，「幻有即空」在通教是真諦。

③ 在別教，「幻有」和「幻有即空」都是俗諦，「不有不空」方

為真諦。

(2) 別教與通教的區別：

① 別教的俗諦包含通教的真俗二諦。

② 別教的真諦是通教所不知道的「不空不有、不有不空」，稱為顯中的二諦。

(3) 顯中之二諦的解釋：

① 不有不空就是顯中，「不有」是「幻有即空」，「不空」是「幻有非幻有」，非幻有即空，此為中諦。

② 別教的二諦包括「幻有」和「幻有即空」做為俗諦，而真諦是「不有不空」，這與通教的真俗二諦有所不同，強調了不有不空的中諦觀念。

2. 圓入別之二諦

(1) 圓教接入別教：

① 別教被圓教所接，稱為「圓入別」。

② 別教以「幻有」、「幻有即空」做為俗諦，「不有不空」、「一切法趣不有不空」做為真諦。

(2) 別教的真諦顯中：

① 以真諦顯中道，即不有不空的法性。

② 法性具足一切法，一切法皆具不有不空。

(3) 法性與一切法：

① 一切法趣不有不空，法性之外無別法。

② 真俗二諦在此表現為圓入別，即別教被圓教所接。

3.「別三諦」：俗諦、真諦、中諦

顯中之二諦與別教之三諦的對照：

(1) 顯中之二諦：俗諦、真諦、顯中之二諦，看起來有三諦。

(2) 通教與別教的區別：

① 在通教中，俗諦和真諦都屬於別教的俗諦。

② 通教不理解不有不空的觀念。

③ 顯中之二諦中的不有不空，在別教中稱為中諦，所以稱為顯中。

④ 通教的俗諦和真諦在別教中都視為俗諦。

(3) 別教的三諦包含：

① 通教的二諦（俗諦和真諦）。

② 別教特有的中諦（不有不空）。

別教的三諦包含俗諦、真諦和中諦，而顯中之二諦包含俗諦和真諦，但在別教的觀點中，通教的俗諦和真諦都屬於俗諦，只有不有不空的觀念屬於中諦，這是別教三諦的獨特之處。

4. 圓入別的三諦

(1) 圓入別的定義：

① 別教被圓教所接，二諦與顯中之二諦相同。

② 真諦是中道，不有不空名為中諦。

(2) 別教與圓教的區別：

① 別教的中諦如果具一切法，便成為圓教的中諦，因而被圓教所接。

② 如果別教修行者能體會到中諦具一切法，便成為圓教者。

③ 若不知中諦具一切法，中諦便僅是中諦，仍屬於別教。

④ 別教是別別的，不是圓攝，不是兼具。

圓入別的三諦強調別教的中諦若具一切法，便能被圓教所接入，轉變為圓教。而若無法體會中諦具一切法，則仍屬別教。顯示出別教與圓教在理解中諦上的差異及其轉化的可能性。

三、別教的當機及其修證

1. 當機

別教的當機是界外的鈍根菩薩，即三界外的鈍根菩薩。

2. 修證次第

（1）別教修證為次第修、次第證，不是圓修三觀。

（2）修行次第為先空觀、次假觀、後中觀，這是別教的特點。

（3）圓教的三觀是互攝的。

3. 出二種生死

（1）別教菩薩能證法身，所以能出二種生死，證中道無住涅槃。

（2）涅槃分為有住涅槃、無住涅槃，有大涅槃、小涅槃，有有餘依涅槃、無餘依涅槃。

4. 補充對於無住的解釋

《六祖壇經》的無住、無相、無念，指的是心不住法，與無住涅槃不同。心不住法乃指「應無所住而生其心」，出自《金剛經》。

別教的修行次第是先空、次假、後中的三觀次第修，強調逐步修行和證悟，對應界外的鈍根菩薩。別教菩薩能證法身，出離二種生死，證得中道無住涅槃。

四、別教的六即菩提

（一）理即菩提

1. 四教之別

（1）藏教的理：藏教的理是偏真理。

（2）通教的理：通教的理是未聞中道的理，還不知道中道是什麼。

（3）別教的理：別教的理是但中的理，即中道。

（4）圓教的理：圓教的理是圓中的理，一中一切中。

各教對理的理解不同，藏教偏真理，通教未聞中道，別教為但中的理，圓教則是圓中的理，一中一切中。

2. 別教理即從對真如法性之理解上詮解

（1）超越真俗及空有二邊：真如法性超越真俗及空有二邊，但並不即是諸法，乃是隨緣不變之理。是但中，不是圓中。

（2）但中與圓中的區別：圓中是圓融無礙，但中沒有圓融無礙，是次第的，僅超越真俗及空有二邊，為但中。

（3）隨緣不變的原理：任一眾生無論在凡、在聖，修善、修惡，皆隨緣不變。隨染緣無減少，隨淨緣無增加。這是隨緣不變，但不是圓融無礙的圓中。

（4）圓融無礙的解釋：圓融無礙是指一切惡行皆為諸佛法身的智慧德相。圓教菩薩視一切眾生與佛皆具如來智慧德相，一切眾生完全一樣。《華嚴經》裡講，大地眾生皆具如來智慧德相，這是圓教是圓中。

（5）別教的立場：別教認為十惡五逆就是十惡五逆，與圓教不同。真如法性在別教中超越真俗及空有二邊，屬於但中，強調隨緣不變的原理；而圓教則講求圓融無礙，視一切惡行皆為佛法身的智慧德相。顯示別教與圓教在理解真如法性上的不同立場。

（二）名字即菩提

1. 十惡五逆與佛性：別教承認十惡五逆的人有佛性。名字即菩提，解釋但中的義理。

2. 真如法性：真如法性即佛性，凡不減，聖不增。法性與佛性是同義詞，在有情眾生中稱為佛性，在一切法中稱為法性。一切法的本性、自性即是法性。

3. 藉緣修行：別教強調藉緣修行，須次第修空觀、假觀、中觀。圓教是不修而修，別教是次第而修。

（三）觀行即菩提

從《教觀綱宗》之名亦可理解，修行就是修觀，教觀——雖然天台宗有《小止觀》、《摩訶止觀》，但可以用一個「觀」字概括天台宗止觀的所有修行法門。

1. 觀行的位次：

（1）別教觀行即位次的觀行，對應外凡的十信位。

（2）別教的觀行分為十個位次，次第修觀行。

2. 別教觀行即：仰信中道、用生滅因緣觀。

3. 伏忍位：觀行位所伏的煩惱是三界見思煩惱，稱為伏忍位。

4. 別教觀行即與通教對照：

（1）別教觀行位的地位與通教三乘共十地的初地和二地相當。

（2）初地是乾慧地，二地是性地，別教觀行位時，就相當於通教這個位次，但是與通教還是不同。

5. 十個觀行位次：

（1）信心：聞但中的理深信不疑，但中與圓中不同。

（2）念心：對但中的理憶念不忘。

（3）精進心：為證但中的理藉緣修習，精進不懈。

（4）慧心：以空慧揀擇，離諸過失。

（5）定心：心不動搖，與不空不有的真諦相應。

（6）不退心：定力日深，慧力日發，定慧互資，得心不退。

（7）迴向心：以此定慧，迴向佛地。

（8）護法心：兢兢自護保持不失，好像與精進心差不多，但精進是精進不懈，此為護持不失的精進不懈。

（9）戒心：任運防止一切過非，住戒自在，持戒清淨。

（10）願心：以本願力遊歷十方，上求下化皆隨所願。

別教的觀行菩提強調次第修行，每一步都有特定的修行內容和目的，從信心到願心，逐步深化對中道的理解和實踐，最終達到菩提。

（四）相似即菩提

1. 內凡三十心：

別教相似即相當於內凡的十住、十行、十迴向，合稱為「三十心」。以菩薩言，又稱為「三賢位」，但此名稱與藏教所稱的三賢位不同。

三賢位之別：藏教的三賢位屬於七方便中的前三個方便。此三賢位實際上是三十個賢位，三十個位置都是賢位。

賢位的定義：賢位指的是已經開始在伏煩惱，但還沒有斷煩惱。

2. 別教第八住以上與六種性

(1) 別教與通教、藏教的對比：別教第八住以上的境界是藏教和通教所不知的，別教菩薩在第八住以上的境界高於通教和藏教。

(2) 習種性與六種性：

① 習種性：對應別教的十住位。

② 性種性：對應別教的十行位。

③ 道種性：對應別教的十迴向位。

④ 聖種性：對應別教的十地位。

⑤ 等覺性：對應等覺位。

⑥ 妙覺性：對應妙覺位。

(3) 天台宗配合經典對照而說：

天台宗重視《瓔珞本業經》，將六種性配四十二位菩薩進行說明。

別教第八住以上的境界是藏教和通教所無法理解的，高於他們的境界。根據《瓔珞本業經》，別教的菩薩位次分為六個。

3. 別教十住修證

(1) 修證方法：用「從假入空觀」見真諦，開慧眼，成一切智。

(2) 別教三智：一切智、道種智、一切種智。

(3) 行三百由旬：《法華經》中，行五百由旬到寶所是到初地菩薩。行三百由旬指的是住位。

(4) 證三不退之一：別教十住位證得三不退中的第一個位不退。

(5) 開慧眼：佛有五眼，凡夫有肉眼，天人有天眼，二乘人開慧眼。

別教十住位菩薩開慧眼，因為還在三賢位，尚未入聖位，因此沒有開法眼。佛眼須成佛時才能開。

別教十住修證強調通過「從假入空觀」見真諦，進而開慧眼，成就一切智。十住位菩薩行三百由旬，證得位不退，開慧眼但尚未開法眼，最終在成佛時才能開佛眼。

4. 別教的十行位

（1）十行位的意義：「行」是進趣的意思，從空入假，觀無量四諦，名為性種性。

（2）分別假性的修行：十行位分別假性，從空入假。二乘或通教菩薩知假，二乘只有空沒有入假。別教菩薩在十行位時從空入假觀。

（3）遍學四教法門：別教菩薩遍學藏、通、別、圓四教的一切法門。為了應病與藥，眾生有什麼病就給什麼藥。

（4）學習的目的：法是一味的，但眾生根器不同，因此要學習各種法門。

（5）見俗諦理、開法眼、成道種智：十行位見俗諦理，開法眼，成道種智。通常認為初地以上見法身或開法眼，但天台認為別教十行位相當於圓教的九信，超越通教。

5. 別教的十迴向位

（1）迴向的意義：迴此向彼，迴小向大，迴俗向真。主要是迴空、有二邊，向於中道的無相。

（2）十迴向位在《瓔珞經》的定位：名為道種性，修習中觀，亦稱中道觀。

（3）伏無明：十迴向位開始伏無明。無明是三惑之一，根本無明在藏教中未知，但別教十迴向位對治根本無明。

（4）行四百由旬：根據《法華經》，五百由旬到寶所，對應初地菩薩。十迴向位行四百由旬，尚未達初地，須再進一步。

（5）證三不退中的行不退：別教十住位為位不退，十迴向位為行不退。根據天台宗，三不退有多種說法，十住位是位不退，十迴向位是行不退。

別教的十迴向位重在迴空、有二邊，向於中道，對治根本無明，修習中觀。行四百由旬即到十迴向位，再進一步即入初地。此位證得行不退，進一步加深修行穩固性。

（五）分證即佛

1. 分證即佛的定義

（1）別教六即修行要到分證即才名之為佛，除理即外，進入知理與修行的前三即——名字即、觀行即、相似即皆只能稱之為「即菩提」。至「分證即佛」指的是十地菩薩，每一地各斷一分無明，各證一分中道。

（2）十聖位：相對於相似即的三賢位，此為十聖位。第十地時再斷一分無明，進入等覺菩薩的一生補處位。

（3）初地至第十地：從初地開始，十地菩薩即是分證即佛，十地菩薩是進入等覺菩薩位的準備位置。

（4）聖種性與等覺性：十地菩薩屬於聖種性，等覺菩薩則為等覺性。

2. 別教十地功用

（1）開佛眼：別教菩薩到初地時開佛眼，成一切種智。

（2）所到處：行五百由旬而到實報無障礙土。

（3）三不退：初地菩薩證得念不退，為天台家所講三不退轉具足：位不退、行不退、念不退。

（4）無功用道：蕅益智旭於《教觀綱宗》指初地即得無功用道，能百界作佛、八相成道利益眾生。其他宗派如《攝大乘論》、《佛性論》

認為第八地以上菩薩為無功用道，第八地以前為有功用道。

【研究者按】

所謂之有功用、無功用，乃指不假造作、自然任運，有功用則尚未達此境界，仍須加行。可參照以下法師於《天台心鑰》書中對「無功用道」之註解。

有無功用階位不同宗派認定有別之解釋：一般認為第八地是法雲地，第七地是遠行地，第八地以後能以佛身度眾生。蕅益則認為初地菩薩即能以佛身轉法輪。

初地歡喜地是見道位，別教菩薩在此地開佛眼，成就一切種智，證得三不退中的念不退。蕅益認為初地即得無功用道，能以佛身度眾生，與其他宗派的解釋不同。

法師於此乃就蕅益《教觀綱宗》說明無功用道從初地菩薩起，然法師書中註解對此仍有辨析如下：

> 「無功用道」：天台的圓教初住位，即得無功用道，與別教初地齊，已斷一分（品）無明，已居實報淨土故。依據《佛性論》卷四則說：「七地者，即前七地已還，故無相，無功用道者，即八地以上；無相者，即真如境；無功用者，即自然昇進道。」八地說出無功用，八地以前之菩薩，於真如境未得自在故，八地以上則以純無漏道任運續起故。
>
> 至於無功用的意思，據梁譯《攝大乘論釋》卷十四云：「作意名功用，緣三世起，謂我已作、正作、當作。離如此作意，名無功用。」❼

---

❼ 同註❶，〈九、圓教的六即及其修證〉，頁 281-282。

3. 別教的十地

（1）初地歡喜地：名見道位，觀見第一義諦，開佛眼，成一切種智。

（2）第二地離垢地：以中觀道，不落二邊。

（3）第三地發光地：以中道智光，入上信忍。

（4）第四地燄慧地：順以無生法忍觀慧發燄，通常講無生法忍，有說初地，也有說第八地，但此說為第四地燄慧地。

（5）第五地難勝地：順以無生法忍，見思塵沙既空，實報分證亦空。

（6）第六地現前地：上品的柔順忍，寂滅境相時常現前，經常見到相似涅槃境。

（7）第七地遠行地：觀諸煩惱不有不無，當體無生。

（8）第八地不動地：修無生忍，不再被三界動作所動，無生忍修到第九地為止。

（9）第九地善慧地：上品的無生忍，念念覺無生之理。

（10）第十地法雲地：以妙法慈雲覆涅槃之海，既同於真如，亦融攝法界。真如不動，不變，是絕對的空。但真如之中又融於法界，又攝法界。

法界是指十法界，融入於十法界而又攝法界，所以是法雲。此「雲」是三根普被，或普被一切眾生之意。

別教的十地從初地到法雲地，各地有不同的修行重點和證悟境界。初地歡喜地觀見第一義諦，法雲地則以妙法慈雲覆涅槃之海，融攝法界。

【研究者按】

法師於此亦特別分疏，指出四種忍，從第一的伏忍、第二信忍、第

三柔順忍、第四無生忍等，可參見書中註釋。❽

此以表 6-4 對照如下：

表 6-4：別教位次與忍位對照表

位次	忍位
三賢 十住、十行、十迴向	伏忍
初地歡喜地	下品信忍
第二離垢地	中品信忍
第三發光地	上品信忍
第四燄慧地	下品柔順忍
第五難勝地	中品柔順忍
第六現前地	上品柔順忍
第七遠行地	下品無生忍
第八不動地	中品無生忍
第九善慧地	上品無生忍

4. 等覺菩薩位

（1）等覺位的定義：等覺位是十地加上等覺位，屬於等覺性，為《瓔珞經》所講的六種性之一。

（2）從法雲地菩薩看等覺位：等覺位的菩薩在法雲地菩薩眼中已是佛。

（3）觀世音菩薩的等覺位：觀世音菩薩是等覺位菩薩。從凡夫立場看初地菩薩，初地菩薩即已如佛，能以佛身度眾生、轉法輪。

（4）妙覺位與等覺位的對比：妙覺位的佛稱等覺位菩薩為金剛心菩薩，因只剩最後一念心，轉即成佛。等覺位菩薩有最後一品無明待破，稱為一生補處菩薩。

（5）一生補處菩薩：一生不是指重新投胎，而是最後一品無明需要破。等覺位菩薩只要一念轉，即離開變易生死。

---

❽ 同註❶，頁 246-247，註釋 1。

(6) 無上師的定義：妙覺位稱為無上師，意即在佛之上無更高位置。等覺位菩薩上仍有師，即佛。

等覺菩薩位是十地菩薩進一步修行的最高境界，屬於等覺性。從法雲地菩薩和凡夫的立場看，等覺菩薩已是佛。妙覺位的佛稱等覺菩薩為金剛心菩薩，因其只剩一品無明待破，稱為一生補處菩薩。妙覺位稱為無上師，在佛之上無更高位置。

（六）究竟即佛

1. 別教究竟即佛重要觀念

(1) 究竟即佛的定義：究竟即佛即妙覺圓滿的佛果位，稱為妙覺性。從等覺位的金剛後心，更破最後一品無明，便入妙覺地究竟位。

(2) 金剛心與無間道：金剛心又稱無間道，指從等覺到妙覺的一念之間，沒有間隙。藏教、通教也有無間道的概念。

(3) 菩薩不成佛的原因：等覺位菩薩如觀音菩薩、地藏菩薩、彌勒菩薩，未成佛的原因：悲願圓滿，福德圓滿，智慧圓滿後才能成佛。菩薩寧願度眾生，不急於成佛。

(4) 菩薩的慈悲與智慧：菩薩有時延遲成佛以更好地度化眾生，有些菩薩如觀音菩薩被認為是古佛再來，文殊菩薩是三世諸佛之母。

別教的究竟即佛是妙覺圓滿的佛果位，達到此位需要破除最後一品無明，稱為金剛心或無間道。菩薩如觀音、地藏、彌勒等雖具成佛之資格，因悲願與慈悲，選擇延遲成佛以度化眾生，展現出菩薩的無上智慧與慈悲。

2. 別教佛位的依止與福德果報

(1) 依止與果報：無明永遠除去，不再有無明。坐蓮花藏的七寶樹下，即華藏世界。

(2) 華藏世界：華藏世界是《華嚴經》中描述的一種不可思議的大世界。華藏世界七寶樹下的座位是大寶華王寶座，現圓滿的報身。

（3）圓滿報身與清淨法身：漢傳佛教中，認為圓滿報身與清淨法身不相同。梵文中，兩者是同樣意思。天台家將其分為圓滿報身和清淨法身。得到圓滿報身即得法身，法身即報身。若度眾生，則報身有形；不度眾生，則遍在、無形。（【研究者按】一譯為盧舍那（Rocana）指佛的圓滿報身，另一譯為毘盧遮那（Vairocana）為佛的清淨法身）

（4）常寂光淨土：常寂光淨土是四種淨土之一。常寂光淨土為不動、無為、無漏的境界。

別教佛位的依止是華藏世界的七寶樹下，得到圓滿報身即得法身。華藏世界是《華嚴經》描述的不可思議大世界。常寂光淨土是一種無為、無漏、不動的境界，佛在此境界中無明永除，遍在無形。

3. 別教佛所化眾生與所轉的法輪

（1）所化眾生：別教佛是為鈍根菩薩說法。相對於圓教利根菩薩，別教的菩薩為鈍根菩薩。

（2）所轉法輪：別教佛轉的是無量四諦法輪。

（七）別教的修證次第

1. 別教的異名

（1）別教又稱為獨菩薩法，僅為菩薩法，不通於小乘。

（2）與通教的大乘不同，別教專修菩薩道。

2. 修證次第

別教修界外道諦，通教、藏教修界內道、滅二諦。

3. 界內與界外

（1）藏教初門：界內苦諦，觀苦、空、無常、無我。

苦、集、滅、道四諦裡第一是從苦著力，因此一般講佛法講苦，講誰的苦？是眾生的苦。有三苦、五苦、八苦，都是講苦諦，都是講界內的苦諦，這是一般小根器的人，用苦諦來觀，知道要離苦，因為知道太苦了。

（2）通教初門：界內滅諦，滅苦。

通教一開始就是用界內的滅諦來修，滅苦。

（3）圓教初門：界外滅諦，無需修道，即已滅苦。

圓教一開始就是觀界外的滅諦，圓教的滅根本不需要修道，一開始就是滅苦，已經沒有苦可滅的意思。

4. 藏、通二教與別教

（1）藏、通二教的界內道諦，正是別教的界外集諦，藏、通二教的界內滅諦，正是別教的界外苦諦。

（2）別教初門修界外道諦，不修藏、通二教界內道、滅二諦。

道諦是為了除煩惱而修的，為了了生死而修八正道，所以對藏、通二教而言，修的是「道諦」。但從別教立場，也就是從界外立場來看，修道是修因，故而等於修的是四諦之中的「集諦」。

集諦是因，是修道的因，藏、通二教的道諦，不是別教要修的。藏、通二教的界內滅諦相等於別教界外的苦諦，都不是別教要修的。別教的初門是修界外的道諦。

法師此段詮釋，源於「〔旭師自註云〕：藏通道諦，即界外集；藏通滅諦，即界外苦，故以界外道諦治之。」❾

5. 接入通教

（1）別教接通教三乘，皆名為菩薩。

（2）通教的二乘被接入別教、圓教，失去二乘之名。

（3）別教內無二乘，通教菩薩接入後即不再是二乘。

別教是專修菩薩道的法門，提昇藏、通二教的修行層次，初門修界

---

❾ 同註❶，〈七、別教的六即及其修證〉，頁 251。

外的道諦。別教接入通教的菩薩，使其成為菩薩，修行進一步提昇，即非二乘，無二乘之名。

五、別教的十法成乘（十乘觀法）

別教的十乘觀法和藏、通、圓的十乘觀法名字雖然相同，但內容都不相同。

（一）十乘觀法的起源

智者大師只圓教有十乘觀法，其他三教沒有。蕅益大師則將十乘觀法應用於每一教。

1. 教與觀的關係

有人認為天台教觀分為理論（教）和修行（觀），這是一種誤解。實際上，天台教觀的目的是為了觀，教和觀是相輔相成的。

2. 智者大師的著作

智者大師的許多著作都與觀有關，例如《小止觀》和《摩訶止觀》。《小止觀》是修行禪法，《摩訶止觀》則看似理論，實際上也是從圓教立場來講觀。

十乘觀法源於圓教，隨著蕅益大師的整理，將之形成為四教共用的修行方法。天台宗的教和觀相輔相成，其核心目的在於修觀，而非僅僅理論學習。智者大師的著作充分體現了這一點。

（二）別教十乘觀法的內容

1. 觀境（觀不思議境）

(1) 中道之境為觀境：以登初地的中道之境為觀境，即第一義觀境。

(2) 緣修位與真修位：

① 緣修位：十信、十住、十行、十迴向這四十個位置中，修習中道觀以伏無明，稱為緣修位，是中道觀的方便。

② 真修位：登初地後，用中道第一義觀破一品無明，稱為真修位，是超越空、有兩邊的中道第一義觀。

(3) 中道第一義觀：不執於空，不執於有，超出空、有兩邊，即是第一義觀。根據《中觀論》，中道觀是不執兩邊，不取中間，即是不思議境。

(4) 實相論的區別：積極的實相論與《中觀論》或《大智度論》的實相論有所不同，但都不執著有、無，是第一義觀。

(5) 修行次第：

① 若能觀成第一義境，則不需再觀其他。

② 若不能觀成，則繼續修十乘觀法。

③ 十信、十住、十行、十迴向中習中觀，超越空、有，伏無明，是緣修位。

2. 真正發心（真發菩提心）

真正發菩提心，緣無量四諦，普為法界眾生發〈四弘誓願〉。

3. 善巧安心止觀

不但修止，應亦修觀，止觀雙運，不相捨離。

4. 破法遍

次第遍破三惑：破見思、塵沙、無明。

5. 識通塞（善識通塞）

(1) 次第三觀為通：以空、假、中的次第三觀為通，逐層修行。

(2) 空為塞：如果僅僅修三藏教的空觀，而不修假觀和中觀，則為塞。

（3）修行應該是每一位上都修空、修假、修中，避免執著於某一觀點而造成障礙。

（4）次第修行的重要性：按照次第逐層修行，每一層都不可疏忽。

6. 調適道品

（1）道品調適定義：使用三十七道品來調適修行，通過它們進入三解脫門，證得無漏的中道實相。

（2）修行次第：在別教中，修行是次第進行的，但不被三藏教或通教的框架所限制。需修行三藏教和通教，但不被它們所局限。

（3）修行方法的選擇：修空、修假、修中時，如果遇到困難，可以使用三十七道品做為調適的方法。三十七道品雖然屬於藏教，但別教和圓教也修行，做為修行的橋樑和階梯，而不是最終目標。

（4）大乘法門：大乘法門包括別教和圓教，雖然認為藏教、通教不究竟，但在不能直接進入初地時，這些前期的方法仍須修行。

（5）方便法門：方便的法門也要修，但它不是圓教的根本法門，目的是為了達到更高的修行境界。

（6）修行比喻：修行過程如同要乘飛機，但需要先從山下出發，可以乘坐捷運、巴士、小車子、摩托車，甚至走路，而最終目標是乘大飛機。不能因為有大飛機而放棄前期的交通工具。

修行中應靈活運用三十七道品來調適，做為進入更高修行境界的橋樑，並認識到方便法門的必要性和重要性。即使大乘法門是目標，也需要實際地從基礎修行開始，不可忽視過程中的每一步。

7. 對治助開

（1）法門的選擇：使用藏教和通教的法門來幫助開悟實相第一義諦。

（2）修行問題：修行時遇到與藏教或通教共通的問題，仍須使用這些法門解決。

(3) 漢傳佛教問題：有些佛教徒傲慢地認為小乘法門不值得修，只追求無上大法，但這是不切實際且危險的。以為無上大法簡單，但實際上需要循序漸進地修行。

(4) 實相第一義諦到逐步修行：如果能直接觀不思議境，進入第一義觀則可省略其他步驟。若不能進入則須逐步修行，依次修習每一步法門。

(5) 修行方法：必要時，仍須使用藏教、通教的法門，以達到實相的第一義諦。

(6) 漸進修行：若某一步法門無法進入，則退而求其次，繼續修習下一步法門，直到達到目的。

修行過程中，應靈活使用藏教和通教的法門，逐步解決修行中的問題，以達到實相的第一義諦，不可一味追求無上大法而忽略基礎修行的重要性。

8. 知位次

(1) 知位次的重要性：必須清楚知道十信位、十住位、十行位、十迴向位、十地位及等覺位、妙覺位之間的差別。

(2) 了解修證程度：了解每個位置上的修證程度，避免誤以為已經成佛。

(3) 避免誤解：許多修行人或外道，甚至附佛法外道，經常誤以為自己已經成佛或達到最高境界，這是因為他們不了解《法華經》和天台宗所講的修行次第。

(4) 修證次第：理解修行過程中的各個階段和程度，才能正確判斷自己的修行狀況。

此摘要集中於理解佛教修行中不同階段的重要性，特別是十信位、十住位、十行位、十迴向位和覺悟階段之間的區別。強調認識自己修行層次的重要性，以避免錯誤地認為自己已經達到覺悟。

9. 能安忍

（1）安忍的定義：安忍的「忍」，指的是能夠離開逆境和順境、剛強和脆弱的兩種心賊，從而警策自己。

（2）修行過程中的體驗：由十信位進入十住位，修行中會遇到一些身心的體驗，或者是環境帶來的挑戰。

① 違：逆境，例如身體上的不適，環境中的干擾，心裡的不安和煩惱。

② 順：順境，例如有很多人護持你的修行，身心狀態良好。

（3）修行過程中的變化：修行初期，違多順少；修行得力後，順多違少。觀念和心態的轉變會帶來環境和身體的改變。

（4）心賊的強與軟：

① 強：剛強的心態。

② 軟：脆弱的心態。

③ 在面對逆境和順境時，心態可能是強也可能是軟，不要受其影響。

（5）安忍的重要性：修行者要能夠安忍，耐得住違和順的情況，這樣才能逐步從十信進入十住，最終到達初地。

此摘要集中於佛教修行中的「能安忍」概念，強調能夠在順境和逆境中不受影響地堅忍的重要性。

10. 離法愛

（1）在十住、十行、十迴向的三賢位時，容易自滿於已獲得的經驗和感受，並認為煩惱減少，身體狀況良好，這時可能會產生法愛。

（2）法愛是對經驗現象的執著，這是一種障礙，但很多人不容易察覺。

（3）例如在禪七或禪修時，有些人經歷了幾次良好的打坐，便期待下一次打坐也會同樣良好，這樣的執著反而會阻礙進步。

（4）要能夠離開法愛，遇到好的狀況和經驗時不要執著，才能從三賢位進入十聖，進而進入初地和十地。

第四節
化法四教之圓教

由於圓教乃四教之最究竟，其義理奧妙不可思議，但又須加以描述與詮解，方能讓修行有其最終指標，故而法師一邊解釋圓教，同時回頭對應其他三教，此些內容亦透過前述章節，於教理同異對照、觀行圓融到次第層次釐清等章節中陳述，此單元則以圓教之整理為主。

一、圓教基本概念

（一）圓教異名

圓教又稱最上佛法或無分別法，根據《教觀綱宗》，圓教是以滅諦為初門。

四諦初門的區別：

1. 藏教：以苦諦為初門，詮生滅四諦。
2. 通教：以滅諦為初門，詮無生四諦。
3. 別教：以界外的道諦為初門，詮無量四諦。
4. 圓教：以界外的滅諦為初門，詮無作四諦。

（二）圓教的定義

圓教又稱圓妙、圓融、圓足、圓頓，一共四個圓。

1. 圓妙：三諦圓融，不可思議。三諦指的是俗諦、真諦、中諦，其中中諦分為但中和圓中。

2. 圓融：三一相即，三是三諦，一諦和三諦相同，也就是空、假、中。修空觀時，即是修假觀、修中觀。修假觀時，即是修空觀、中觀。

修中觀時，等於圓修，空觀、假觀一起修。修任何一觀等於修三觀，此為三一相即。

3. 圓足：圓見事理，一念具足。如果在別教，事就是事，理就是理。事修時，並不等於理具；事修即是事造，指我們修任何法門。

而圓教事修時，本身與理相通，而且相即，理即是事，事即是理。

如果還沒到圓教，事理不分就是糊塗。事中具理，理中具事；事即理，理即事，就是圓足。事之中具足圓理，理之中具足一切事相，此為圓足。

4. 圓頓：悟的時候即是頓悟，頓具、頓悟、頓足。頓悟不加以漸修，一下子開悟即是頓，但頓悟未必是圓悟。圓悟是具足一切，與佛完全相同，才是圓頓。禪宗中的小悟、大悟是頓，但未必是圓。

法師詳細說明圓教如何以四個圓來定義，透過圓妙、圓融、圓足、圓頓解釋概念及重要精神。

（三）圓教的功能

圓教共有七個主要功能。

1. 圓伏：圓伏伏煩惱，即同時伏斷五住煩惱（見惑、思惑、根本無明）。五住煩惱前四種是枝末無明，最後一種是根本無明。

2. 圓信：蕅益大師的解釋，所謂圓信就是圓常正信，通常的人信的時候不常不圓。

不圓即是信這個，不信那個；我信此法不信彼法，此乃不圓。不常，我此時信，彼時，另外一時又不信了。常就是不斷，圓信的意思是圓滿的信，而且是恆常的信，信的是正信。

正信與邪信不同，正信一定是以因緣觀為基礎，以因果觀為立場。離因果、因緣不是常見就是斷見，不是正信而是邪見。

3. 圓斷：圓斷是一斷一切斷，斷三惑（見惑、思惑、無明惑）。

4. 圓行：圓行是一行一切行，包含聖行、梵行、天行、嬰兒行、病行。嬰兒行指的是大菩薩倒駕慈航，示現人天小乘的善行。

法鼓山倡議的是初發心菩薩，也講嬰兒行，但與此嬰兒行不一樣，不是初發心菩薩。此嬰兒行是《涅槃經》的嬰兒行，是大菩薩，是倒駕慈航的大菩薩，已經發大慈悲心來示現人天小乘的善行。

5. 圓位：圓位是一位一切位，別教的菩薩也有五十二個位次，果位有五十二個。圓教的菩薩在一位以上就圓具十位。

6. 圓自在莊嚴：一心三諦為所莊嚴，一心三觀為能莊嚴。圓修三觀而圓證三諦，三觀為能，三諦為所。

7. 圓建立眾生：指圓教菩薩在修行和教化中建立眾生，使其成就佛道。

本段整理法師對圓教七個主要功能的詮釋，從伏煩惱到建立眾生，涵蓋修行的各個層面，強調圓教獨特之處。

二、圓教的詮述

（一）無作四諦

1. 別教的無量四諦與圓教的無作四諦

（1）無量四諦是講重重無盡。

（2）無作四諦是指沒有四諦這樣的東西，也就是捨無可捨，斷無可斷，修無可修，證無可證，故稱為無作四諦。

2. 解釋「無作」

（1）無作的作為造作，指心理行為。

（2）沒有想到為什麼要捨掉苦、集、斷，苦是果，集是因，為了斷苦的因所以修道，修道以後證滅苦的果，這是兩重因果。

3. 圓教的觀點

圓教講兩重因果，並非僅限於一般的因果關係，而是更加深遠和廣泛的因果連結。

解釋無作四諦的概念及其在圓教中的特定意義，並藉由對照，除指出與其他四諦之不同，同時再度提醒四教對照的層層提昇。

（二）詮不思議不生滅十二因緣

1. 不思議不生滅十二因緣

(1) 根據《大涅槃經》，十二因緣即是佛性，這裡不生滅的十二因緣是佛性的一種表達。

(2) 因為無作四諦，已沒有要修的、要斷的、要證的、要捨的，當然就是不生滅。

2. 十二因緣與佛性的關係

(1) 無明、愛、取等三支為煩惱道，煩惱即菩提，菩提通達般若，故煩惱不存在，即是清淨的了因佛性（般若）。

(2) 行、有二支為業道，業即解脫，圓教中業即解脫，這是緣因佛性（解脫）。

(3) 識、名色、六入、觸、受、生、老死等七支為苦道，苦即法身，法身是無苦無樂的大樂，是正因佛性（法身）。

3. 十二因緣與三德

(1) 了因佛性是清淨智慧（般若），緣因佛性是自在解脫（解脫），正因佛性是法身。

(2) 十二因緣配般若、解脫、法身的涅槃三德，以及常、樂、我、淨的涅槃四德。

4. 眾生與佛的佛性

(1) 眾生的佛性還沒有完成，沒有完成成佛的功德之前就有法身，每個眾生自己本身就有法身，這個法身在眾生稱為佛性，正因佛性。

(2) 但從圓教立場來看，眾生的佛性就是諸佛的法身。

(3) 眾生本身與諸佛是相同的，因此從《華嚴經》來看，一切眾生都具備佛的智慧德相。

5. 圓教與藏教對十二因緣的理解

（1）圓教中，十二因緣為三德、三因、四德的不生滅法，是圓教的特色。

（2）藏教中，十二因緣是苦、集二諦，是四諦中的苦諦和集諦。

法師完整闡述圓教不思議不生滅十二因緣及其與佛性的關係，並強調圓教與藏教在看待十二因緣的對比差距，尤其圓教將十二因緣與三德、三因、四德相結合的超越性觀點。

（三）詮稱性六度、十度

1. 稱性的六度與十度

（1）圓教的六度和十度稱為「稱性的六度」、「稱性的十度」。

（2）稱性的六度和十度每一度之中，皆全攝法界，全攝一切法界，即即空、即假、即中。

2. 一切法趣施，是趣不過

（1）如果以布施度來講，乃是稱法界性而行布施，布施遍於或充斥於法界，所以所有一切法全都是施。

（2）「是趣不過，是『假』」。「過」是超越的意思，沒有一樣東西能夠超越於「施」，全都在施之中，此即是「假」。施尚不可得，所以是「空」義。「何況當有趣及有非趣」，就是「中」。

（3）有趣及有非趣，「趣」的意思可以說是涵蓋、容納、普及，充塞一切。此是趣還是非趣？沒有趣和非趣的問題，所以是中，也就是絕對的。

（4）如果講趣，這是假義；趣這樣的事情不可得，那是空義。但空和假是兩邊，不講空也不講假，不講有也不講無，這就是中。

（5）因此在六度之中講施的時候，已經就是空、假、中三觀，是一心中得。六度、十度的每一度皆如此。

3. 四教六度、十度對照

(1) 藏教：事六度。

(2) 通教：理六度。

(3) 別教：不思議六度及十度。

(4) 圓教：稱法界性而行六度和十度，具足一切法界。

4. 簡單的理解

(1) 六度中的每一度都含三觀，即空、即假、即中。

(2) 理解一個項目的意思，即可理解所有項目，十度也是如此。

5. 無量項目

十度不僅僅是十度，而是無量項目，所有法皆含於此。

本摘要整理法師詮解的圓教稱性六度和十度的概念，及其與其他教派的差異，並以布施度為例闡述其遍及法界、包含一切法的特性，強調即空、即假、即中的特性。

（四）詮不思議二諦、圓妙三諦

1. 不思議二諦

(1)「幻有」、「幻有即空」皆為俗諦，「一切法趣空趣有，趣不有不空」為真諦。

(2) 真即是俗，俗即是真，如如意珠，珠以譬真，用以譬俗。即珠是用，即用是珠，不二而二，分真、俗二諦，這就是不思議二諦。

真即是俗，俗即是真，真、俗相即，以譬喻說如如意珠，此如意珠即是寶珠，有了此珠，就如擁有如意寶，對著珠希求願望，就能夠實現。珠是真諦，珠產生的功能是俗諦，功能由珠而產生，真、俗無法分開，這是不思議二諦。此如意寶珠出自轉輪聖王神話裡的譬喻。

2. 四教對二諦的詮釋

（1）藏教：明實有二諦，真諦和俗諦為實有二諦。

（2）通教：明幻有、空成為二諦，通含別和通含圓之二諦。

（3）別教：明「顯中」的二諦，以及圓入別的二諦。

（4）圓教：不思議二諦，二諦皆具諸法，俗諦為六凡法界的幻有及出世間諸法的幻有即空，真諦為一切法趣有趣空及一切法趣不有不空。

3. 理具與事造

（1）真諦的理性具足三千性相，名為理具。

（2）俗諦的事相顯示三千性相，名為事造。

（3）此處的三千就是一念三千，理具與事造的兩重三千，就是不思議二諦。

天台圓教理論一個是理具三千，一個是事造三千。

理具就是真諦的理性，具足三千性相；俗諦是指事造三千，真諦屬於理具三千，因為理性具足三千性相，所以天台宗叫作性具事相，理性具足三千。

此三千非三千大千世界的三千，三千是一念三千的三千，凡夫每一念有事造、有理具，理具是一念的理性；事造是一念的功能或是現象，一念之中具足理具與事造的兩重三千，所謂「一念三千」。

4. 圓妙三諦

（1）圓妙三諦非僅中道具足佛法，真、俗亦然，三諦圓融，一三三一。

（2）圓妙三諦不同於藏教的二諦、通教的別入通三諦、圓入通三諦、別教的別三諦及圓入別的三諦。

（3）圓教的圓妙三諦是說非但中道實相具足佛法的實相，俗諦及真諦也具足佛法的實相。

（4）三諦相即，一即三、三即一的實相不思議，稱為圓妙三諦。

5. 修行一心三觀

稱性的圓妙三諦即是修一心三觀，以一心而修三觀，即圓妙三諦。

本單元詳解四教對二諦的不同詮釋，尤其是圓教的不思議二諦和圓妙三諦的概念，並以如意珠為譬喻說明真諦和俗諦的不可分割性，強調理具與事造在一念三千中的重要性。

三、圓教的當機與修證

1. 圓教的當機

圓教主要開示界外利根菩薩，與別教開示界外鈍根菩薩不同。

2. 圓教的修證

（1）圓教修行一心三觀，依圓妙三諦的性德而修行。

（2）圓妙三諦屬於性德，一心三觀屬於修德。

（3）一心三觀是根據性德而修德，稱為稱性功德。

3. 性德與修德

（1）性德是不需修行的，本來具足；修德需要事修。

（2）現前介爾一念六識妄心中，體具三千諸法，即空、即假、即中的圓妙三諦屬於性德，也就是一切眾生，在每一念中本來具足三諦，稱為性德。

（3）一心三觀，因為有一個性德，所以我們可以依性德而來修三觀，所以一心三觀就是修德。

4. 修行的過程

（1）依性德修三觀，即一心三觀，屬於修德。

（2）圓教因依性德而修德，能超越分段生死及變易生死。

5. 圓證三德的涅槃

（1）圓證法身、般若、解脫的涅槃三德。

（2）別教則是次第修行，法身本來具足，般若漸次修成，解脫最後圓滿。

6. 圓教與別教的差異

（1）圓教是一位一切位，初發心時就成正覺。

（2）別教次第修行，每個位次不相通。

（3）漢傳佛教多數人講別教，但喜歡圓教，因圓教初發心時即成佛。

本段闡述圓教與別教在修行方法和修證結果上的不同，強調圓教依性德修德的特點以及其超越分段生死和變易生死的能力。

四、圓教的六即佛

六即佛是天台宗的重要概念，並非原創，而是將已有的法理發明（打開讓大家看到）。六即佛指的是圓教，藏、通、別三教雖各論六即，但皆未究竟。

其層次為藏、通二教的佛果位相當於圓教的相似即佛位，別教的妙覺位相當於圓教的分證即佛位。藏、通、別三教的六即有六義但不等於即，未達心、佛、眾生三無差別。

心、佛、眾生三無差別是《華嚴經．夜摩天宮品》的講法。心是誰的心？即心即佛，心即是佛，佛即是心，眾生在佛的心中，佛在眾生心中，所以心放第一個。

天台宗講的一念心，是指第六識現前一念妄心，而非《華嚴經》講的清淨心，一念妄念心之中，就是理具和事造都在一念之中，因此可以用一心而修三觀。

（一）四教六即重要差異性討論

1. 藏、通二教的佛果位及別教的十迴向位，因未解三諦相即，僅能稱為理即佛。

2. 別教的理即、名字即、觀行即、相似即，不稱即佛，直到分證即之後才稱即佛。

3.《教觀綱宗》中，別教的相似即之前皆不稱即佛。

4. 即菩提不等於即佛，六即佛的概念在別教分證即之後才使用即佛的名稱。

（二）理即佛

1. 圓教的理即佛

（1）理即佛是不思議的理性，也就是一切眾生本來具足，但還沒有了知。

（2）圓教的理即佛者，指的是不思議理性，如來藏，不變隨緣，隨緣不變。

2. 心、佛、眾生三無差別

（1）無論在凡夫還是聖人，心、佛、眾生三者無差別。

（2）在凡夫中不減少，在聖人中不增加。

3. 隨緣不變，不變隨緣

（1）智者大師沒有使用這句話，是唐末後由華嚴宗首先使用。

（2）蕅益大師用了這句話，表示理性如來藏隨緣不變，不變隨緣。

（3）如來藏思想強烈，主要源自《起信論》、《勝鬘經》、《寶性論》等經典。

（4）隨緣不變，不變隨緣的思想由華嚴宗開始，天台宗後來也採用，特別是在《教觀綱宗》中。

（5）《四教儀》中還沒有提出這一思想。

【研究者按】

法師於書中註釋有關「如來之藏」中，對於此說有較清楚的描述如下：

> 天台宗屬於如來藏系統，唯於智者的撰述中，尚未引用《起信論》隨緣不變，不變隨緣的句法，到《十不二門指要鈔》，始見此句子，《教觀綱宗》則亦採用。⑩

（三）名字即佛

名字即佛是指聞解，即通過聽聞、了解佛法的道理，了知一切事物皆具中道理性。一色一香無非中道，理具事造，兩重三千同在一念之中。

1. 一念三千

（1）一念之中包含理具、事造的兩重三千，所有念頭皆如是。

（2）如心法，一切佛法及眾生法亦如是。

2. 聞知的過程

（1）聽聞佛法，了知一切眾生都有不思議的理性，即三因佛性。

（2）理解《摩訶止觀》中的教義，如一色一香無非中道，這是《摩訶止觀》卷一中的觀點。

3. 中道實相

（1）一色一香是指物質的國土世間，無論是五陰世間中的眾生，或眾生世間，以及國土世間，皆為中道實相。

（2）三世間包括五陰世間、眾生世間、國土世間，一切法皆無非中道。

---

⑩ 同註❶，〈九、圓教的六即及其修證〉，頁 269-270。

4. 心法與色法（物質）

（1）一念、一切念指的是心法。

（2）一色一香、一塵一沙、國土、世間、山河、大地皆為物質法，屬於國土世間和五陰世間。

（四）觀行即佛

1. 圓教與別教的比較

（1）圓教的觀行即佛位與別教的十信位齊，但並不是相等。

（2）圓教的位置是一位一切位，與別教的次第位置不同，因此雖然位置齊，但不等。

2. 五品外凡位

（1）五品外凡位是《法華經》的〈分別功德品〉中提到的五種修行法門，此五品包括「隨喜品」、「讀誦品」、「講說品」（或「說法品」）、「兼行六度品」和「正行六度品」，統稱為五品弟子。

（2）修行的是七方便，即三賢和四善根。

3. 七方便

七方便包括三賢（五停心、別相念處、總相念處）、四善根（或稱四加行，即煖、頂、忍、世第一）。

4. 齊與等的區別

（1）圓教的觀行即佛位與別教的十信位齊，但不等，因為圓教的位置包含一位一切位的特性。

（2）別教十信位僅知但中理，而圓教觀行位早已了解圓中的理。

從圓教和別教在修行位次上的不同，指出五品外凡位和七方便的修行內涵，並闡明了齊與等的區別。

【研究者按】

有關齊與等之別，法師另有一段文字做了更完整的詮釋，整理如下：

所謂齊，並不是相等，等是等於，齊並不是相等。位置與之齊，並不是相等。圓教即圓教，而非別教，故而不能說圓教眾生等於別教眾生，圓教位置等於別教位置。

別教的位置是次第的，位與位之間是隔離的。而圓教的位置是一位一切位，所以雖說是齊，但並不是等。（按：此以「位的性質」論其別，別教位位相隔，圓教位位相融）

故而說「雖與別教的十信位齊，而復大勝。」亦即前述，齊並不是等，圓教的觀行即佛位，與別教十信位齊但並不相等；別教十信位只知但中理，圓教觀行位早已知圓中之理。（按：此以「所知之理」論其別，別教知但中，圓教為圓中）

（五）相似即佛

相似即佛位須斷三界的思惑，伏斷界內外的塵沙惑及伏無明惑，但尚未開始斷無明惑。

1. 圓教的十信內凡位

(1) 圓教的相似即佛位是圓教的十信內凡位。

(2) 三賢稱為外凡，四善根稱為內凡，五品弟子是外凡，圓教十信是內凡。

(3) 圓教與藏、通、別三教的內凡、外凡位置不同。

2. 七方便位

(1) 在圓教中，七方便位是觀行即佛位，尚未到相似即佛位。

(2) 圓教的相似即佛位包含五品弟子和十信位，五品弟子是外凡，十信位是內凡。

3. 圓教與別教的差異

（1）圓教十信位名同別教，但內容不同。

（2）別教十信位是三乘共十地的第二地位置，藏教的世第一法。

（3）圓教十信位相當於別教的十迴向位，圓教的初住位相當於別教的初地，可以八相成道、百界作佛。

4. 圓教的修行特點

（1）圓教是一位一切位，一斷一切斷。

（2）圓教十信位能斷三惑，初信時就能斷見惑，證位不退。

（3）二信至七信位與別教七住、通教已辦地、藏教四果齊，而復大勝。

5. 同除四住

（1）《勝鬘經》講的五住煩惱，前四住是見惑和思惑，出三界。

（2）圓教在信位之中已經伏無明，三藏教無法與之相比。

6. 八信至十信位

（1）圓教的八信至十信位相當於別教的八住到十迴向位，斷界內、界外的塵沙惑，發無上菩提心。

（2）圓教初住位相當於別教初地，證行不退，與別教十迴向位齊。

此段闡述圓教相似即佛位、十信內凡位、七方便位，以及與別教、通教、藏教的差異，強調圓教在修行上的層次與特點。

（六）分證即佛

圓教的分證即佛從十住至等覺位，別教的分證即佛是十地菩薩。圓教的初住位相當於別教的初地菩薩位，圓教的十信位相當於別教的十迴向位。

1. 圓教分證即佛的位次

（1）圓教的初住位到等覺位，共四十一個位次，都屬於分證即位。

（2）十信位還沒有能夠八相成道和百界作佛，所以不算在內。

2. 十信位與分證即位的對應

（1）通教的分證即位是圓教的初信到六信。

（2）藏教的分證即位是圓教的初信到三信。

（3）圓教的初住位斷一分無明，證一分三德。

3. 一心三觀

圓教的一心三觀任運現前，具佛五眼，成一心三智，達到無功用的狀態。

4. 涅槃與淨土

（1）初住位的菩薩行五百由旬，住在實報莊嚴土，分證常寂光淨土。

（2）別教的十迴向位住於方便有餘土，初地位與圓教初住相同，住在實報莊嚴土。

5. 三身四土的說明

（1）常寂光淨土和實報無障礙土的區別：常寂光淨土是圓教的最上淨土，實報無障礙土是無指方立向的淨土，兩者實際上是一樣的。

（2）凡聖同居土是凡夫和聖人同居，方便有餘土是界外的淨土。

6. 關於淨土的討論

（1）凡聖同居土：

① 對象：凡夫和已出三界的聖人。

② 功能：凡夫造業和聖人出三界的共居之地。

（2）阿彌陀佛極樂世界：

① 有阿羅漢和凡夫存在，任何人都可以往生。

② 阿彌陀佛極樂世界被認為是凡聖同居土。

（3）淨土宗與天台宗的觀點：

① 部分淨土宗認為阿彌陀佛極樂世界是方便有餘土。

② 天台宗則認為它是凡聖同居土，而非方便有餘土。

③ 方便有餘土行四百由旬是界外的，而凡聖同居土界內界外都有。

7. 現身百界與八相成道

（1）圓教初住位可以現身百界、八相成道作佛。

（2）圓教的一位一切位，一斷一切斷，圓斷一切。

8. 圓教與別教的位次比較

（1）圓教的第二住到十住位與別教的十地齊。

（2）圓教的十行位的初行與別教的等覺菩薩齊。

（3）圓教的十行位中的第二行與別教的妙覺佛果位齊。

（4）圓教的十行位中的第三行以上，別教無法相比。

（七）究竟即佛

圓教的究竟即佛：究竟即佛是圓教的無上極果，也就是妙覺，能夠究盡諸法實相。《法華經》提到唯佛與佛能究盡諸法實相，《觀無量壽佛經疏》也有類似的說法。

1. 斷盡無明

（1）圓教中的究竟佛已經斷盡四十二品微細無明，不會再生。

（2）等覺菩薩還需一生補處，真正的究竟佛是永不再生，已經超越了變易生死。

2. 涅槃山頂

（1）四十二品位無明分為十住、十行、十迴向、十地、等覺、妙覺，斷盡後稱為妙覺。

（2）圓教的結果是圓證三德涅槃（般若德、解脫德、法身德），成為清淨法身佛。

3. 四教的涅槃

（1）三藏教為劣應身佛，證偏真涅槃。

（2）通教證帶劣應身佛，證偏真涅槃。

（3）別教證圓滿報身佛，證無住處涅槃。

（4）圓教證清淨法身佛，證三德涅槃，無處不是他的寶座，遍法界無一處不是他的座位。

4. 上上品的淨土

（1）上上品的常寂光淨土，又名實報無障礙土，是性德和修德圓滿不二的境界。

（2）極樂世界的上品上生與這個不同，上品上生的蓮花還是凡夫。

5. 性德與修德

（1）性德是本來具足的，修德需要修行。

（2）到了究竟即佛時，性德和修德圓滿無差別，心、佛、眾生三無差別。

（八）圓教接別教接通教

1. 圓教的接引

圓教能接別教和通教的人進入圓教。

2. 接別教入圓教

(1) 上根人：十住位，被接入圓教初信至八信位。

(2) 中根人：十行位，被接入圓教第九信及第十信。

(3) 下根人：十迴向位，被接入圓教的第十信位。

(4) 若按位接，進入圓教的十信位；若勝進接，進入圓教的初住位。

3. 接通教入圓教

(1) 通教的三乘共十地中，有八個地可以被接。

(2) 按位接：如同別教十向或圓教十信。

(3) 勝進接：如同別教初地或圓教初住。

(4) 別教接賢不接聖，因為通教的聖位在別教中是賢位。

4. 接引原則

(1) 圓教只接別教的賢位人，不接別教的聖位人。

(2) 圓教只接通教的聖位人，不接通教的賢位人。

（九）藏教的接與轉

藏教無法被圓教接，須透過轉；其接入他教者，亦有其他方式與討論。

1. 轉入其他三教

(1) 藏教之人未入聖位者，有可能轉入通教、別教、圓教。

(2) 已入聖位者則保果不前，無法被接入圓教，需要在法華會上才有機會會入圓教。

2. 保果不前的原因

(1) 因為自認為已經解脫，不再追求大乘佛法。

（2）未證法無我，依涅槃法、解脫法（如阿羅漢果或辟支佛果）為最高成就，因此不願進一步修行。

3. 法華會和涅槃會的接

（1）在法華會上會三乘歸於唯一圓教的佛乘，但不一定所有人都被接。

（2）增上慢比丘在法華會上可能會退席。

（3）在涅槃會上說一切眾生都能被接，但《涅槃經》講完時仍有很多眾生未被接。

（4）有些人不想成為大乘菩薩，須等待以後的因緣。

4. 未來的接

現在未度者已種得度因緣，等待以後的諸佛和菩薩來接引。

本段梳理了藏教之人轉入其他教派的可能性，以及保果不前的原因，並指出在法華會和涅槃會上接引眾生的情況，最後提到未來接引的因緣。

五、圓教的十法成乘（十乘觀法）

出於智者大師《摩訶止觀》所說十法成乘，原義是在圓教。

以上藏、通、別三教，雖然各明十乘觀法，但就各教約略點示其十法的行門始末。

（一）觀不思議境

是如來知見深遠，橫周法界之邊際，豎徹三諦之源底。

橫是十方法界，豎是三諦，真、俗、中三諦，以空、假、中三觀，完成真、俗、中的三諦，是圓中三諦。

（二）真正發菩提心

1. 正發心菩提

(1) 在十乘觀法中，如果第一層觀不思議境觀成功，不需要再進一步觀，因為第一觀就是宗旨和目標。

(2) 如果第一觀沒有成功，則需要開始發大菩提心。

2. 發大菩提心

(1) 發大菩提心時，如四無量心中的慈悲最高，普覆一切眾生。

(2) 四無量心包括慈、悲、喜、捨。

3. 藕益大師的應用

(1) 藕益大師對十乘觀法的應用，是根據《摩訶止觀》中的說明和解釋。

(2)《摩訶止觀》是應用《法華經》中的譬喻來譬喻十乘觀法。

本段強調修行十乘觀法時，正確發菩提心的重要性，並指出藕益大師如何應用《摩訶止觀》和《法華經》的譬喻來解釋十乘觀法。

（三）善巧安心止觀

1. 一行三昧的意義

(1) 根據《法華文句》，一行三昧是息一切智、一切行的狀態。

(2) 若修一行三昧時，不要用智，不要用行。

2. 智與行的解釋

(1) 智是指導修行的智慧。

(2) 行是根據智慧的指導進行修行，《金剛經》中的「應無所住而生其心」即是行。

3. 一行三昧的特點

（1）息一切智，也息一切行，意味在此狀態下無需依賴智慧和心行，因為無功用。

（2）無功用並不等於沒有用。關於無功用的討論，已在前文中論及。

（四）以圓三觀，破三惑遍

以圓三觀，破三惑遍，以八正道中行疾速到達一切智海，一切智海就是佛。

（五）善識通塞

1. 善識通塞的概念

（1）善識通塞是指在修行中能夠隨時隨地辨識通與塞的狀況。

（2）即動而靜，即靜而動，能夠在動靜之間保持平衡。

2. 處理通塞的方法

（1）若塞須破，若通須護：堵塞的地方須要破，暢的地方須要保護。

（2）除病不除法：去除執著，而不去除法本身。執著去除了，病也就除了，法是否存在就不再是問題。

3. 修行的持續性

（1）即使是圓教，也需要不斷修行，因為修德還沒有完成。

（2）還沒有進入不思議境，還是要修，圓教也需要調適無作道品。

本段強調在修行中辨識通塞的重要性，以及去除執著的方法，同時指出修行是一個持續的過程，即使是圓教也需要不斷修行以達到更高的境界。

（六）調適無作道品

1. 無作道品的調適

(1) 無作道品是指無作四諦，以實相為體，三十七道品為前導。

(2) 無作道品的目的是希望能夠完成觀不思議境。

2. 三十七道品的重要性

(1) 因為修行不得力，所以需要藉助三十七道品做為引導，三十七道品是藏教的法門。

(2) 三十七道品的修行包括五停心和四念住，這是修行的基礎。

3. 三十七道品的組成

(1) 三十七道品的第一組是四念住。

(2) 五停心是前方便，四念住開始是三十七道品的核心。

(3) 具體包括：四念住、四正勤、四如意足、五根、五力、七菩提分、八聖道分。

本段強調無作道品的調適及其與三十七道品的關聯，指出三十七道品在修行中的基礎和重要作用，以及其具體組成和結構。

（七）對治助開

1. 對治助開的意義

(1) 使用藏教、通教、別教等三教的事相法門，來幫助開導圓中之理。

(2) 當正道多障礙時，需要用三十七道品來進行修行。

2. 三十七道品的重要性

(1) 三十七道品是基礎法門，是修行的根本法門。

(2) 有些人雖然修一心三觀，但如果觀不起來，仍須從三十七道品開始觀起。

3. 修行的方法和順序

（1）五停心是三十七道品之前的前方便，用來幫助修行者停息妄念，準備進入正修。

（2）六度是三十七道品之上、之後的進一步修行法門。

（3）四攝法門包含在六度中，特別是第一度和第六度中可以開展出來。

4. 障礙和實證

因為修行中障礙多，難以實證圓理，因此需要通過事修（如三十七道品、五停心、六度等）來幫助開悟圓理。

本段強調在修行過程中，對治助開和基礎法門的重要性，以及如何逐步修行來克服障礙，達到實證圓理的目的。

（八）知位次

1. 一位一切位的意義

（1）圓教中的一位一切位是指不思議境，觀不思議境已經完成，沒有次第和位次。

（2）雖然圓教一位一切位，但實際修行還是要有位次。

2. 位次的重要性

（1）位次清楚可以避免增上慢和以凡濫聖，防止造罪過。

（2）省察自己究竟在什麼位次，避免得少為足。

3. 增上慢的解釋

（1）增上慢是指自信心非常強，變成了固執和執著，例如密教中的天慢和佛慢。

（2）一般人無增上慢，只有大修行人才會有增上慢。

（3）凡人的慢，主要是過慢、卑劣慢等。

4. **知位次的重要性**

（1）清楚自己的位次，根據天台學來衡量自己究竟在什麼位次。

（2）唯識學也講位次，也具修行的參考指標。

（九）能安忍

若有強弱諸魔惱亂真修，須觀於空、無相、無作的三解脫門，便能夠不動不退，並且策勵。

由圓教外凡五品弟子位，進入內凡十信位。

（十）離法愛

1. **法愛的定義**

法愛是指在修行過程中，對所證法產生的喜愛和執著。

2. **十信位為圓教中信位的初階段，六根清淨，順道法易生法愛，但仍屬於內凡位。**

3. **進一步修行**

（1）必須離開對十信位的法愛，進而進入聖位分真，包括十住、十行、十迴向、十地，直到等覺、妙覺等更高的修行位次。

（2）若不離法愛，可能會停滯不前，僅停留在十信位。

4. **法我與法愛**

以法為我，以所證境為我，這種執著即為法我。即便到了十信位，也須離開這種執著，繼續努力斷除無明。

5. **十乘觀法與三根**

（1）上根人：修第一不思議境即能具足十乘。

（2）中根人：修第一乘至第六乘即可具足隨修一乘，不必修全十乘。

（3）下根人：需要全部修十乘才能得到不思議境。

強調在修行過程中必須不斷進步，不可執著於某一階段的成就。

• 第七章 •

天台教學實務：課程設計與開展

本單元整理法師天台教學的課程設計及其後之開展，涵蓋第一節之籌畫及未來推廣天台教學課程之相關討論，就法師推動之背景、動機與問題意識，理解此中關鍵意義，同時亦為未來有心從事者，提供內在連結。其次則為法師對教學材料編纂之提點，以其實際作法與提醒，為來者提供示範模組與參考。

第二節彙編未來教學可參照之圖示，來源分別為第一層圖示：整理法師教學之講綱，修整後製為圖表。第二層圖示：為逐字稿內容依十六次講述內容製為圖表，以理解其所講述之大要。第三層：為十六次內容以研究者綜整、分析、歸納後之重要概念對照，為以主題式掌握法師講述重點。此又分為兩部分，其一為法師特別拈出之重點，非直接與《教觀綱宗》文本相關；其次為《教觀綱宗》文本之重點整理。

第三節為研究者分析下列經驗：1. 法師授課後諸多參與者希冀完成後續讀書會、課程分享卻無疾而終之現象；2. 研究者自二〇一七年開始組織讀書會，同時於法鼓山分寺院分享《天台心鑰》一書所遭逢之困境與問題；3. 於法鼓山僧伽大學講述「天台入門」課程之經驗。提出其中之困境與其後之反思與整理，希望未來邀集有興趣者進行如聖嚴法師於授課中所言，能有相應的學習組織，整理並建構教材資料，進行讀書會與課程分享，持續完成其撰寫該書、兩次授課之目的——讓天台教觀之組織化、系統化、次第化、行解並重之內容，得以提供禪修者不致以凡濫聖的修行提醒，同時藉此傳承、應用漢傳佛教於當代。

三節內容如圖 7-1 所示：

- 聖嚴法師天台教學實務——課程設計與開展
  - 課程設計與其後發展之提點
    - 籌畫及未來推廣天台教學課程相關討論
      - 1. 背景、動機與問題意識
      - 2. 開設課程之目的與未來期許
      - 3. 對後繼者如何持續推展之建議
    - 教學材料編纂之提點
      - 為何需要重新語譯？對應前人著作的問題
      - 編寫本書的精神
      - 編輯綱要，使用綱要
  - 原教學課綱及逐字稿整理彙編圖解
    - 層次一圖示：法師授課講綱修訂彙編
    - 層次二圖示：法師十六次逐字稿依時間序彙編內容
    - 層次三圖示：研究者依主題分類，以教觀綱宗文本及文本外法師提點重要內容彙整
  - 課程設計與開展
    - 經驗分析
      - 對法師授課後讀書會帶領人無以延續之經驗分析
      - 對研究者組讀書會經驗分析
      - 研究者分寺院分享課程經驗分析
      - 研究者僧大分享課程經驗分析
    - 反思與重整
      - 《天台心鑰》定位
        - 為進階版佛學概論，而非基礎佛法
        - 天台判教為聖嚴法師整理印度傳承至漢傳佛教之方法論
        - 提供對佛法有基本概念者一整體佛教教觀藍圖
      - 置入法師藉「漢傳佛教傳承發展系統表」所欲整理之漢傳佛教整體脈絡與系統觀
      - 未來進行《天台心鑰》讀書會、教學分享重點參考
        - 鋪陳學習背景與目標：天台於傳承發展系統表之定位
        - 定位研讀《天台心鑰》對佛法學習之意義
        - 以問題意識帶出討論重點
        - 重要議題之討論：提供學習者對探索本書之方向
        - 以彙編之圖示做整體輪廓理解
        - 教觀綱宗內容之整體性描述
        - 進入教觀綱宗文本

圖 7-1：聖嚴法師天台教學實務——課程設計與開展

第一節
籌畫及未來推廣天台教學課程相關討論

整理之主題包括法師籌畫並親授課程之背景、動機、問題意識，開設目的以及未來期許，乃為對未來後繼者開課或讀書會帶領方式、教學材料編纂之提點。

一、背景、動機與問題意識

討論主題：背景、動機與問題意識

◎筆記整理（1-1）

1. 背景與動機

《教觀綱宗》文本難以理解：此重要文本因言簡意賅，閱讀不易，使得大眾無法用之於修行。

2. 問題一：缺乏當代適用之註解、詮釋系統

許多詮釋、註解《教觀綱宗》的文本，缺乏以現代語彙解釋，且尚無以學術性、組織化的方式整理，故無法提供深入學習的管道。

3. 問題二：臺灣天台學發展偏重學術與學問

僅重於學問或思想的釐清、資料的整理編撰，變成一種學術、學問的天台。至於應用的，或者是普遍推廣的天台學，幾乎已經消失。

4. 問題三：目前臺灣佛教界發展的課題——解行無法並重

(1) 行門：學佛似乎很普遍，但修行只有念佛、禪的機鋒話頭、口頭禪。不是念佛就是打坐。

(2) 解門：應該從教義上解，但目前多從思想學問用功。

(3) 臺灣佛教似乎很興盛，各宗各派皆有，有南傳、藏傳，卻也說漢傳已經死亡，對此感到遺憾。

(4) 中國佛教歷史上有很多思想家、實踐家，既重思想也強調實踐，行解雙軌並行。因此問題不在於打坐或念佛或做義理研究，而是能

否雙軌並行。

5. 問題四：佛教出現廟堂與民間的落差

佛教發展出現兩極現象，或者偏向學術研究、廟堂化的現象，高層次、上層次，高不可攀；但佛教應該很大眾化，不僅只是上層知識分子研究所用。或與民間信仰結合，一般人反而不易得到佛法的受用。

二、開設課程之目的與未來期許

⌘討論主題：開設課程之目的與未來期許

◎筆記整理（1-1）

1. 目的：培養未來的師資

期許參與者為未來之種子師資，包括以讀書會、授課等方式推廣之。原則上此二次課程即是引入天台學的講師訓練，聽完後希望大家能開始朝弘講發展。

2. 期許一：推廣天台學與漢傳佛法即是推廣佛法

從《教觀綱宗》到《天台心鑰》，期許參與者未來能接下任務，在當今社會推廣天台學，推廣漢傳佛教。天台祖師開創天台，也是為了眾生使用，而非少數人。亦如前述，法師將天台學視為漢傳佛教的重要基礎，而其最終指向的是佛一代時教的完整系統。

3. 期許二：推廣之內在用心之處

上課之後，能對天台學的精神生發興趣，並透過自己勤下工夫而持續推展。

三、對後繼者之建議

⌘討論主題：擬定自修與作業方向

1. 整體、全面地略讀：

（1）看目次。

（2）看講綱。

2. 進入原典：

（1）讀原書《教觀綱宗》。

（2）讀師父分段、標點的版本。

3. 看師父語譯：

（1）原書文字精要較難閱讀：本是針對天台學、佛學有基礎者，故一般人難以掌握。

（2）中國與日本皆有註解，尤其日本，但對一般人而言，亦難閱讀。

以上為整理閱讀本書的方法與重點，對大家閱讀本書的勉勵，包括：多看幾次、根據上述的研讀方法，能看出名目和內容；不要當做很容易——容易輕忽，但也不要覺得很難——失去信心。有了方法，就容易看懂。

◎筆記整理（1-1）

1. 自修的作業與進行方式：

（1）多讀幾遍原典（即《教觀綱宗》）。

（2）查找法師提供的資料。

（3）查找法師註解。

（4）再看語譯。

（5）先把整體脈絡理清楚，若尚有不懂，再回看註解。（整體輪廓全面式掌握，再探索細節）

2. 以自修、帶領讀書會、講課等，推展本書。

3. 上述三者需要整合，彼此配套：

（1）不作作業：讀書時會看不明白。

（2）不讀書，沒有參加或帶領讀書會，無法講（只能照著書念）。

4. 結束後找有興趣者一起開始自修作業、讀書會、弘揚。

5. 發心：對書更熟練、更熟悉，對自已有用，就發心迴小向大，去講述弘揚。

討論主題：擬定自修與作業方向

◎筆記整理（2-8）

講述弘揚的原則，應時時檢核下列項目：

1. 隨時反思所講述是否無誤，亦即不斷檢視、檢核自己的理解。

2. 觀察、理解他人是否能懂，非僅只是說自己所理解。

3. 體察他人是否願意接受，而非單向推銷。

4. 所講述的內容，是否已經消化了，因此內容乃須內化、消融的課題。

5. 不做作業、不讀書，不可以去弘講：教與學必然關聯。

除上述內容外，研究者亦於法師早期於美國東初禪寺指導西方弟子學習成為禪修講師之文本中，發現法師曾講述有關成為佛法弘講者的條件與補充資料，與上述原則頗多相應，但更為完整，故補入於此，除可體會法師之用心，更可提點未來有心教學者。❶

該原則主要有七項，其後又補充幾項重點：

1. 基本原則：

（1）角色定義：勿以老師姿態上課——體認只是帶著大家了解佛法與讀書，是分享，並非教導；是闡述所知道的事或問題。每一個人都會表達，每一個人都有表達與分享的經驗，因此講師應該是每一個人都會，每一個人都有可能從事者。

（2）誠懇：知道多少講多少，誠懇地說（奉獻）所知的部分。

（3）一定要相信自己所講的佛法是有用的：自己相信，甚至也正在用。

（4）準備：準備的資料要以能讓人得到利益為原則，不是抱持「我要來上課」的心態。例如以四聖諦為題，思考四聖諦與我們有什麼關

---

❶ 該文本主題為「如何做講師？」，儲存之檔案編號為 A52519990518010021-22-23-24-29（共五篇）開示時間於一九九九年，開示地點：美國紐約東初禪寺。本資料申請自法鼓山文化中心，為研究所用，故亦以筆記摘要整理之。

係？講四聖諦的目的是什麼？現在資料很多也易取得，也許能參考，但更多是散落的，要用智慧去選擇、取捨、組織。

（5）切題：先訂題目，主題除了是主講者想要、需要講的，也是聽的人需要聽的。內容範圍一定要與題目有關，扣緊中心主軸，否則變成閒話。

（6）表達：表達有兩種方式，一是語言的講述，另一種為工具。僅用語言表達印象不易深切，最好能配合圖表、影像，變成畫面，用投影機呈現，聽者一邊聽、一邊看比僅僅用講述效果好。所謂的演講，既要講也要演，用手、臉表演，再配合工具表達。

（7）檢討：檢討分成兩個方向，第一，自己上課以後檢討，核對上面幾個項目，是否遺漏、錯誤、不夠充分。其次請聽講者檢討，參考他者意見最後整合。因聽講者是主觀的，自己也是主觀的，對照參考能有相對客觀的提醒。

2. 補充重點：

除了上述七原則，法師又做幾項補充，簡述重點於後：

（1）講的是聽眾要聽的：不是老師自己要講給別人聽，而不管他人是否願意、是否需要。

（2）留心聽者的反應：至少要知道聽者懂了沒有？有沒有問題？如果只注意教材，心中沒有學生，則雙方無法交流。

上述二者與目前教育界所倡議的翻轉教室——「以學習者為中心」的精神相應，而法師以宗教師之精神，深切理解學習佛法者的需求，亦以此提醒，學習者方為弘講課程中的主體。此外法師亦善於透過對話與學習者連結，如前二原則所提及之建議。

（3）要有比喻、有故事，但是要短：故事要短，比喻要恰當，恰到好處。

法師常提及深奧的佛法要為人所用，須轉譯為當代人所能理解者，而其無論演講或著述，亦皆善用譬喻與故事。

（4）以自己的傳統為中心：因為是在訓練我們的講師，而佛法的傳統相當多，我們是中國禪宗的傳統，所以不能離開我們自己的傳統。可以參考其他的傳統，但我們的中心思想、中心內容，是我們自己的傳統。

（5）好的講師的層次：有兩個，第一個層次是專業的，專門講哪一系、或哪一種類的佛學、佛法，於此是專家。第二個層次，有自己專業特長，也可以講其他東西，但講其他的傳承、其他的傳統時，是介紹其他傳承的佛法，不混淆、不偏離自己的立場。

上述兩項亦可連結本書所指出者，法師透過天台教學深入漢傳佛法，主要在於藉由天台之判教原理，呈現漢傳的次第與圓融，進而導入整體佛教的全面學習。此為漢傳宗教師的體會與專擅，亦期望弟子銜接此傳統。

（6）做講師的必要性：當講師會對所講的東西知道得更清楚，理解得更深入更多。

四、教學材料編纂之提點

法師以其從事教學材料之編纂，及撰述《天台心鑰》之過程、編寫綱要之精神等，提供後繼者之參考。

討論主題：法師自陳何以需要重新語譯？亦回應前人撰述註解或譯註《教觀綱宗》相關問題

◎筆記整理（1-1）

1. 關於註解與語譯：

靜修法師之註解較好，但仍不易懂，目前諸多譯本、註解本主要問題在於：

（1）沒有現代語譯。

（2）未用現代方式處理。

① 學術的：善用研究方法。

② 組織的：系統性。

③ 引用原典：讓後學者知文本由來與整體脈絡。

2. 師父語體文重點：

要將對原典的認知呈現出來，並非如一般語譯，只是逐字字面翻譯。

3. 師父註釋重點：

(1) 將天台深奧處處理。

(2) 將原典出處標示出來：過去人，包括智者大師等人，其著作中亦未標示原典出處或相關資料，難以全面完整理解。

(3) 師父於此用方法做工夫。

(4) 尤其是天台所依的經論、經教理論皆做出整理。

(5) 如撰寫研究式小論文，將問題解說清楚：

① 《教觀綱宗》作者著書考量之對象：乃為學者，或對天台學、佛學有基礎之人而作，故一般人無法閱讀。

② 雖然許多人註解（日本甚且有幾十多種），仍不容易理解，主因為缺乏現代語的解釋，其次非以現在的學術的、組織的、引用文字清楚的方式來書寫。

③ 許多現代語體文亦不易解讀的原因：不解其意，只照字面譯成語體，不論內容。

討論主題：法師自敘編寫本書之精神、態度與方法

◎筆記整理（1-7）

1. 現代化的立場：希望用現代人的角度，予以說明闡釋。

2. 原著與作者的釋義對照：根據蕅益大師自己的解釋，法師再進一步解釋。所以一來要找出原著《教觀綱宗》，然後找出大師的《教觀綱宗釋義》，兩本對照著看，再予以整合。

3. 找出相關的典故：原書引用的經典從何而來？找出原始的資料。

☒討論主題：法師指導上課綱要編寫原則

◎筆記整理（1-7）

1. 目的：透過綱要編輯，使大家掌握本書重點。

2. 使用綱要（素材）之方式：上課前、上課後皆對照閱讀，理解更深才能討論。

3. 未來如果要講本書，希望各位自己重新編一次講綱，不一定以目前的形式講述。

第二節
原教學課綱及逐字稿整理彙編圖解

如前所述，法師指出未來如欲講述《天台心鑰》一書，並不一定要依於其原先之形式，加之《教觀綱宗》最初亦從圖表展開，故研究者針對教學內容之講綱及逐字稿，做以下幾個層次的圖解，冀望提供輪廓式、整體性視角，同時借助當代人習慣整理並閱讀複雜結構之心智圖形式，將內容整理為如下三層次圖示，包括 1. 整理法師教學之講綱，修整後製為圖表，此為第一層圖示；2. 第二層圖示乃依逐字稿內容，就十六次講述排序重點製為圖表，以理解法師如何依於《教觀綱宗》貫註而為《天台心鑰》之大要。3. 第三層為十六次內容以研究者綜整、分析、歸納後之重要概念對照，為以主題式掌握法師講述重點。

一、第一層圖示：整理後之講義綱要

（一）《天台心鑰》講綱目錄上、下

此部分為概論、源流等基礎內容，對照書中緒論。此外為五時八教判教之整體論述，另化儀四教就頓、漸根機與五時中經典部類與內涵對應。

- 《天台心鑰》講綱（上）
  - 壹、概論
    - 教觀綱宗的特色
    - 教觀綱宗的重點
    - 如何研讀教觀綱宗貫註
  - 貳、源流
    - 天台宗的判教源流
    - 天台宗的教觀源流
    - 天台思想所依的經論
    - 教觀綱宗的作者及其特色
  - 參、五時八教
    - 八教
    - 五時
    - 五時有通有別
  - 肆、化儀四教及其部相教觀
    - 化儀四教的教部（對機）、教相（義理）
    - 化儀四教的三觀

圖 7-2：《天台心鑰》講綱（目錄）上

- 《天台心鑰》講綱（下）
  - 伍、化法四教的三藏教
    - 化法化儀之不同
    - 化法四教的功能
    - 三藏教是什麼
  - 陸、三藏教的六即菩提
    - 大乘修證位次
    - 六即菩提
      - 理即菩提、名字即菩提
      - 觀行即菩提、相似即菩提
      - 分證即菩提、究竟即菩提
    - 三藏教的三乘修證時劫
    - 三藏教的十乘觀法
  - 柒、通教的六即菩提
    - 通教即是通於大小三乘
    - 六即菩提
      - 理即菩提、名字即菩提
      - 觀行即菩提、相似即菩提
      - 分證即菩提、究竟即菩提
    - 通教的三乘修證次第
    - 通教的十乘觀法
  - 捌、別教的六即菩提
    - 別教即是有別於藏、通、圓之三教
    - 六即菩提
      - 理即菩提、名字即菩提
      - 觀行即菩提、相似即菩提
      - 分證即佛、究竟即佛
    - 別教的修證次第
    - 別教的十乘觀法
  - 玖、何謂圓教
    - 圓教的定義
    - 圓教的功能
    - 圓教詮述
    - 圓教的當機及修證
  - 壹拾、圓教的六即佛
    - 天台學的六即佛本指圓教
    - 六即菩提
      - 理即佛、名字即佛
      - 觀行即佛、相似即佛
      - 分證即佛、究竟即佛
    - 圓教的接別教與接通教
    - 圓教的十乘觀法

圖 7-3：《天台心鑰》講綱（目錄）下

（二）《天台心鑰》完整講綱

共整理為三十五個圖示如下（圖 7-4 至 7-38）。

- 壹、概論
  - 一、教觀綱宗的特色
    - 重視天台學的五時八教
    - 重視《摩訶止觀》的十乘觀法，配合五時八教的修證行位及道品次第
    - 天台思想的特點
      - 包容性
      - 消融性
      - 系統性
      - 教觀並重的合理性及實用性
  - 二、教觀綱宗的重點
    - 介紹天台學的理論及修證方法
      - 五時的有通有別
      - 一念三千
      - 一心三觀
      - 三身四土
      - 六即佛
      - 十乘觀法
      - 大小乘行位次第與前後之間的相接相望
    - 教不離觀，觀必依教，顯示天台宗的獨家之說
    - 整合大、小諸乘的各家之言
    - 呈現全部佛法的組織體系及實踐步驟
  - 三、如何研讀教觀綱宗貫註
    - 先看目次
    - 次閱讀分段標點的《教觀綱宗》原著
    - 再看聖嚴法師的語譯及註釋
    - 於附圖處，圖文對照研讀
    - 最好連續多看數遍

圖 7-4：壹、概論

貳、源流

- 一、天台宗的判教源流
  - （一）判教
    - 印度重傳承信仰，不重歷史考證
    - 面對龐大且內容不一的經典，須合理解釋
    - 經論及歷代善知識以判教方法分類歸納
  - （二）大乘經典的判教思想
    - 《法華經》
      - 三草二木，喻凡聖五乘，同歸一乘
      - 羊、鹿、牛車喻三乘；大白牛車喻一佛乘
    - 《華嚴經》——日出喻照大菩薩眾，日中喻聲聞及緣覺眾，日沒喻還照大菩薩眾，共四等
    - 《涅槃經》——乳、酪、生酥、熟酥、醍醐五味，喻佛說五個時段的教法
    - 《解深密經》－有、空、中道三時統攝世尊全部教法
    - 《楞伽經》——頓教及漸教概括一切教法
  - （三）大乘論典的判教思想
    - 龍樹的《大智度論》——三藏、摩訶衍、顯露、祕密四種教法分類
    - 龍樹的《十住毘婆沙論》— 難行道、易行道的分類法
  - （四）中國佛教的判教思想
    - 鳩摩羅什——依《維摩經》立一音教
    - 羅什的弟子慧觀 — 唱二教（頓及漸）五時
    - 以慧觀的判教為基礎開南三北七的十家
      - 江南三家
      - 江北七家
    - 羅什的弟子道生 — 唱四法輪：善淨、方便、真實、無餘
    - 天台宗的智顗——綜理以上諸說，立五時八教
    - 三論宗的吉藏
      - 立二藏三法輪
      - 二藏：聲聞、菩薩
      - 三法輪
        - 根本法輪：《華嚴經》
        - 枝末法輪：《法華經》以前諸經
        - 攝末歸本法輪：《法華經》
    - 法相宗的玄奘
      - 立三法輪
      - 轉法輪：《阿含經》
      - 照法輪：《般若經》
      - 持法輪：《解深密經》
    - 華嚴宗的法藏
      - 立五教十宗
      - 五教：小、始、終、頓、圓
      - 十宗：前六宗為小乘各部派，後四宗為大乘四教

圖 7-5：貳、源流：一、天台宗的判教源流

貳、源流

- 二、天台宗的教觀源流
  - （一）天台教法傳承
    - 慧文禪師
      - 依龍樹的《大智度論》—— 就三智「一心中得」的論文，創發一心三智的教義
      - 依龍樹的《中觀論頌》—— 從《中論觀四諦品》的空、假、中論偈，創發一心三觀的觀行
      - 由慧文禪師的創發，完成天台宗教理與禪觀結合的雛型 —— 將龍樹空思想的「消極實相論」，轉化為法華經如來藏思想的「積極實相論」
    - 慧思禪師
      - 著《諸法無諍三昧法門》
        - 批評散心讀經的法師、亂心多聞的論師、不近善知識的暗證禪師
        - 原因在於未能教觀兼備，輕忽禪定或輕慢教法
      - 著《法華經安樂行義》
        - 依《法華經》的四安樂行，說出法華三昧
        - 對智顗的《摩訶止觀》所明之四種三昧有決定性影響
  - （二）天台觀法傳承
    - 慧思的兩種三昧
      - 半行半坐的法華三昧
      - 非行非坐的隨自意三昧
    - 智顗的另兩種三昧
      - 依據《文殊般若經》的常坐三昧
      - 依據《般舟三昧經》的常行三昧
    - 《摩訶止觀》的四種三昧
      - 即上述四種三昧
      - 隨自意三昧，將一心三觀的禪修方法用於日常生活中。

圖 7-6：貳、源流：二、天台宗的教觀源流

貳、源流

- 三、天台思想所依的經論
  - （一）智者大師的天台三大部
    - 以《法華經》為骨幹
    - 義理與觀心並重
    - 會三歸一，攝末歸本，大開大合，權實本迹等
  - （二）採用《大品般若經》的空觀
  - （三）依《菩薩瓔珞本業經》的二諦觀，構成一心三觀的理論
    - 從假入空的二諦觀
    - 從空入假的平等觀
    - 以方便道的二空觀，得入中道第一義觀
  - （四）依《中觀論頌》的觀四諦品偈
    - 「眾因緣生法，我說即是空，亦為是假名，亦是中道義」
    - 空假中結合，建立一心三觀
  - （五）依《華嚴經梵行品》的理論
    - 「初發心時，便成正覺」
    - 建立圓教六即佛的理論
    - 圓伏圓斷，初住成佛的理論基礎
  - （六）依《大涅槃經》的五味說
    - 為天台宗五時說的主要基礎
    - 扶律談常法門，為天台宗的圓教戒律觀及實相論的依據。
  - （七）天台諸師著述中徵引的經論
    - 重要經論包括：
      - 《維摩經》
      - 《金光明經》
      - 《觀無量壽佛經》
      - 《梵網菩薩戒經》
    - 重要論著包括：
      - 《大智度論》
      - 《中觀論》
      - 《寶性論》
      - 《大乘起信論》
    - 建立觀心不二、菩薩修證位次、淨土觀、菩薩戒、三觀一心中得、如來藏的實相觀等

圖 7-7：貳、源流：三、天台思想所依的經論

貳、源流

- 四、《教觀綱宗》的作者及其特色
  - （一）作者－蕅益智旭
    - 時間：公元 1599 － 1655
    - 祖籍：江蘇古吳（蘇州府）木瀆鎮
    - 俗姓：鍾氏，名際明
    - 學經歷
      - 十二歲習儒，以理學家的立場謗佛
      - 十七歲閱蓮池大師雲棲袾宏的《自知錄》序（基於袁了凡的功過格而作）及《竹窗隨筆》，始棄儒學佛
      - 二十三歲仿彌陀悲願，寫四十八願的願文
      - 二十四歲出家，剃度師雪嶺俊師，為取法名智旭
      - 二十五歲學禪坐
      - 二十七歲閱律藏
      - 三十二歲擬為《梵網經》作註，作四鬮問佛，他應從何宗（台、賢、相、自立宗）？幾次均得天台。但他學天台教觀，而不肯為天台子孫，不欲受各家門庭所限而不能相和
      - 精通大、小乘三藏及諸派諸宗之學
        - 內外諸學的儒、禪、教、律、淨土，無不精通
        - 教理則窮研天台，兼及法相，主張性相融會
        - 終其一生，《梵網》、《楞嚴》二經為思想中心，西方淨土為其依歸
      - 五十四歲撰《八不道人傳》，所謂八不，並非《中論》及《梵網經》的八不，乃是他說：古人之有儒、有禪、有律、有教，實在不敢相比，今人之有儒、有禪、有律、有教，則又覺不屑
  - （二）書名與特色
    - 書名
      - 教 — 釋迦世尊的一代時教，綜括五時八教
      - 觀
        - 攬教照心，依教起觀
        - 明一心三觀，敘頓、漸、不定的三觀
        - 統貫化法四教，各明十乘觀法
      - 綱
        - 以教立綱，全面收諸乘教法
        - 綱舉目張，條理井然
      - 宗 — 以心為宗，一念妄心具三千性相
      - 重點 - 介紹天台教觀，讓讀者認知實踐整體佛法的綱格心要
    - 特色
      - 不局於天台宗的一家之說
      - 打破五時頌所謂的「阿含十二方等八，二十二年般若談，法華涅槃共八年，華嚴最初三七日」
        - 提倡別五時之外，尚有通五時
        - 五時融歷為別五時
        - 隨宜說法，機有五類，教亦五等，為通五時
      - 化儀四教包含頓、漸、祕密、不定 — 於化法四教的藏、通、別、圓，也具頓、漸、不定的三觀，名同化儀，義則迥異
      - 化法四教各立六即
      - 將四諦、十二因緣、六度配置於藏、通、別、圓的化法四教

圖 7-8：貳、源流：四、《教觀綱宗》的作者及其特色

參、五時八教

- 一、五時
  - （一）華嚴時
    - 說華嚴經時段——以說化法四教的圓教為主，兼帶說別教
    - 約化儀四教，屬於頓教
  - （二）阿含時
    - 說《阿含經》時段——僅說化法四教的三藏教
    - 約化儀四教，屬於大乘漸教之初
  - （三）方等時
    - 說方等經典時段—說化法四教中三藏教半字生滅門，以及通教、別教、圓教滿字不生不滅門
    - 約化儀四教，屬大乘漸教之中
  - （四）般若時
    - 說《般若經》時段——雖帶說化法四教的通、別二教之權理，主要乃說圓教之實理
    - 約化儀四教，屬漸教之後
  - （五）法華、涅槃時
    - 《法華經》
      - 開化法四教中之藏、通、別的權理，顯圓教的實理
      - 明為實施權、本地垂迹的始終
    - 約化儀四教，名為會漸歸頓教，亦名非頓非漸教
- 二、八教
  - （一）化儀四教
    - 已知病情類別，給予依症處方（四種根器）
    - 頓教——為頓大根人直說別教及圓教大乘，如《維摩經》、《華嚴經》
    - 漸教——說次第修證的漸修教法，如阿含、方等、般若等
    - 祕密教——為此人說頓，為彼人說漸，聽眾間互不相知
    - 不定教——在同一說法會中，聽眾同聞異解，或於漸教中得頓益，或於頓教中得漸益
  - （二）化法四教
    - 依所處藥方類別給予治病的藥物分類（四等教材）
    - 三藏教
      - 小乘聖典的經、律、論三藏
      - 依《法華經．安樂行品》所云「貪著小乘三藏學者」句而來
    - 通教
      - 大乘的初階，前通小乘三藏教，後通大乘別教及圓教
      - 以菩薩為正機，二乘為傍機
    - 別教
      - 不共二乘的大乘教，獨明界外菩薩教法
      - 既有別於二乘，也有別於圓教
    - 圓教
      - 對最上根菩薩，說中道圓融的實相法
      - 是圓妙、圓滿、圓足、圓頓的教法

圖 7-9：參、五時八教：一、五時；二、八教

參、五時八教

- 三、五時有通有別
  - （一）有通有別的依據
    - 智顗《法華玄義》卷首 —— 說：「釋此五章，有通有別」，乃指「一經通別」及「眾教通別」
    - 智顗弟子章安尊者
      - 在《法華玄義》卷十有云：「人言第二時，十二年中說三乘別教。若爾，過十二年，有宜聞四諦、因緣、六度，豈可不說？」
      - 如四《阿含經》、五部律，是為聲聞說，乃訖於聖滅，即是其事
    - 晉代的劉虬 —— 僅別立五時，故章安提出批判
  - （二）《教觀綱宗》的通別五時論
    - 旭師對天台學者的批判 —— 針對傳說中的「五時頌」
    - 通五時的依據
      - 《華嚴經．入法界品》，絕非佛成道後三七日內完成的
      - 小乘根機，親近世尊，始從鹿苑，終至鶴林，僅聞小乘三藏
      - 原小乘人，得聞斥小乘、歎大乘之法，便生恥為小乘欣慕大乘之心，佛陀便為他說方等經典，也不局限在十二年中
      - 三乘人須經色心等世出世法，然後會歸大乘，佛陀便為說般若經典。《金剛仙論》云：「成道乃至涅槃，恆說摩訶般若、華嚴、大集。」
      - 根熟眾生，佛陀隨時為說開權顯實，開迹顯本之法。依《法華經》、《梵網經》，佛陀定非最後才說法華、涅槃
    - 別五時的依據
      - 《大般涅槃經》卷十四的五味教法喻
      - 最鈍根機人，初於華嚴會上，不見不聞，須歷五階段，始能進入實相教者，先聞《阿含經》所說，「因緣生滅法」，轉凡成聖
      - 次聞方等經典，雖具聞化法四教，而得通教利益。
      - 次聞《般若經》，雖帶通、別二教，正明圓教，然其但能密得別教利益。
      - 次聞《法華經》，開權顯實，方得圓教實相利益。
      - 此別五時，非依說法聽法的時段而論，乃依眾生聞法的歷程而言，故與傳統的別五時頌迥異。

圖 7-10：參、五時八教：三、五時有通有別

肆、化儀四教及其部相教觀

- 一、化儀四教的教部（對機）教相（義理）
  - （一）頓教
    - 頓教部——唯局華嚴，為大根機人宣說。（梵網、圓覺亦應入此頓教部）
    - 頓教相——華嚴、方等、般若諸經之中皆有頓教之相
  - （二）漸教
    - 漸教部——唯局阿含，為教之初；方等諸經為漸教之中；般若諸經為漸教之後
    - 漸教相——歷劫修次第，《華嚴經》亦有之。《法華經》會漸歸頓，故非頓教；亦不同阿含、方等、般若諸經所說的隔歷未融，故非漸；乃是雙照頓漸兩種教相
  - （三）祕密教
    - 祕密教——於前四時中，或為彼說頓，為此說漸等，彼此互不相知而各得其益
    - 祕密咒——陀羅尼章句，在五時教中，皆有之
  - （四）不定教
    - 不定教——在前四時中，宜聞頓者聞頓，宜聞漸者聞漸
    - 不定益——在前四時中，或以聞頓教得漸益，或以聞漸教得頓益
  - （五）結語
    - 化儀四教，亦非一成不變，乃隨根機利鈍而有教部及教相的相互交織
    - 教部是指經典本身的屬性，教相是指經典內容適應的對象
    - 教部與教相的設立，證明了通別五時論的正確性
    - 祕密及不定二教，既互不相知及得益不定，故亦均無教部及教相可傳
- 二、化儀四教的三觀
  - （一）頓觀與頓教的不同
    - 頓教——是指《華嚴經》，內涵則亦兼有化法的別教
    - 頓觀——唯就圓教根機而說，開始即起大菩提心，便圓觀諸法實相。此如《摩訶止觀》所講
  - （二）漸觀與漸教的不同
    - 漸教——是指阿含、方等、般若諸經，雖亦兼有化法的藏、通、別、圓四教，尚未到《法華經》的開權顯實
    - 漸觀——唯就圓教根機者說，理解雖圓，修須次第漸觀，此如《釋禪波羅蜜次第法門》所說
  - （三）不定觀與不定教的不同
    - 不定教——化儀四教中的不定教，是指五時中的前四時（華嚴、阿含、方等、般若），亦兼化法四教的藏、通、別、圓四教，然均未到法華經的會三歸一程度
    - 不定觀——唯就圓教根機而說，他們先得圓解，然後隨著不同的修行法門，或超、或次，皆得悟入，此如《六妙法門》所講

圖 7-11：肆、化儀四教及其部相教觀

- 伍、化法四教的三藏教
  - 一、化法化儀之不同
    - 化儀——如來為了適應各種眾生根器而設的教化軌道：頓、漸、祕密、不定
    - 化法——如來為了適應各種眾生程度而設的教化層次：藏、通、別、圓
  - 二、化法四教的功能
    - 三藏教——為見思病重者說
    - 通教——為見思病輕者說
    - 別教——為無明病重者說
    - 圓教——為無明病輕者說
  - 三、三藏教是什麼？
    - 三藏教
      - 經藏——四種《阿含經》
      - 律藏——五律四論
      - 阿毘曇藏——六足、發智等
    - 三藏教詮述
      - 生滅四諦
      - 思議生滅十二因緣
      - 事六度行
      - 實有二諦
    - 三藏教的當機及修證——開示界內鈍根眾生，修析空觀，出分段生死，證偏真涅槃
    - 三藏教所化
      - 正化二乘
      - 傍化菩薩

圖 7-12：伍、化法四教的三藏教

陸、三藏教的六即菩提

- 一、大乘修證位次
  - （一）《華嚴經》的五十二個菩薩位次—天台宗將之置於化法四教的別教所詮
  - （二）天台宗化法四教的圓教
    - 位位皆圓，故即菩提，稱為六即
    - 見於《摩訶止觀》卷一下
      - 理即——眾生皆具如來藏之理佛，然尚未聞佛法，亦不自知
      - 名字即—已從經卷及善知識，得知眾生皆有佛性之名，尚未開發
      - 觀行即
        - 已知並依之起修，隨喜、讀誦、為他人說、兼行六度、正行六度
        - 此即別教十信位，《法華經》所說圓教五品弟子位
      - 相似即
        - 始入圓教十信位，相當別教的十迴向位
        - 已發相似無漏觀行，即《法華經》所說六根清淨位
      - 分證即
        - 依相似位觀力，發真智，始斷一分無明，見一分佛性
        - 進入圓教的初住，歷經圓教的十住、十行、十迴向、十地、等覺共四十一位
      - 究竟即——依分證位觀力，斷最後一分無明，發究竟圓滿覺智，證妙覺無上菩提
  - （三）六即的凡聖等級
    - 外凡位
      - 理即
      - 名字即
    - 內凡（賢）位
      - 觀行即
      - 相似即
    - 聖位
      - 分證即
      - 究竟即
  - （四）由六即而見《教觀綱宗》的特色
    - 天台大師的《摩訶止觀》，僅以圓教而論六即佛
    - 智旭大師的《教觀綱宗》，乃以化法四教各論六即菩提

圖 7-13：陸、三藏教的六即菩提：一、大乘修證位次

陸、三藏教的六即菩提

- 二、三藏教的理即菩提
  - （一）藏教被大乘判為偏真
  - （二）雪山偈以「寂滅為樂」
  - （三）何以為偏真
    - 滅尚非真諦，何況四諦中的苦、集、道之三諦
    - 此真諦乃在因果事相之外，抽象地偏於理體
    - 故依大乘判二乘涅槃為偏真

- 三、三藏教的名字即菩提
  - （一）學習名言文字
  - （二）知因緣所生諸法，皆悉無常無我
  - （三）由聽聞佛法，得知諸法從因緣生，亦有四教差別
    - 圓教
      - 知性具為因，迷悟為緣
      - 三千性相為所生法
    - 別教
      - 知一切種識為因，展轉熏習為緣
      - 分段變易乃至四智菩提為所生法
    - 藏教、通教
      - 知以六識相應有漏種子為因，六塵美惡中庸境界為緣
      - 三界色心因果，為所生法

- 四、三藏教的觀行即菩提
  - （一）修習七方便中的前三個行位觀法
    - 五停心
    - 別相念
    - 總相念
  - （二）五停心觀及所對治的煩惱
    - 不淨觀——多貪眾生
    - 慈悲觀——多瞋眾生
    - 數息觀——多散亂心眾生
    - 因緣觀——多愚癡眾生
    - 念佛觀——多障眾生
  - （三）別相念即是別別次第修四念處觀
    - 觀身不淨
    - 觀受是苦
    - 觀心無常
    - 觀法無我
  - （四）總相念即觀四念處的任一念處時，其他三念處便同時皆觀於此一念處
    - 觀身念處——其他三相亦皆觀於不淨
    - 觀受念處——其他三相亦皆觀於苦
    - 觀心念處——其他三相亦皆觀於無常
    - 觀法念處——其他三相亦皆觀於無我

圖 7-14：陸、三藏教的六即菩提：二、三藏教的理即菩提；三、三藏教的名字即菩提；四、三藏教的觀行即菩提

陸、三藏教的六即菩提

- 五、三藏教的相似即菩提
  - （一）何以名為三藏教的相似即？
    - 修七方便中的後四個行位觀法：
    - 煖
    - 頂
    - 忍
    - 世第一
    - 此行位中，依稀彷彿見真諦之理，故名相似即菩提
  - （二）四加行如何修行？
    - 煖位修法——以四正勤，勤觀四諦，發相似理解，如鑽木生火，先得煖相
    - 頂位修法——由修欲、勤、心、觀的四如意足，發生禪定，觀力轉明，如登高山，洞覽四方，故名為頂
    - 忍位修法——由於定慧均平，善法增進，能成信、進、念、定、慧的五根，安住不動，故名為忍
    - 世第一位修法——由五根增長而成五力，能破煩惱障、業障、生障、法障、所知障的五障，而將階於見道位，於世間有漏位中，最為勝妙，故名世第一位
- 六、三藏教的分證即菩提
  - （一）何以名為三藏教的分證即？
    - 初果：見道位，亦名預流
    - 二果：修道位，亦名一來
    - 三果：修道位，亦名不還
  - （二）三藏教分證即的修斷次第
    - 預流果 — 依四聖諦，用八忍八智，頓斷三界見惑
    - 一來果 — 斷欲界五趣地所屬九品之前六品思惑
    - 不還果
      - 斷欲界五趣地九品思惑盡
      - 進一步則漸斷此上的色及無色界共八地思惑七十二品中的七十一品
      - 再斷最後一品，即證無學位的阿羅漢果

圖 7-15：陸、三藏教的六即菩提：五、三藏教的相似即菩提；六、三藏教的分證即菩提

陸、三藏教的六即菩提

- 七、三藏教的究竟即菩提
  - （一）何以名為三藏教的究竟即？
    - 第四果：小乘阿羅漢，亦名殺賊、應供、無生的聖者
    - 獨覺果：中乘辟支佛，亦名緣覺
    - 佛果：大乘佛果
    - （以上）三乘無學位
  - （二）三藏教的究竟即如何修證？
    - 阿羅漢
      - 依四聖諦的八忍八智，斷盡三界八十八品見惑、三界八十一品思惑，尚有習氣
      - 證二種涅槃
        - 有餘涅槃：子縛已斷，果縛尚存
        - 無餘涅槃：灰身泯智
    - 辟支佛 — 此人根性稍利於聲聞四果，逆順觀察十二因緣，斷見思惑，與羅漢同，而能更侵習氣，故位居聲聞之上
    - 佛果位
      - 此人根性大利，從初發心，緣四聖諦境，發四弘誓願，即名菩薩，修六度行
      - 歷三阿僧祇劫
        - 第一阿僧祇劫 —— 事行雖強，理觀尚弱，準望聲聞，在外凡三賢位
        - 第二阿僧祇劫 —— 諦解漸明，望聲聞，在四加行的煖位
        - 第三阿僧祇劫 —— 諦解轉明，望聲聞，在四加行的頂位
        - 更住百劫 —— 六度既滿，更修相好之因，望聲聞，在下忍位
        - 八相成道的降魔相 —— 在中忍位
        - 次一剎那 —— 入上忍位
        - 次一剎那 —— 入世第一位，發真無漏三十四心，頓斷三界見思惑，一切煩惱正使及餘習，斷除無遺
      - 佛位依正
        - 坐木菩提樹下
        - 生草為座
        - 成劣應身
        - 度三乘根性
        - （以上）與阿羅漢、辟支佛 — 同證偏真法性、緣盡入滅

圖 7-16：陸、三藏教的六即菩提：七、三藏教的究竟即菩提

陸、三藏教的六即菩提

- 八、三藏教的三乘修證時劫
  - （一）聲聞
    - 觀四締，以苦諦為初門
    - 利者三生，鈍者六十劫，證阿羅漢果
  - （二）緣覺
    - 觀十二因緣，以集諦為初門
    - 最利四生，最鈍百劫，證辟支佛果
  - （三）菩薩
    - 修四弘、六度，以道諦為初門
    - 伏惑利生，必經三大阿僧祇劫，頓悟成佛
  - （四）三者的共通點
    - 果雖不同，然同斷見思
    - 同出三界，同證偏真
    - 只行五百由旬中的三百由旬，只入化城，尚未到寶所
- 九、三藏教的十法成乘
  - （一）何謂十法成乘？
    - 十乘觀法
      - 來源於《摩訶止觀》，針對上中下三類根機眾生，總說十種觀心次第軌範
      - 上根人——只須修第一種觀不思議境，自具十觀
      - 中下根人——修畢第一觀，仍須次第續修第二乃至第十觀
    - 從圓教的圓頓行人對照教觀綱宗配四教
      - 十法成乘為圓教所行觀法，教觀綱宗則化法四教，皆配以十法成乘
      - 名目次第雖大同，內容四教各異
  - （二）三藏教的十法
    - 觀正因緣境——破邪因緣及無因緣的兩種顛倒
    - 真正發心——不要名利，但求涅槃
    - 遵修止觀——修五停心名止，修四念處名觀
    - 遍破見愛煩惱－以觀無常、無我之空，破諸煩惱
    - 識通塞
      - 識道滅、還滅、六度：是通
      - 苦集流轉三界六道：是塞
    - 修道品——調適三十七道品，得入三解脫門
    - 修對治事禪－鈍根不易入道者，以修事禪對治：
      - 修不淨觀、八背捨：對治多貪欲
      - 修八勝處、十一切處：對治三界貪愛
      - 修四無量心（四梵行）：對治少福德
      - 修四空處定：對治貪著四禪境
    - 知位次——正行及助行，調和修行，略得實益時，必須察知修證的道品位次，以免以凡濫聖，得少為足
    - 能安忍——對修行過程中的內外諸障，安然忍耐
    - 無法愛——不以獲得相似解脫道的法益而生愛著，方能十法具足，乘至偏真涅槃

圖 7-17：陸、三藏教的六即菩提：八、三藏教的三乘修證時劫；九、三藏教的十法成乘

柒、通教的六即菩提

- 一、通教即是通於大、小三乘
  - （一）何以名為通教？
    - 三乘中的鈍根人—通於三藏教
    - 三乘中的利根人—通於別教及圓教
    - 三乘中的中根人—屬於當教的通教
    - （三人同體法空，三乘同行此教）
  - （二）通教詮述（可與三藏教詮述條對照）
    - 無生四諦
      - 苦無逼迫相
      - 集無和合相
      - 道無二相
      - 滅無生相
    - 思議不生滅十二因緣
      - 無明如虛空
      - 乃至老死如虛空
      - 無明如幻化，不可得故
      - 乃至老死如幻化，不可得故
    - 理六度行 — 六度—三輪體空
    - 幻有空二諦
      - 幻有為俗諦
      - 幻有即空為真諦
    - 兩種含中二諦
      - 幻有為俗，幻有即空不空，共為真 —— 是通教含別教之二諦，故受別教來接
      - 幻有為俗，幻有即空不空，一切法趣空不空為真 —— 是通教含圓教之二諦，故受圓教來接
    - 別入通三諦
      - 有漏是俗
      - 無漏是真
      - 非有漏非無漏是中
    - 圓入通三諦
      - 二諦同前項
      - 非有漏非無漏而具一切法，故與前項之中異
  - （三）通教的當機及修證
    - 開示界內利根眾生
    - 令修體空觀，出分段生死，證真諦涅槃
    - 正化菩薩，傍化二乘

圖 7-18：柒、通教的六即菩提：一、通教即是通於大、小三乘

柒、通教的六即菩提

- 二、通教的理即菩提
  - （一）無生——即是通教的理即
  - （二）引用《中論》無生偈
    - 不自生、不他生、不無因生，故知無生
    - 天台家引用《中論》的「無生」，詮釋《大涅槃經》四種四諦中的無生四諦
    - 圓教之初門 — 先理解即空、即假、即中之不但中
    - 別教之初門 — 先聽聞空、假、中之外，有不二但中之理
    - 通教之初門 — 若尚未聞中道之體，而僅以〈無生偈〉做下手的觀行工夫
  - （三）四諦皆真
    - 以無生故，解苦無苦
    - 苦尚即真，集、滅、道之三諦，亦無非真
  - （四）三者的共通點
    - 果雖不同，然同斷見思
    - 同出三界，同證偏真
    - 只行五百由旬中的三百由旬，只入化城，尚未到寶所

- 三、通教的名字即菩提
  - （一）幻化——即是通教的名字即
  - （二）諸法當體即空
    - 一切法即是空，如心經所說五蘊即是諸法空相
    - 是以生死涅槃，同於夢境

圖 7-19：柒、通教的六即菩提：二、通教的理即菩提；三、通教的名字即菩提

柒、通教的六即菩提

- 四、通教的觀行即菩提
  - （一）通教觀行即的位置
    - 三乘共十地之第一乾慧地，尚未得理水，故名乾慧
    - 屬三乘的外凡位 —— 相當於藏教的三賢位
      - 五停心
      - 別相念
      - 總相念
  - （二）三乘共十地
    - 菩薩的十地出於《華嚴經》及《仁王般若經》 —— 天台宗依之設立別教及圓教菩薩的地位
    - 三乘共十地出於《般若經》及《大智度論》 —— 天台宗依之立為通教通於三乘的地位
  - （三）三乘共十地與三乘果位配置
    - 乾慧地 —— 通教的觀行即、藏教的三賢位
    - 性　地 —— 通教的相似即，藏教的四善根位
    - 八人地 —— 通教的分證即七個位子中的初階，藏教的見道位
    - 見　地 —— 通教的分證即七個位子中的第二階，藏教的初果位
    - 薄　地 —— 通教的分證即七個位子中的第三階，藏教的二果位
    - 離欲地 —— 通教的分證即七個位子中的第四階，藏教的三果位
    - 已辦地 —— 通教的分證即七個位子中的第五階，藏教的四果位
    - 支佛地 —— 通教的分證即七個位子中的第六階，藏教的緣覺位
    - 菩薩地 —— 通教的分證即七個位子中的第七階，藏教的菩薩位
    - 佛　地 —— 通教的究竟即，藏教的佛位
  - （四）通教的佛位依止
    - 坐七寶樹下
    - 天衣為座
    - 示世間高大身
    - 度三乘根性
    - 尚非成的實佛

圖 7-20：柒、通教的六即菩提：四、通教的觀行即菩提

柒、通教的六即菩提

- 五、通教的相似即菩提
  - （一）定義
    - 三乘共十地的第二性地
    - 伏見思惑，即三乘內凡位
    - 尚未斷惑故，與藏教四加行位齊
  - （二）何為相似？——得相似的法性理水
    - 藏、通二教以真諦為法性——相似法性
    - 別、圓二教以中諦為法性——真實法性
- 六、通教的分證即菩提
  - （一）何為分證？——從第三八人地至菩薩地的七個位子，地地皆斷一分惑，皆增證一分理
  - （二）通教分證即的七個階位
    - 十地之三八人地——入第十五心的無間三昧時，已具八忍八智中的八忍七智，於無間道的剎那間，便至第十六心的見道位
    - 十地之四見地——十六心全部具足，頓斷三界見惑，見真諦之理
    - 十地之五薄地——斷欲界九品思惑中的前六品，煩惱已薄，故名薄地
    - 十地之六離欲地——斷盡欲界九品思惑
    - 十地之七已辦地——斷盡三界八十八個見惑，八十一品思惑正使，猶如燒木成炭，餘習尚在
    - 十地之八辟支佛地——除了已斷三界見、思正使，也兼侵習氣
    - 十地之九菩薩地
      - 三乘之中的最優勝、最敏利的眾生，即是菩薩乘，斷盡三界見、思二惑的正使
      - 唯其不住二乘涅槃，扶習潤生，化道與空觀，帶空出假，雙流並行，成熟眾生，莊嚴佛剎
      - 三乘共十地的通教菩薩，異於藏教的菩薩，藏教是「假說菩薩，伏惑不斷」，通教菩薩乃是地地皆斷三界見、思二惑

圖 7-21：柒、通教的六即菩提：五、通教的相似即菩提；六、通教的分證即菩提

柒、通教的六即菩提

- 七、通教的究竟即菩提
  - （一）何為究竟？——此為三乘共十地的最高，故稱為佛地
  - （二）通教的佛位依止
    - 機緣熟時，一念相應，斷餘殘習
    - 坐七寶菩提樹下
    - 天衣為坐
    - 現帶劣應身
    - 緣盡入滅
  - （三）通教佛所化及所說
    - 為三乘根性眾生
    - 轉無生四諦法輪
  - （四）通教佛位斷證
    - 正習俱除
    - 如劫火所燒，炭灰俱盡
    - 與聲聞、緣覺同出三界
- 八、通教的三乘修證次第
  - （一）通教的三乘，同以四諦的滅諦為觀行的初門
    - 純根二乘——但見緣生性空，未見空即不空
    - 利根三乘——已見緣生性空，亦見空即不空的中道
    - 中道分類
      - 但中
        - 唯有理性之體，不具諸法之相
        - 若見但中者，便被接入別教
      - 圓中
        - 此理圓融，亦具諸法之相
        - 若見圓中者，便被接入圓教
  - （二）通教被接入別教及圓教
    - 上根人——八人地及見地被接
    - 中根人——薄地、離欲地被接
    - 下根人——已辦地、支佛地被接

圖 7-22：柒、通教的六即菩提：七、通教的究竟即菩提；八、通教的三乘修證次第

柒、通教的六即菩提

- 九、通教的十乘觀法
  - （一）通教十乘觀法，名目雖與藏教相同，內容完全不同
  - （二）通教十法成乘
    - 明所觀境──能觀之心及所觀之境，皆如幻化
    - 明真發心
      - 二乘人緣無生四諦的真諦而修行
      - 菩薩乘人，體達諸法如幻如化；亦兼教人體達諸法如幻如化；與樂拔苦，譬於鏡像
    - 善巧安心如空之止觀──通教教人用如空幻之止觀，治如空幻之昏散，生如空幻之智慧，破如空幻之煩惱
    - 破法遍──以幻化慧，破幻化見思
    - 識通塞──知道苦、集、流轉、六蔽（慳貪、破戒、瞋恚、憐念〔懈怠〕、散亂、愚癡）如幻化，亦以幻化之道滅，幻化之六度通之
    - 道品調適──以不可得心，修三十七道品
    - 對治助開──體三藏法，無常苦空，如幻而治
    - 知次位──識乾慧地等如幻次位，而不謬濫
    - 能安忍──安忍乾慧位的內外諸障而入性地
    - 離法愛──不著性地相似法愛，而入八人地證真諦

圖 7-23：柒、通教的六即菩提：九、通教的十乘觀法

捌、別教的六即菩提

- 一、別教是有別於藏、通、圓之三教
  - （一）何以名為別教？——在教、理、智、斷、行、位、因、果的八點上，不同於藏教及通教，亦異於圓教
  - 所別的八點：
    - 能詮之教——獨被菩薩，不通二乘，故別於通教；亦非唯一佛乘，故別於圓教
    - 所詮之理——真、俗、中的三諦，隔歷不融，故別於藏、通二教不講三諦；次第而證，故別於圓教圓融三諦
    - 所證有三智——一切智、道種智、一切種智，次第而證三智，故有別於藏、通二教的無一切種智；故有別於圓教的三智一心中得
    - 所斷有三惑——見思、塵沙、無明，故有別於藏、通二教未聞無明惑；次第而斷，故有別於圓教的圓斷三惑
    - 所修有五行——聖、梵、天、嬰兒、病，故有別於藏、通二教，但有聖行和少分梵行；次第而修，故有別於圓教的圓修五行
    - 所登位次——十住、十行、十迴向、十地等，故有別於藏教的七方便、聲聞四果、獨覺、菩薩，亦有別於通教的三乘共十地；次第登位，故有別於圓教的一位一切位，隨舉一位，即圓具一切位
    - 因依——以正因佛性的一因，超越生滅二邊，故有別於藏、通二教，尚不知有正因佛性；也有別於圓教的具足正因、緣因、了因的三因佛性
    - 果證——妙覺位的極果，故有別於藏、通二教的不知法身；是位位都不相即，直到妙覺位，方證法身，故有別於圓教的同時具足法、報、化的三身

圖 7-24：捌、別教的六即菩提：一、別教是有別於藏、通、圓之三教：（一）何以名為別教？

捌、別教的六即菩提

- 一、別教是有別於藏、通、圓之三教
  - （二）別教詮述
    - 無量四諦
      - 苦諦有無量相——十界眾生受苦各各不同
      - 集諦有無量相——五住煩惱，各各不同
      - 道諦有無量相——有恆河沙數無量法門
      - 滅諦有無量相——滅諸煩惱的波羅蜜亦是無量
    - 不思議生滅十二因緣
      - 釋五住煩惱前四住是枝末無明為分段生死之因
      - 第五住地的根本無明是變易生死之因
    - 不思議六度及十度
      - 六度——布施、持戒、忍辱、精進、禪定、智慧
      - 六度之般若智慧開四度——方便、願、力、智
      - （以上兩項合為）十度
      - 於一一度中皆攝一切法、皆生一切生、皆成一切法，數如恒沙
    - 顯中之二諦
      - 幻有（通教之俗）、幻有即空（通教之真）——俗諦
      - 不有不空——真諦
    - 圓入別之二諦
      - 別教被接入圓教
      - 幻有、幻有即空——俗諦
      - 不有不空、一切法趣不有不空——真諦
      - 法性具一切法，一切皆法趣不有不空，此外更無一法可得
    - 別三諦顯中二諦
      - 幻有、幻有即空——俗諦
        - 有—俗
        - 空—真
      - 不有不空——真諦—中諦
      - （俗、真、中）別教三諦
    - 圓入別三諦
      - 別教被接入圓教
      - 不空不有之真諦＝中道＝中諦，若具一切法，便成圓教的中諦
  - （三）別教的當機及其修證
    - 開示界外鈍根菩薩
    - 令之修行先空、次假、後中的次第三觀
    - 令出二種生死、證中道無住涅槃

圖 7-25：捌、別教的六即菩提：一、別教是有別於藏、通、圓之三教：（二）別教詮述、（三）別教的當機及其修證

捌、別教的六即菩提

- 二、別教的理即菩提
  - （一）但中即是別教的理即
  - （二）四教理即對照
    - 藏教——偏真理
    - 通教——未聞中道理
    - 別教——但中理
    - 圓教——圓中理
  - （三）真如法性
    - 超越真俗及空有之二邊
    - 亦不即是諸法，乃是隨緣不變之理
    - 尚非一切法皆是圓融無礙的圓中
- 三、別教的名字即菩提
  - （一）解但中義——即是別教的名字即
  - （二）仰信真如法性——在凡不減，在聖不增
  - （三）要藉緣修——先修空觀、次修假觀，進而真修中觀
- 四、別教的觀行即菩提
  - （一）別教觀行即的位置外凡十信位
    - 信　心——於但中理，深信不疑
    - 念　心——於但中理，憶念不忘
    - 精進心——為證但中理，藉緣修習，精進不懈
    - 慧　心——以空慧揀擇，離諸過失
    - 定　心——心不動搖，與不空不有的真諦相應
    - 不退心——定力日深，慧力日發，定慧互資，得心不退
    - 迴向心——以此定慧，迴向佛地
    - 護法心——兢兢自護，保持不失
    - 戒　心——任運防止，一切過非，住戒自在
    - 願　心——以本願力，遊歷十方，上求下化，皆隨所發
  - （二）別教觀行位的觀行
    - 仰信中道
    - 用生滅因緣觀
  - （三）別教觀行位的所伏煩惱
    - 伏三界見思煩惱
    - 名為伏忍位
  - （四）別教觀行位的地位——與通教三乘共十地的初二兩地齊

圖 7-26：捌、別教的六即菩提：二、別教的理即菩提；三、別教的名字即菩提；四、別教的觀行即菩提

捌、別教的六即菩提

- 五、別教的相似即菩提
  - （一）別教相似即概說
    - 內凡十住、十行、十迴向的三十心
    - 稱為菩薩的三賢位
  - （二）別教十住位
    - 與通教的三乘共十地對比 —— 別教第八住以上藏、通二教所不知
    - 名為習種性
    - 修與證
      - 用從假入空觀
      - 見真諦，開慧眼，成一切智
      - 行三百由旬
      - 證三不退中的第一位不退
  - （三）別教十行位
    - 行是進趣的意思 —— 從空入假，觀無量四諦
    - 名為性種性
    - 修與證
      - 用從空入假觀
      - 遍學藏、通、別、圓的四教一切法門
      - 斷界外之塵沙
      - 見俗諦理，開法眼，成道種智
  - （四）別教十迴向位
    - 迴向解釋
      - 迴向是迴此向彼，迴小向大，迴俗向真
      - 此處為迴空有二邊而歸向中道之無相
    - 名為道種性
    - 修與證
      - 習中觀
      - 伏無明
      - 行四百由旬
      - 證三不退中的第二行不退

圖 7-27：捌、別教的六即菩提：五、別教的相似即菩提

捌、別教的六即菩提

- 六、別教的分證即菩提
  - （一）分證指別教菩薩的十地及等覺菩薩
    - 望於相似即的三十心之三賢位
    - 又稱十聖位：十地菩薩皆屬聖種性
    - 自初地開始，名為分證即佛位
    - 每一地中，各斷一品無明，各證一分中道
    - 等覺菩薩——等覺性，第十地更斷一分無明，便入等覺菩薩的一生補處位
  - 初為歡喜地
    - 名見道位：以中道觀，見第一義諦
    - 開佛眼，成一切種智
    - 行五百由旬，初入實報無障礙土
    - 初到寶所的聖位，證三不退中的第三念不退
    - 登初地，即得無功用道
    - 能百界作佛，八相成道，利益眾生
  -
    - 第二離垢地——以中道觀，不落二邊
    - 第三發光地——以中道智光，入上信忍
    - 第四燄慧地——順以無生法忍，觀慧發燄
    - 第五難勝地——順以無生忍，見思塵沙既空，實報分證亦空
    - 第六現前地——上品柔順忍，寂滅境相，常時現前
    - 第七遠行地——觀諸煩惱，不有不無，當體無生
    - 第八不動地——修無生忍，不再被三界動作所動
    - 第九善慧地——以上品無生忍，念念覺無生之理
    - 第十法雲地——既同於真如，亦融攝法界，以妙法慈雲，覆涅槃之海
  - 等覺菩薩位
    - 屬於等覺性
    - 從法雲地的菩薩看，等覺位即是佛
    - 從妙覺位的佛來看，等覺位是金剛心菩薩
    - 等覺位的菩薩尚有最後一品無明待破
    - 對於變異生死而言，名為一生補處菩薩
    - 對於妙覺位稱為無上士而言，等覺菩薩名為有上士
  - （二）四種忍位
    - 伏忍——十住、十行、十迴向：三十心三賢位
    - 信忍
      - 初地：下品
      - 二地：中品
      - 三地：上品
    - 柔順忍
      - 四地：下品
      - 五地：中品
      - 六地：上品
    - 無生忍
      - 七地：下品
      - 八地：中品
      - 九地：上品

圖 7-28：捌、別教的六即菩提：六、別教的分證即菩提

捌、別教的六即菩提

- 七、別教的究竟即菩提
  - （一）究竟
    - 即是妙覺圓滿的佛果位
    - 屬於妙覺性
  - （二）歷程
    - 從等覺位金剛後心更破最後一品無明
    - 便入妙覺的究竟位
  - （三）別教的佛位依止
    - 無明永盡
    - 坐蓮華藏世界的七寶樹下
    - 以大寶華王為座
    - 現圓滿報身
  - （四）別教佛所化眾生及所轉法輪
    - 為鈍根菩薩——係對圓教利根菩薩而言
    - 轉無量四諦法輪
- 八、別教的修證次第
  - （一）別教的異名
    - 獨菩薩法
    - 異於通教大乘之通於大、小三乘
  - （二）別教的初門
    - 修界外的道諦
    - 以對治藏、通二教的界內道、滅二諦
  - （三）四教對照
    - 藏教的初門——界內苦諦
    - 通教的初門——界內滅諦
    - 別教的初門——界外道諦
    - 圓教的初門——界外滅諦
    - 藏、通二教的界內道諦—別教的界外集諦
    - 藏、通二教的界內滅諦—別教的界外苦諦
  - （四）別教之中已無二乘
    - 通教三乘既已被接，皆名菩薩
    - 別教從通教接入者——已失二乘之名
    - 通教利根三乘被接入別、圓二教

圖 7-29：捌、別教的六即菩提：七、別教的究竟即菩提；八、別教的修證次第

捌、別教的六即菩提

- 九、別教的十乘觀法
  - 十乘觀法
    - 四教對照：與藏、通、圓名同實異
    - 亦名十法成乘
  - 一觀不思議境
    - 以緣登初地的中道之境為所觀境
    - 於十信、十住、十行、十迴向位中習中觀，超空有，伏無明
    - 稱為緣修位
  - 二真正發菩提心
    - 以緣無量四諦，普為法界眾生，發〈四弘誓願〉
  - 三善巧安心止觀
    - 不但修止，應亦修觀
    - 宜止觀雙運，不相舍離
  - 四次第遍破三惑
    - 見思、塵沙、無明
  - 五善識通塞
    - 以空、假、中的次第三觀為通
    - 以三藏教的空為塞
    - 位位相傳，檢點，不得疏忽
  - 六調適道品
    - 以三十七道品作為調適
    - 以之入三解脫門而證無漏的中道實相
  - 七對治助開
    - 亦用藏、通二教所修法門，助開實相第一義諦
  - 八知位次
    - 善知十信、十住、十行、十迴向、十地、等覺、妙覺的七位差別
    - 終不說我已登極上聖位的佛果
  - 九能安忍
    - 能離違及順、強及軟的二類心賊
    - 方能警策自己由十信位而進於十住
  - 十離法愛
    - 不於相似位的十住、十行、十迴向，而起法愛心
    - 離此法愛，便能從三賢位而進入十地

圖 7-30：捌、別教的六即菩提：九、別教的十乘觀法

玖、何謂圓教

- 一、圓教的定義
  - 圓妙 —— 三諦圓融
  - 圓融 —— 三一相即
  - 圓足 —— 圓見事理
  - 圓頓 —— 體非漸成
- 二、圓教的功能
  - 圓伏 —— 圓伏五住煩惱
  - 圓信 —— 圓常正信
  - 圓斷 —— 一斷一切斷
  - 圓行 —— 一行一切行
  - 圓位 —— 一位一切位
  - 圓自在莊嚴
    - 一心三諦為所莊嚴
    - 一心三觀為能莊嚴
  - 圓建立眾生 — 以四悉檀普利眾生
- 三、圓教詮述
  - （一）無作四諦 —— 無苦可捨、無集可斷、無道可修、無滅可證
  - （二）不思議不生滅十二因緣
    - 十二因緣，名為佛性
    - 無明、愛、取 —— 煩惱即般若 —— 了因佛性
    - 行、有、業即解脫 —— 緣因佛性
    - 識、名色、六入、觸、受、生、老死 —— 苦即法身 —— 正因佛性
  - （三）稱性六度、十度
    - 稱法界性而行六度、十度 — 六度、十度的每一度中，各各全是法界，各具一切法，即空、即假、即中
    - 施度：稱法界而行布施
      - 施度為法界，一切法趣施，是趣不過 —— 是假義
      - 施尚不可得 —— 是空義
      - 當有趣及有非趣 —— 是中義
    - 以上類推，六度、十度，亦皆稱法界性而行六度
      - 六度、十度為法界，一切法趣六度、十度，是趣不過 —— 是假義
      - 六度、十度尚不可得 —— 是空義
      - 當有趣及有非趣 —— 是中義

圖 7-31：玖、何謂圓教：一、圓教的定義；二、圓教的功能；三、圓教詮述：（一）無作四諦、（二）不思議不生滅十二因緣、（三）稱性六度、十度

玖、何謂圓教

- 三、圓教詮述
  - （四）不思議二諦
    - 藏教 — 明實有二諦
    - 通教 — 明幻有、空二諦
      - 通含別
      - 通含圓
      - （通含別、通含圓）二諦
    - 別教 — 明
      - 顯中之二諦
      - 圓入別二諦
    - 圓教的不思議二諦
      - 二諦皆具諸法
      - 俗諦
        - 六凡法界的幻有
        - 出世間諸法的幻有即空
      - 真諦
        - 一切法趣有趣空
        - 一切法趣不有不空
      - 不思諦二諦
        - 真即是俗，俗即是真，真俗相即
        - 如如意珠，即珠是用，即用是珠
        - 二而不二，不二而二世出世間諸法，三千性相，既皆是俗諦，亦無非真諦
      - 理具與事造一念三千
        - 理具 — 真諦之理性，具足三千性相
        - 事造 — 俗諦之事相，顯示三千性相
        - （理具、事造）兩重三千
        - 俗諦即真諦 — 事造三千即理具三千
        - 真諦即俗諦 — 理具三千即事造三千
        - （俗諦即真諦、真諦即俗諦）事理圓融
  - （五）圓妙三諦
    - 藏教 — 但明二諦，不論三諦
    - 通教 — 明別入通三諦及圓入通三諦
    - 別教 — 明別三諦及圓入別三諦
    - 圓教 — 明圓妙三諦
      俗諦、真諦、中道第一義諦，三諦相即：一即三，三即一的實相不可思議
- 四、圓教的當機及修證
  - （一）開示界外利根菩薩 — 不同於別教開示界外鈍根菩薩
  - （二）令修一心三觀
    - 依圓妙三諦的性德
    - 修一心三觀的修德
  - （三）圓超二種生死
    - 依性修二德
    - 超越分段及變異的二種生死
  - （四）圓證三德涅槃 — 圓證法身、般若、解脫的涅槃三德
  - （五）大異於別教所說
    - 法身雖是本來具足
    - 般若則須漸次修成
    - 解脫要待最後始滿

圖 7-32：玖、何謂圓教：三、圓教詮述：（四）不思議二諦、（五）圓妙三諦；四、圓教的當機及修證

拾、圓教的六即佛

- 一、天台學的六即佛本指圓教
  - （一）藏、通、別三教，雖已各論六即而皆未究竟
  - 四教對照
    - 藏、通二教的佛果位 —— 圓教的相似即佛位
    - 別教的妙覺位 —— 圓教的分證佛位
    - 藏、通、別三教的六即 —— 但有六義，未有即義，未知心、佛、眾生三無差別故
    - 若以圓教的圓融中道之理判斷 —— 藏、通二教的佛果以及別教的十迴向位，以尚未解三諦相即的圓中，故皆只能名為理即佛
  - （二）正約圓教方論六即佛
    - 《教觀綱宗》四教各論六即
    - 於別教相似即之前，皆名即而不名即佛
    - 從別教分證即佛之後始用即佛之名
- 二、圓教的理即佛
  - （一）理即佛者，不思議理性也 —— 一切眾生本來具足，而尚未了知
  - （二）即是不變隨緣、隨緣不變的如來之藏
  - （三）如來藏隨緣之義
    - 別教只說隨緣不變
    - 圓教更說不變隨緣，以表理性與事相的相融相即
  - （四）如《華嚴經》所説的「心佛及眾生，是三無差別」
    - 在凡不減
    - 在聖不增

圖 7-33：拾、圓教的六即佛：一、天台學的六即佛本指圓教；二、圓教的理即佛

拾、圓教的六即佛

- 三、圓教的名字即佛
  - （一）名字即佛
    - 聞知了解一切眾生皆有不思議的理性
    - 了知《摩訶止觀》所說「一色一香，無非中道。」
    - 亦即了知理具及事造的三千性相，同在現前一念的妄心之中
    - 了知念念具足理具事造的兩重三千
    - 了知念念的心法各具兩重三千——一切諸佛之法及一切眾生之法，無不各各本具兩重三千
  - （二）了知現前一念即是理具及事造兩重三千的中道第一義諦——任何一法，當亦無一不是中道第一義諦
  - （三）理即佛及名字即佛—雖具理性而尚不知，雖已聞知而尚未實修，故於煩惱尚無伏斷。

- 四、圓教的觀行即佛
  - （一）觀行即佛
    - 進入由解而修的階段
    - 1. 即外凡的五品弟子位
    - 2. 圓伏五住煩惱
  - 外凡五品弟子位
    - 1. 隨喜品：聞實相法，信解隨喜
    - 2. 讀誦品：更要讀誦法華經等，以助觀解
    - 3. 講說品：講說自己所解的經法，導利眾生
    - 4. 兼行六度品：兼修六度，以助觀心（念念即是中道第一義諦）
    - 5. 正行六度品：正修六度，自行化他，觀行轉勝。
  - （二）圓教的觀行即佛位及所修——與別教的十信位齊，修七方便法
    - 1. 五停心
    - 2. 四念處
      - 別相念處
      - 總相念處
    - 3. 四加行，亦名四善根
      - 暖
      - 頂
      - 忍
      - 世第一
  - （三）雖與別教的十信位齊，而復大勝
    - 別教十信位，只知但中理
    - 圓教觀行位，早知圓中理

圖 7-34：拾、圓教的六即佛：三、圓教的名字即佛；四、圓教的觀行即佛

拾、圓教的六即佛

- 五、圓教的相似即佛
  - （一）相似即佛 —— 斷三界見思惑，並伏斷界內外的塵沙惑，僅伏無明惑，尚未開始斷無明惑，故名相似即佛
  - （二）是十信內凡位
    - 三賢為外凡
    - 四善根為內凡
      - （以上二項）是藏、通、別三教所說
    - 五品弟子位是外凡
    - 圓教十信位是內凡
      - （以上二項）是圓教所說
  - （三）圓教十信位，名同別教而內容全異
    - 別教十信位
      - 圓教五品弟子位
      - 僅伏見思二惑
    - 圓教十信位
      - 別教十住、十行、十迴向位
      - 斷盡見思二惑，也斷塵沙惑並伏無明
  - （四）圓教初信位
    - 斷見惑
    - 證位不退
    - 與別教初住、通教見地、藏教初果齊
  - （五）二信至七信位
    - 斷思惑
    - 與別教七住、通教已辦地、藏教四果齊，而復大勝
    - 此位與別七住、通已辦、藏四果「同除四住，此處為齊」
      - 「同除四住，此處為齊」，原出《法華玄義》而被《永嘉集》所引用
      - 「四住」即是五住地煩惱的前四住地
      - 於此位中雖齊於別七住、通已辦、藏四果，但此圓教是一一位中皆未離開中道第一義諦。故云大勝
      - 尤其圓教此位已伏無明，故非三藏教所可比擬
  - （六）八信至十信位
    - 斷界內界外塵沙
    - 行四百由旬
    - 證行不退
    - 與別教十迴向位齊

圖 7-35：拾、圓教的六即佛：五、圓教的相似即佛

拾、圓教的六即佛

- 六、圓教的分證即佛
  - （一）分證即佛四教對照
    - 別教的分證即——僅係圓教的初住至十住位
    - 通教的分證即——僅係圓教的初信至六信位
    - 藏教的分證即——僅係圓教的初信至三信位
    - 圓教的分證即十住至等覺位
      - 十住 —— 別教的十地，初地便是分證即佛
      - 十行
      - 十迴向
      - 十地
      - 等覺
  - （二）初住
    - 斷一分無明，證一分三德。一心三觀，任運現前
    - 具佛五眼，成一心三智
    - 行五百由旬，初到寶所（初入聖域，別教的初地）
    - 初居實報淨土，分證常寂光淨土
    - 四教對照
      - 藏教
        - 四果、獨覺、佛 —— 同出三界，只行三百由旬—凡聖同居土
      - 通教 — 佛—別教初地、圓教初住
      - 別教 — 十迴向—已行四百由旬—方便有餘土
      - 圓教
        - 初住—別教初地—已行五百由旬—初居實報土
        - 妙覺極果—上上品
          - 常寂光土
          - （實報無障礙土）
    - 現身百界，八相作佛
  - （三）第二住至十住 —— 與別教十地齊
  - （四）十行位的初行 —— 與別教等覺齊
  - （五）第二行 —— 與別教妙覺的佛果齊
  - （六）第三行已去 —— 所有觀智即斷惑，對別教之人而言，已不知名字

圖 7-36：拾、圓教的六即佛：六、圓教的分證即佛

拾、圓教的六即佛

- 七、圓教的究竟即佛
  - （一）究竟即佛位 —— 圓教的無上極果
  - （二）究盡諸法實相，邊際智滿 — 已斷盡四十二品微細無明，永不再生
  - （三）究竟登涅槃山頂及四教對照
    - 三藏教的劣應身佛 — 證偏真涅槃
    - 通教的帶劣應身佛 — 證真諦涅槃
    - 別教的圓滿報身佛 — 證無住處涅槃
    - 圓教的清淨法身佛 — 圓證三德涅槃，稱為涅槃山頂
  - （四）以虛空無為為座
  - （五）成清淨法身
    - 上上品常寂光土
    - 亦名上上品實報無障礙土
  - （六）性德與修德圓融圓滿不二 —— 理具與事造，平等無差別

- 八、圓教的接別教與接通教
  - （一）圓教的異名 —— 名最上佛法，亦名無分別法
  - （二）以界外滅諦為初門
    - 藏教詮生滅四諦，以苦諦為初門
    - 通教詮無生四諦，以滅諦為初門
      - （藏、通二教）藏、通二教道諦 —— 為界外集諦
      - 藏、通二教滅諦 —— 為界外苦諦
    - 別教詮無量四諦，以界外道諦為初門
    - 圓教詮無作四諦，以界外滅諦為初門
  - （三）當體即佛
    - 能接別教及接通教之人，進入圓教
    - 1. 接別教之人者
      - (1) 上根的人十住位被接入圓教初信至八信位
      - (2) 中根的人十行位被接入圓教第九信及第十信位
      - (3) 下根的人十迴向位被接入圓教第十信位
      - (4) 若按位接，即被接入圓教十信位
      - (5) 若勝進接，即被接入圓教初住位
    - 2. 接通教之人進入圓教已如通教項下所說
      - (1) 見但中者，接入別教
      - (2) 見圓中者接入圓教
        - a. 上根八人地、見地被接
        - b. 中根薄地、離欲地被接
        - c. 下根已辦地、支佛地被接
      - (3) 若按位接，或同別教十向，或同圓教十信
      - (4) 若勝進接，或同別教初地，或同圓教初住
    - 3. 圓於別教接賢不接聖；圓於通教接聖不接賢
      - (1) 圓教只接別教的賢位人，不接別教的聖位人
      - (2) 圓教只接通教的聖位人，不接通教的賢位人
  - （四）藏教之人
    - 未入聖位者，容有轉入通、別、圓者；已入聖位者保果不前，永無被接之義了
    - 要待法華會上，方得會入圓教 會三乘歸於唯一圓教佛乘

圖 7-37：拾、圓教的六即佛：七、圓教的究竟即佛；八、圓教的接別教與接通教

拾、圓教的六即佛

- 九、圓教的十乘觀法
  - 溯源：智者大師摩訶止觀
    - 所說十法成乘，文義正在圓教
    - 藏、通、別三教雖各明十乘觀法，但各教約略點示
    - 十法的行門始末，廣在摩訶止觀（卷五至卷十）
  - （一）觀不思議境 —— 如來知見深遠，橫周法界之邊際，豎徹三諦之源底
  - （二）真正發菩提心 — 如四無量心之中，慈悲最高，普覆一切眾生
  - （三）善巧安心止觀 — 如一行三昧，息一切智、一切行也
  - （四）以圓三觀，破三惑遍 —— 如於八正道中行，速疾到達薩婆若（一切智）海
  - （五）善識通塞
    - 譬隨時隨處，即動而靜，即靜而動
    - 若塞須破，若通須護，但除其病，不除其法
  - （六）調適無作道品
    - 實相為體，三十七道品為前導
    - 以無作道品，牽引不思議觀之車
  - （七）對治助開
    - 以藏、通、別等三教的事相法門，助開圓中之理
    - 若正道多障，圓理不開，須修事助，謂五停心及六度等
  - （八）知次位
    - 倘不知次位，起增上慢，以凡濫聖，招過不輕
    - 故須深自檢察，庶不至於得少為足
  - （九）能安忍
    - 若有強弱諸魔惱亂真修，須觀於空、無相、無作的三解門，便能不動不退
    - 並且策勵，由圓教外凡五品弟子位而進入內凡十信位
  - （十）離法愛
    - 既階圓教十信位，證六根清淨，得順道法，易生法愛，然此仍係圓教內凡位
    - 須策勵自己，離此十信法愛，而入聖位分真的十住、十信、十迴向、十地，乃至等覺、妙覺，得大理、大誓願、大莊嚴、大智斷、大偏知、大道、大用、大權實、大利益、大無住
  - 十乘觀法與三根
    - 上根人 —— 但修第一不思議觀境，即具足十乘
    - 中根人 —— 但於第一乘法至六乘法，隨修一乘，即具十乘
    - 下根人 —— 必須具修十乘

圖 7-38：拾、圓教的六即佛：九、圓教的十乘觀法

二、第二層圖示：依逐字稿內容，就十六次講述排序重點製圖

第二層次之圖示，如前所述，乃依十六次逐字稿內容予以整理後，繪製為心智圖，以理解法師詮釋之內容。法師於授課前雖設有講綱，然因授課過程中安排分組討論、提問等環節，加之如前所述，本課程乃為出家法師、未來授課師資、法鼓山悅眾等對象而講述，故除原先源於貫註《教觀綱宗》而寫就之《天台心鑰》內容外，尚增加諸如漢傳佛教、天台與禪之關聯、如來藏相關討論，以及消極、積極實相論等主題，因此本層次擬先就十六次課程實際講述內容整理如圖。

其後再依本書之撰寫原則，以主題方式重新編寫重點綱要。

以下圖示即為依十六次之時間序，針對內容整理如後。

- 1-1 內容簡述與摘要
  - 摘要
    - 講義旨在復興並推廣漢傳佛教中次第完整的天台宗學說
    - 強調教觀雙修的重要性
  - 《教觀綱宗》的特色
    - 宗旨與定位
      - 推廣和發展漢傳佛教中的天台學
      - 天台宗是漢傳佛教的重要學派
      - 提倡「教觀並重」
    - 內容概要
      - 五時八教
        - 五時：佛陀說法的五個階段
        - 八教：化儀四教與化法四教
      - 十乘觀法——提供完整的修行方法
      - 一念三千、一心三觀
      - 三身四土
      - 六即佛——修行歷程與證果的不同階段
    - 特色
      - 重視次第性和體系性
      - 包容性與融攝性
      - 理論與實踐兼顧
  - 《教觀綱宗》的重點
    - 宗旨與背景
      - 蕅益大師所著，旨在闡述天台宗的教義
      - 恢復佛教「教觀並重」的本質
    - 內容概要
      - 判教體系
      - 重要概念：一念三千、三身四土、六即佛
    - 特色與重要性
      - 統合大、小乘的觀點
      - 教觀並重的強調
  - 漢傳佛教的定義與特色
    - 漢傳佛教融合中國文化
    - 高度的彈性與包容性
    - 強調實踐與理論並重
  - 漢傳佛教的現代意義與挑戰
    - 提供修行指引
    - 社會關懷與國際交流
    - 面臨現代化的挑戰
  - 如何研讀《天台心鑰》
    - 先看目次
    - 參閱原典
    - 細讀語譯
    - 重視註釋
    - 配合附圖
    - 多次研讀
    - 參與讀書會

圖 7-39：第一梯次第一堂課內容簡述與摘要（1-1）

- **1-2 內容簡述與摘要**
  - 摘要
    - 探討天台宗的教觀思想及蕅益大師的詮釋
    - 追溯三代祖師的思想發展
    - 強調如來藏思想的核心作用
  - 《教觀綱宗》基本資料
    - 作者與背景
      - 作者：蕅益大師
      - 目的：復興佛教、強調教觀並重、補偏救弊
    - 內容重点
      - 詳解五時八教、教觀雙運
      - 一心三觀、三身四土、六即佛
    - 特色
      - 不局限於傳統觀點、融會各宗各派
      - 重視實踐、簡明扼要
  - 天台宗的判教思想
    - 判教的定義與重要性
      - 定義：對佛教教義進行分類、分期和分層次的判別
      - 目的：釐清佛法、對治疑惑、引導修行、調和各宗
    - 判教的特色
      - 次第性、體系性、圓融性、實踐性
      - 不局限於一家之說
  - 天台宗與重要內容：一心三觀 四種三昧 六即佛
    - 起源與發展 —— 慧文、慧思、智顗的貢獻
    - 一心三觀
      - 一心的含義：心性本具、能觀之智
      - 三觀的內容：空觀、假觀、中觀
    - 四種三昧 —— 常坐三昧、常行三昧、半行半坐三昧、非行非坐三昧
    - 六即佛 —— 從凡夫到成佛的六個階段
    - 修持 —— 觀心修行、融入生活、止觀雙運
    - 在化法四教中的體現
  - 五時八教
    - 「五時」的意義
      - 定義：佛陀說法的五個階段——別五時與通五時的區別
      - 目的：理解佛陀教法的整體架構
    - 「八教」的意義
      - 定義：佛陀所說依內容與對象分為八教法——化儀四教與化法四教
      - 目的：幫助學佛者了解不同教法的特性
    - 應用 —— 判教與修行的指導
  - 如來藏思想
    - 起源與發展
      - 《法華經》的中心思想
      - 與中觀學派的差異
    - 內涵
      - 佛性的別名、眾生本具
      - 積極的實相論
    - 與其他宗派的關係
    - 應用與注意事項
      - 人間淨土的思想基礎
      - 避免落入有神論與執著佛性

圖 7-40：第一梯次第二堂課內容簡述與摘要（1-2）

- 1-3 內容簡述與摘要
  - 摘要 — 核心內容
    - 天台宗的五時判教
    - 《教觀綱宗》通別五時說
    - 佛教經典討論
    - 五時八教判教的討論
    - 對經典成立史的態度
  - 天台宗的五時判教
    - 根據《涅槃經》的五味說
      - 將佛陀說法分為五個不同的時段
      - 五種味道：牛奶、酪、生酥、熟酥、醍醐
    - 五時的具體內容
      - 佛陀成道後最初宣說《華嚴經》，屬於頓教
      - 宣說阿含經典，針對小乘根基的眾生
      - 宣說方等經典
      - 宣說般若經典
      - 宣說《法華經》和《涅槃經》，顯示圓教的實理
    - 通五時與別五時
      - 別五時：某部經典主要闡述的時間段
      - 通五時：佛陀在不同時段，針對不同根機的眾生，仍會宣說各個時期的經典內容
    - 五時判教的意義 — 教法的層次與教化方式的分類
  - 聖嚴法師詮釋天台判教
    - 梳理經論中的名相，建立系統的教理架構
    - 彌補漢傳佛教的空洞化和形式化
  - 佛教經典討論
    - 經典成立史的觀點
      - 經典非一時完成，經過多次集結和編輯
      - 不同學者對經典的看法差異
    - 對佛教判教的態度
      - 不應絕對否定或接受，尊重古大德的智慧
      - 理解不同時代的思潮
  - 總結 — 理解天台宗的五時判教及其歷史脈絡，幫助全面把握佛法的內涵

圖 7-41：第一梯次第三堂課內容簡述與摘要（1-3）

- 1-4 內容簡述與摘要
  - 摘要 — 核心內容
    - 教觀綱宗背景、目的、概念與現代意義
    - 化儀四教及眾生根機的討論
    - 化法四判教
    - 涅槃實相
  - 《教觀綱宗》
    - 背景與目的 — 蕅益大師撰寫，旨在彌補漢傳佛教的空洞化和形式化
    - 重要概念
      - 一心三智與一心三觀：修行過程中的方法與結果
      - 五時判教：強調通、別五時的概念
      - 化儀四教：頓教、漸教、祕密教、不定教，不同教化方式
      - 權實二智：開權顯實的教法
      - 化法四教：藏、通、別、圓四教，不同的修行層次
      - 真諦、俗諦、中諦：對法不同層次的詮解
    - 現代意義 — 系統整理天台宗的教理和修行方法，避免修行偏差
  - 化儀四教及眾生根機的討論
    - 化儀四教是分類佛陀教化方式的四種類型
    - 根機的分類 — 頓根、漸根、不定根、祕密
    - 四教與根機的關係 — 各教對應不同根機的眾生
    - 根機與修行 — 根機差異導致理解的不同
    - 根機與判教 — 幫助理解佛陀對不同根機的教法
  - 化法四判教
    - 定義與目的 — 用來分類佛陀教法的系統，幫助理解不同教法的層次
    - 具體內容
      - 藏：針對二乘人的基本佛法
      - 通：三乘共教，破除對現象的執著
      - 別：針對菩薩，強調六度萬行
      - 圓：最上根機的眾生，佛法的究竟
    - 四教的關係 — 由淺入深，逐步提昇的過程
    - 四教與五時判教的關聯 — 各時期主要宣說的教法及其意義
    - 四教的意義 — 幫助修行者了解不同教法的層次和目標
    - 四教對禪宗的提醒 — 禪宗不立文字，可能導致以凡濫聖的問題
  - 涅槃實相
    - 實相的定義與本質 — 諸法真實不虛的本質
    - 不同層次的涅槃與實相 — 小乘、大乘的不同修證
    - 實相論的積極與消極
    - 實相與修行 — 修行的目標是證悟實相

圖 7-42：第一梯次第四堂課內容簡述與摘要（1-4）

- 1-5 內容簡述與摘要
  - 摘要 — 核心內容
    - 化法四教
    - 煩惱
    - 三觀
    - 禪觀
  - 化法四教與煩惱、觀行的討論
    - 定義與目的 — 佛陀為不同程度的眾生設置的四種教化層次
    - 以煩惱輕重別分類
      - 藏：見思煩惱較重的鈍根眾生
      - 通：見思煩惱較輕的利根眾生
      - 別：無明煩惱較重的鈍根菩薩
      - 圓：無明煩惱較輕的利根菩薩
    - 與煩惱的關係 — 各教對應不同的煩惱
    - 與觀行的關係 — 每教對應不同的觀行方法
    - 與化儀四教的關係 — 化法四教是教化的層次，化儀四教是教化的方式（軌道）
  - 煩惱
    - 定義與分類
      - 障礙身心清淨的精神作用
      - 此以見惑、思惑、無明惑對照四教說
    - 見惑 — 知見上的錯誤，較易斷除
    - 思惑 — 情感上的執著，較難斷除
    - 無明惑 — 根本煩惱，最難斷除
  - 三觀
    - 定義與分類 — 三種觀行方法：頓觀、漸觀、不定觀
    - 頓觀 — 針對圓教根機，直接體悟法實相
    - 漸觀 — 理解圓教之理，但需次第修行
    - 不定觀 — 修行方式不固定，隨根機而變
    - 與化法四教的關係 — 各觀行方法對應不同的教法
    - 實踐 — 透過觀照斷除煩惱、證悟實相
  - 禪觀
    - 定義與重要性 — 通過禪定修習，達到觀照實相
    - 分類 — 頓觀、漸觀、不定觀
    - 智者大師重要著作
      - 《摩訶止觀》
      - 《禪波羅蜜次第法門》
      - 《六妙門》
    - 實踐方法 — 行解並重：理論與實踐相結合
    - 注意事項 — 修習需要有次第，避免增上慢

圖 7-43：第一梯次第五堂課內容簡述與摘要（1-5）

- 1-6 內容簡述與摘要
  - 摘要 — 核心內容
    - 分段生死
    - 討論《教觀綱宗》
    - 化法四教
    - 天台宗的六即菩提
    - 偏真涅槃
  - 討論《教觀綱宗》
    - 核心思想 —— 教觀並重，圓融思想
    - 主要內容 —— 判教理論、化法四教、化儀四教
    - 影響 —— 重要入門書籍，整合佛教各宗派的教與觀
  - 從藏教探討分段生死
    - 定義 —— 眾生因業力所感而經歷的輪迴生死
    - 特徵
      - 階段性：生命以「段落」形式存在
      - 期限性：每一期生命都有時間限制
      - 業力所感：因過去行為所造成的結果
    - 與不同修行階段的關係
      - 凡夫：屬於分段生死
      - 小乘聖者：仍在分段生死中
      - 大乘菩薩：初地以上的菩薩才能出離
    - 與變易生死的關係 —— 變易生死大乘菩薩方得致之
  - 化法四教的層次與對象
    - 藏教（三藏教）—— 主要針對鈍根眾生，詮生滅四諦之理
    - 通教 —— 針對利根眾生，為大乘的入門
    - 別教 —— 強調次第修行，需經三大阿僧祇劫
    - 圓教 —— 針對無明惑較輕的菩薩，最圓滿的教法
  - 天台宗的六即菩提
    - 定義與意義 —— 六即菩提描述從凡夫到成佛的過程
    - 原為圓教所立之六即 —— 理即、名字即、觀行即、相似即、分證即、究竟即
    - 凡聖等級 —— 外凡位、內凡位（賢位）、聖位
    - 《教觀綱宗》對六即的詮釋
      - 將六即應用於化法四教
      - 顯示修行的漸進過程
  - 偏真涅槃
    - 定義與內涵 —— 偏於真諦，寂滅為樂
    - 與大乘涅槃的比較 —— 小乘只見到空性的一面
    - 天台宗對偏真涅槃的態度 —— 小乘修行是通往大乘的基礎
    - 與六即菩提的關係 —— 藏教理即指偏真涅槃

圖 7-44：第一梯次第六堂課內容簡述與摘要（1-6）

- 1-7 內容簡述與摘要
  - 摘要 — 核心內容
    - 佛教基本教義
    - 天台宗
    - 修行次第
    - 實證解脫
    - 師生及學習討論
  - 佛教基本教義
    - 四聖諦 —— 苦諦、集諦、滅諦、道諦
    - 八正道 —— 正見、正思惟、正語、正業、正命、正精進、正念、正定
    - 三法印 —— 諸行無常、諸法無我、涅槃寂靜
    - 十二因緣 —— 無明、行、識、名色、六入、觸、受、愛、取、有、生、老死
    - 業力、涅槃、空性、三藏
  - 天台宗相關
    - 天台宗判教 —— 五時八教
    - 天台宗的禪觀
      - 止觀雙運
      - 三觀：空觀、假觀、中觀
      - 六妙門
    - 天台宗的修行階位 —— 六即位
    - 天台宗的特色 —— 教觀雙運、圓融思想、性具思想、一念三千
    - 三藏教的禪修方法
      - 析空觀
      - 五停心觀、四念住
  - 修行次第
    - 天台宗的修行次第
    - 三藏教的修行次第
    - 修行次第的重點
    - 禪修方法與修行次第的關係 —— 不同禪修方法對應不同修行層次
    - 修行是為了實用 —— 佛法應用於日常生活
  - 實證解脫
    - 天台宗的實證解脫 —— 圓教的究竟解脫
    - 三藏教的實證解脫 —— 小乘的解脫
    - 實證的次第 —— 見道位、修道位、無學位
    - 實證解脫的關鍵 —— 實修、觀照身心、放下執著
  - 關於師生以及學習的討論
    - 了解學習者的根機與需求 —— 根器差異與需求
    - 提供適合的教法與引導 —— 循序漸進、解行並重
    - 引導學習者思考與實踐 —— 鼓勵發問與深入研究
    - 老師的角色與態度 —— 引導者而非主導者，耐心與慈悲

圖 7-45：第一梯次第七堂課內容簡述與摘要（1-7）

- 1-8 內容簡述與摘要
  - 摘要 — 核心內容
    - 三界九地
    - 八忍八智
    - 三藏教的果位
    - 三藏教的「究竟即菩提」
    - 十法成乘
  - 三界九地
    - 三界及其定義 — 欲界 — 色界 — 無色界
    - 九地及其定義 — 欲界五趣雜居地 — 色界四地 — 無色界四地
    - 三界九地的意義
      - 眾生輪迴的範疇 — 不同層次的境界
      - 修行的次第與解脫的方向
    - 與實證解脫的關係
      - 三藏教的解脫
      - 大乘佛教的解脫
      - 漸次修行的過程 — 實修的重要性
  - 八忍八智
    - 八忍八智的定義
      - 對真理的確認和接受
      - 對真理的證悟和理解
    - 八忍八智的修行次第
      - 十六心見道
      - 觀四聖諦
      - 生起智慧
      - 證得預流果
      - 斷除見惑
    - 八忍八智的特性 — 無漏的智慧 — 斷惑證真
    - 八忍八智在三藏教中的地位
      - 見道位的重要修行
      - 證得初果的基礎
  - 三藏教的果位
    - 三藏教的三種果位
      - 阿羅漢
      - 緣覺（辟支）佛
      - 在人間示現的釋迦牟尼佛
    - 三藏教果位的共同點 — 斷見思惑，證得偏真涅槃
    - 三藏教果位與大乘佛教的不同
      - 菩提心的強調
      - 涅槃的追求
      - 佛果的理解
    - 三藏教的十法成乘觀法 — 十種觀心法門 — 適合不同根器眾生
  - 三藏教的「究竟即菩提」
    - 究竟即菩提的定義 — 偏真涅槃
    - 三藏教的三種究竟即菩提 — 阿羅漢果、辟支佛果、佛果
    - 三藏教究竟即菩提的特性 — 以個人解脫為主
    - 如何達到究竟即菩提
    - 與大乘佛教的比較
    - 《法華經》的觀點 — 二乘涅槃如酒醉
  - 十法成乘
    - 十法成乘的定義 — 十法成乘的內容 — 十法成乘的應用
    - 與圓教的比較

圖 7-46：第一梯次第八堂課內容簡述與摘要（1-8）

- 2-1 內容簡述與摘要
  - 摘要 — 核心內容
    - 漢傳佛教的特色
    - 天台宗的思想
    - 禪宗與經教的關係
    - 天台宗的「五時八教」體系
    - 佛法整體觀
  - 漢傳佛教的特色
    - 兼容並蓄，不拘泥於宗派
      - 融合各宗各派思想
      - 高度的彈性與包容性
    - 以禪宗為主，但需天台為背景
      - 中國禪宗的發展
      - 天台宗提供的邏輯化框架
    - 重視經教，反對盲目開悟
      - 經教作為修證依據
      - 批判隨意開悟的現象
    - 實相論的積極性 —— 強調實相的功能與功德
    - 對經典成立史的態度 —— 承認經典的歷史考證
    - 靈活運用各宗思想
      - 不拆開各宗派思想
      - 融會貫通不同時代的思想
  - 天台宗的思想
    - 判教與五時八教
      - 五時的劃分 —— 八教的分類
      - 判教的目的與意義
    - 實相論
      - 天台宗的積極實相論
      - 十如是的詮釋
    - 一念三千 —— 心識活動包容整個宇宙
    - 三諦圓融 —— 空諦、假諦、中諦的圓融
    - 四判教攝 —— 藏、通、別、圓四教的意義
    - 六即佛 —— 修行以至成佛的六個階段
    - 天台宗與禪宗的關係 —— 互補的思想與實踐
    - 天台宗的修行方法 —— 止觀的核心 —— 相關著作
  - 禪宗與經教的關係
    - 禪宗的發展與經典的依據 —— 不同階段的演變
    - 禪宗的爭議與經教的必要性
      - 提供客觀標準
      - 反對盲修瞎練
    - 禪宗的彈性與包容性
      - 高度的彈性
      - 接納不同修行層次
    - 禪宗與天台宗的互補關係 —— 實踐與理論的結合
  - 佛法整體觀
    - 佛法不應被拆開來看 —— 各學派的思想是相互補充的
    - 漢傳佛教的特色 —— 彈性、包容性、適應性
    - 經教與實修並重 —— 經教提供客觀標準
    - 不執著於宗派的區分 —— 保持開放的心態

圖 7-47：第二梯次第一堂課內容簡述與摘要（2-1）

- 2-2 內容簡述與摘要
  - 摘要 — 核心內容
    - 天台宗四判教中的「通教」
    - 通教的獨特地位及義理
  - 化法四教對照
    - 藏教
      - 對象：界內鈍根眾生
      - 所詮：生滅四諦
      - 修行：析空觀
      - 果位：阿羅漢果或辟支佛果
    - 通教
      - 對象：界內利根眾生
      - 所詮：無生四諦
      - 修行：體空觀
      - 果位：三乘共十地
    - 別教
      - 對象：界外鈍根菩薩
      - 所詮：無量四諦
      - 修行：次第修觀
      - 果位：十地菩薩
    - 圓教
      - 對象：界外利根菩薩
      - 所詮：無作四諦
      - 修行：一心三觀
      - 果位：究竟佛果
  - 通教義理
    - 通教的定位與對象 —— 大乘始教，橋樑於小乘與大乘之間
    - 通教的教義核心與修行法要
      - 無生四諦
      - 思議不生滅十二因緣
      - 體空觀
    - 通教的果位與斷證 —— 三乘共十地
    - 通教的「被接」與「入」
  - 六即菩提
    - 六即菩提的定義與重要性
    - 六即菩提的內容 —— 各階段的特點
    - 各教的六即菩提 —— 藏教、通教、別教、圓教的比較
  - 菩薩十地
    - 菩薩十地的定義與重要性
    - 菩薩十地的修行內涵
    - 十地之間的關係

圖 7-48：第二梯次第二堂課內容簡述與摘要（2-2）

- 2-3 內容簡述與摘要
  - 摘要 — 核心內容
    - 天台宗「三乘十地」的修證次第
    - 通教與藏教菩薩在斷惑證真上的差異
  - 天台教觀重要面向闡述
    - 四判教攝
      - 藏教、通教、別教、圓教的定義與特點
      - 各教的修證位次
    - 三諦圓融
      - 真諦、俗諦、中諦的圓融不二
      - 各教對三諦的理解
    - 觀心法門
      - 一念三千
      - 一心三觀的修行方法
    - 十乘觀法
      - 圓教的實踐方法
      - 各教的觀行特點
    - 六即佛
      - 圓教修行位次的概念
      - 眾生本具佛性的顯發過程
  - 煩惱斷證
    - 三惑 — 見惑思惑、塵沙惑、無明惑的定義
    - 四教的斷惑
      - 各教對斷惑的詮釋
      - 斷惑的層次與位階
    - 圓教的斷惑證真
      - 圓教的斷惑方法
      - 性修不二的觀點
  - 三乘十地
    - 通教的三乘共十地 — 聲聞乘、緣覺乘、菩薩乘的修行階段
    - 三乘十地的斷證
      - 各地位的斷惑情況
      - 上根、中根、下根的接引
    - 三乘十地與藏教、別教的比較 — 各教菩薩的差異
    - 與圓教的關聯 — 圓教的菩薩位階與斷證
  - 菩薩位階
    - 藏教的菩薩位階 — 假名菩薩的特點
    - 通教的菩薩位階 — 內凡位的特點
    - 別教的菩薩位階 — 次第斷惑的特點
    - 圓教的菩薩位階 — 圓融斷惑的修行
    - 各教菩薩位階的比較 — 各教的修行目標
  - 通教佛性
    - 通教的法性觀 — 真諦為法性
    - 通教的斷證與佛性 — 斷見思惑的過程
    - 通教的佛果與佛性 — 究竟即菩提的意義
    - 與別教、圓教的佛性比較 — 各教的佛性觀點
    - 通教佛性的特點 — 空性的體悟與顯發過程

圖 7-49：第二梯次第三堂課內容簡述與摘要（2-3）

- 2-4 內容簡述與摘要
  - 摘要 — 核心內容
    - 八個面向
    - 與藏教、通教、圓教的比較
  - 別教教理與基本概念
    - 別教的定義與特點
      - 大乘法但非圓滿
      - 次第修證
      - 界外鈍根菩薩
    - 別教的八個獨特之處——教、理、智、斷、行、位、因、果
    - 別教的三諦觀
      - 隔歷三諦
      - 真諦、俗諦、中諦
    - 別教四諦——無量四諦
    - 別教十二因緣——不思議生滅十二因緣
    - 別教六度與十度——次第修六度
    - 別教修證次第
      - 三觀次第修
      - 五行次第修
    - 別教的當機：界外鈍根菩薩
    - 別教的六即菩提——理即菩提、名字即菩提、觀行即菩提
    - 與圓教的關係
      - 被圓教所接
      - 次第修證 vs. 圓融修證
  - 次第三觀——空觀、假觀、中觀 次第修習的重點
  - 五住煩惱
    - 定義：五種根本性煩惱
    - 內容：見惑、欲愛、色愛、有愛、根本無明
    - 與生死的關係——分段生死與變易生死
    - 不同教法對五住煩惱的理解——藏教、通教、別教、圓教
  - 修證位次
    - 藏教的修證位次——七方便位、三賢位、四果位
    - 通教的修證位次——三乘共十地
    - 別教的修證位次——三賢位、十住、十行、十迴向、十地
    - 圓教的修證位次——六即佛

圖 7-50：第二梯次第四堂課內容簡述與摘要（2-4）

- **2-5 內容簡述與摘要**
  - 摘要 — 別教的菩薩位階
    - 三賢位
    - 分證即佛（十聖位）
    - 等覺菩薩位
    - 究竟即佛（妙覺位）
  - 別教的修行次第 —— 三種性
    - 習種性
    - 性種性
    - 道種性
  - 三種性的關係
    - 與四十二位菩薩的關係
    - 與其他宗派的差異
  - 別教的獨特性
    - 與藏、通二教的關係
    - 修行內容的漸進性
  - 三不退的詳細解釋
    - 位不退 —— 初住到第七住
    - 行不退 —— 第八住到十迴向位
    - 念不退 —— 初地菩薩開始

圖 7-51：第二梯次第五堂課內容簡述與摘要（2-5）

- 2-6 內容簡述與摘要
  - 摘要 — 從圓教看天台教觀主要面向
    - 教（理論）
    - 觀（實踐）
  - 教觀的關係 —— 教是觀的指導 —— 觀是教的實踐
  - 圓教對其他三教
    - 四教的差異
    - 六即佛
    - 接引其他教法
  - 三身四土
    - 法身 —— 報身 —— 應身
    - 四土
  - 修行次第 —— 十乘觀法要點
    - 觀不思議境
    - 正發菩提心
    - 善巧安心止觀
    - 破法遍
    - 善識通塞
    - 調適道品
    - 對治助開
    - 知位次
    - 能安忍
    - 離法愛
  - 圓教的定義與基本觀念 —— 圓教的特點
    - 無作四諦
    - 不思議不生滅十二因緣
    - 稱性六度與十度
    - 圓妙三諦
    - 一心三觀
  - 圓教的功能
    - 圓伏
    - 圓斷
    - 圓行
    - 圓位

圖 7-52：第二梯次第六堂課內容簡述與摘要（2-6）

- 2-7 內容簡述與摘要
  - 圓教詮述
    - 四諦——無作四諦
    - 十二因緣——不思議不生滅十二因緣
    - 六度與十度——稱性六度十度
  - 二諦——不思議二諦——幻有、幻有即空，皆為俗；一切法趣有趣空、趣不有不空，為真；真即是俗，俗即是真，如如意珠，珠以譬真，用以譬俗，即珠是用；即用是珠，不二而二，分真俗耳。
  - 三諦——圓妙三諦
    - 非惟中道具足佛法，真俗亦然，三諦圓融，一三三一，如止觀說。
    - 性德與修德
  - 修一心三觀——照性成修，稱性圓妙，不縱不橫，不前不後，亦不一時。
  - 六即佛
  - 十乘觀法
  - 接引其他教派
    - 接別教
    - 接通教

圖 7-53：第二梯次第七堂課內容簡述與摘要（2-7）

- 2-8 內容簡述與摘要
  - 摘要
    - 主題：圓教與藏、通、別三教的異同
    - 內容
      - 比較圓教與其他三教的十信位、觀行即佛位
      - 說明圓教「一位一切位」的特性
      - 修行需循序漸進，避免增上慢
      - 提出讀書會、講解和自修等學習方法
  - 圓教初住位的定義與重要性
    - 分證即佛的開始
    - 與別教初地齊
    - 入聖域的開始
    - 圓教初住位的實相與修行
      - 斷一分無明，證一分三德
      - 一心三觀任運現前
      - 具佛五眼，成一心三智
      - 現身百界，八相成道
  - 圓教初住位的獨特性
    - 圓教的位次觀
    - 與別教初地的比較
    - 圓斷與圓證
  - 圓教初住小結
    - 圓教初住位的重要性
    - 斷除無明、證得三德
    - 圓教的圓融教義
  - 圓教十法成乘
    - 十法成乘的次第與內容
    - 觀不思議境的核心
    - 修德與證悟的關係
    - 圓教十法成乘的精神
      - 不離事修
      - 次第性與圓融性
      - 對治執著
  - 三根與十乘觀法的關係
    - 上根人
    - 中根人
    - 下根人
  - 總結
    - 圓教十法成乘的完整性
    - 了解圓教思想和修行方法的意義

圖 7-54：第二梯次第八堂課內容簡述與摘要（2-8）

三、第三層次圖示：依主題彙編與分析

第三層次之圖示，如前所述，乃以主題式分析逐字稿內容，首先彙整如下重點內容，本書之編排即依此些重點予以歸納分析，僅可能以易於梳理閱讀《天台心鑰》一書，及法師對重要議題之闡述為要而編整。

重點內容大致分為兩大類，其一為與《教觀綱宗》貫註直接有關者，其次為法師藉此授課內容特意強調或引導弟子深入理解漢傳與整體佛教有關之判教意義者。

雖則二者於法師對天台教學而言，乃是一而二、二而一者，然為凸顯法師授課之兩大取向，故勉分為二。

圖 7-55 即為針對《教觀綱宗》文本之外的重要概念所整理。圖 7-56 則為《教觀綱宗》文本所整理之大要。

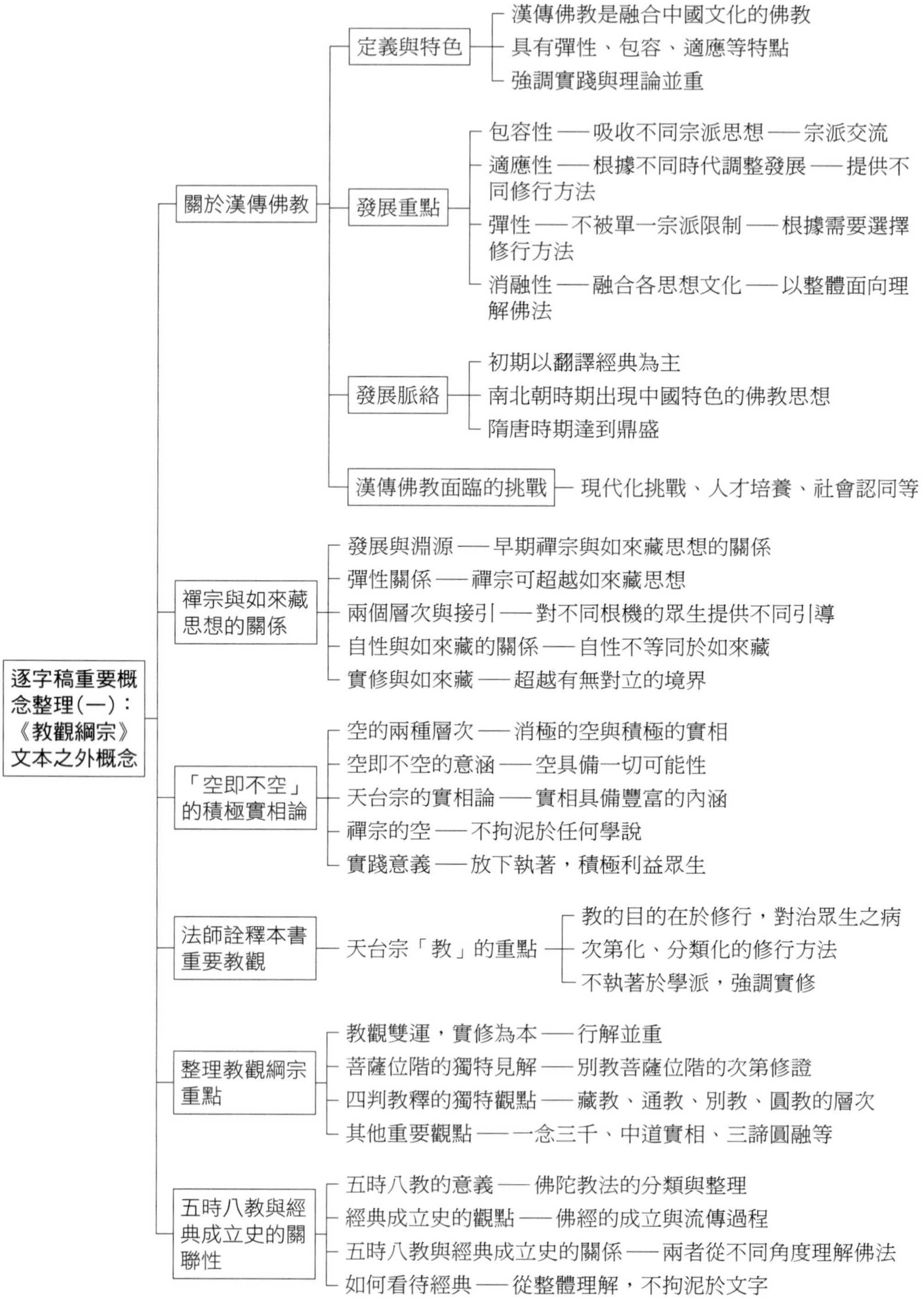
逐字稿重要概念整理(一)：《教觀綱宗》文本之外概念
關於漢傳佛教
定義與特色
漢傳佛教是融合中國文化的佛教
具有彈性、包容、適應等特點
強調實踐與理論並重
發展重點
包容性——吸收不同宗派思想——宗派交流
適應性——根據不同時代調整發展——提供不同修行方法
彈性——不被單一宗派限制——根據需要選擇修行方法
消融性——融合各思想文化——以整體面向理解佛法
發展脈絡
初期以翻譯經典為主
南北朝時期出現中國特色的佛教思想
隋唐時期達到鼎盛
漢傳佛教面臨的挑戰
現代化挑戰、人才培養、社會認同等
禪宗與如來藏思想的關係
發展與淵源——早期禪宗與如來藏思想的關係
彈性關係——禪宗可超越如來藏思想
兩個層次與接引——對不同根機的眾生提供不同引導
自性與如來藏的關係——自性不等同於如來藏
實修與如來藏——超越有無對立的境界
「空即不空」的積極實相論
空的兩種層次——消極的空與積極的實相
空即不空的意涵——空具備一切可能性
天台宗的實相論——實相具備豐富的內涵
禪宗的空——不拘泥於任何學說
實踐意義——放下執著，積極利益眾生
法師詮釋本書重要教觀
天台宗「教」的重點
教的目的在於修行，對治眾生之病
次第化、分類化的修行方法
不執著於學派，強調實修
整理教觀綱宗重點
教觀雙運，實修為本——行解並重
菩薩位階的獨特見解——別教菩薩位階的次第修證
四判教釋的獨特觀點——藏教、通教、別教、圓教的層次
其他重要觀點——一念三千、中道實相、三諦圓融等
五時八教與經典成立史的關聯性
五時八教的意義——佛陀教法的分類與整理
經典成立史的觀點——佛經的成立與流傳過程
五時八教與經典成立史的關係——兩者從不同角度理解佛法
如何看待經典——從整體理解，不拘泥於文字

圖 7-55：逐字稿重要概念整理（一）：《教觀綱宗》文本之外概念

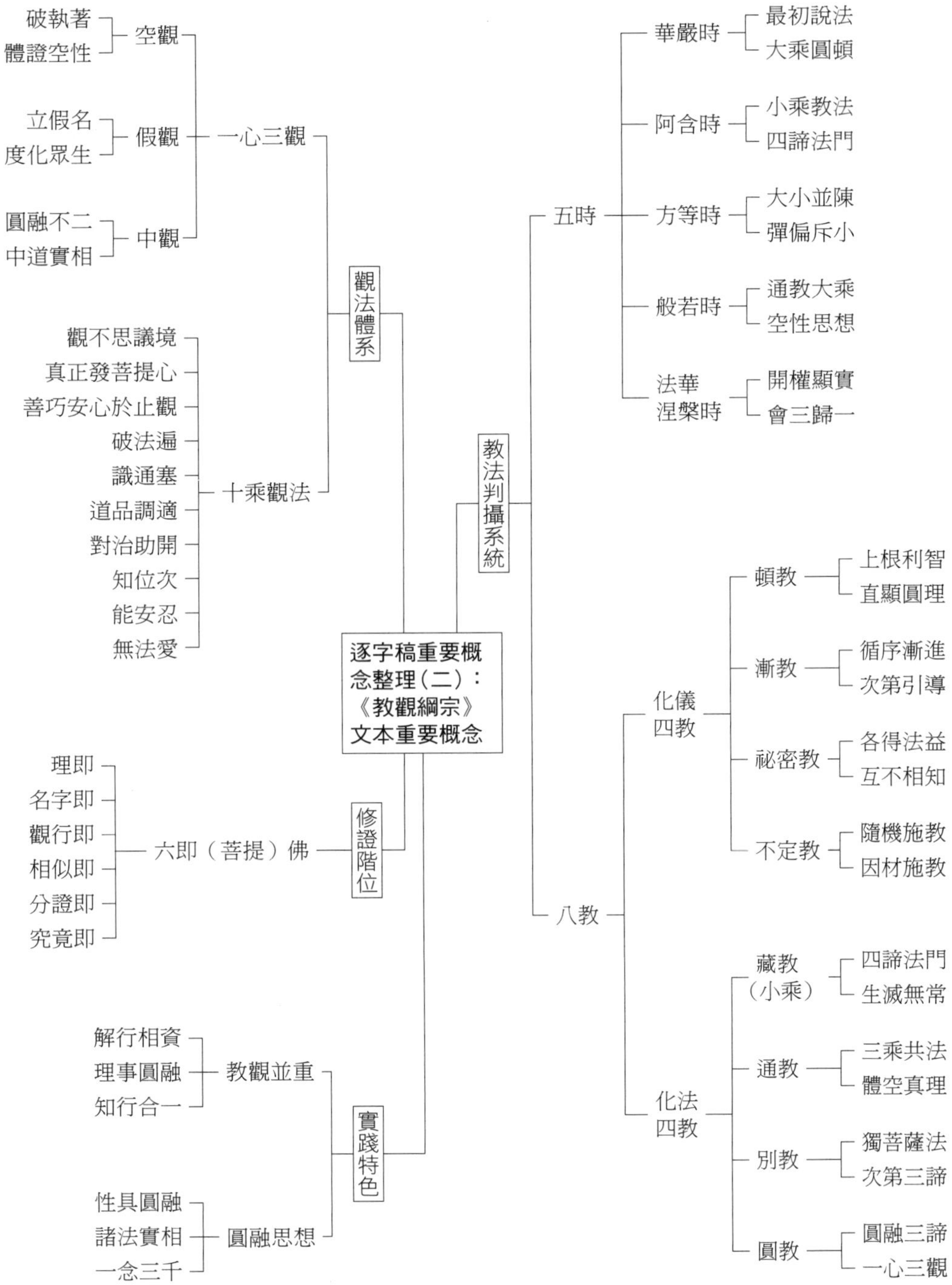

圖 7-56：逐字稿重要概念整理（二）：《教觀綱宗》文本重要概念

第三節
經驗分析與反思重整

本節內容主要為經驗分析、反思與重整兩大面向。其中有關經驗分析，研究者主要以下列經驗為主，分析問題或困境所在：1. 法師授課後諸多參與者希冀完成後續讀書會、課程分享卻無疾而終之現象；2. 研究者自二〇一七年開始組織讀書會，同時於法鼓山分寺院分享《天台心鑰》一書所遭逢之困境與問題；3. 於法鼓山僧伽大學講述「天台入門」課程之經驗。提出其中之困境與其後之反思與重整，希望未來邀集有興趣者進行如聖嚴法師於授課中所言，能有相應的學習組織，整理並建構教材資料，進行讀書會與課程分享，持續完成其撰寫該書、兩次授課之目的——讓天台教觀之組織化、系統化、次第化、行解並重之內容，得以提供禪修者不致以凡濫聖的修行提醒，同時藉此傳承、應用漢傳佛教於當代。

一、經驗分析

經驗分析分為幾項，其一為法師授課後，學員自發性啟動讀書會會前會之經驗為主。當時於二〇〇二年八月三十一日召集第一次會議，至後來規畫自二〇〇三年一月五日至十二月二十一日安排二十五次「《天台心鑰》內部帶領人讀書會」系列會議與活動。研究者參與前期會議，後即因在場參與者觀念、對讀書會研究重點理解不一，而終究無疾而終。

研究者從當時參與並會議紀錄❷發現，其中最主要者在於雖參與者皆接受兩梯次聖嚴法師之授課指導，然對於法師所強調之弘傳漢傳佛

❷ 研究者參與前期會議，並於第一次會議擔任主持人，加諸其後幾次之通知與紀錄內容，重新省視、分析後整理如上觀點。

教，比對南傳與藏傳系統之次第嚴明特質，原認為《天台心鑰》內容可直接用以應對如藏傳《菩提道次第廣論》之作用，卻發現仍須進行更細緻之研讀與整理，而非可直接取用者。

其次讀書會中對於天台學的定位不明，例如究竟弘揚漢傳靠天台或《教觀綱宗》即可？或天台僅為其中一項重要基礎？此些不同認知對讀書會之定調便有分歧。有認為直接閱讀、詮解，並各組整理名相即可開始，卻發現《天台心鑰》並非簡易版佛法書籍，參與者若無佛法研修背景，會有力有未逮之感。亦有認為當從整體天台學之研讀做為理解本書之背景，而出現其他參與者認係需數十年之研讀方可通天台之學，而認為此方向乃遙不可及之任務。

由於當時之參與者背景不一，有僧團法師、悅眾、法鼓山讀書會帶領人、中華佛研所畢業學長、熱心於此但較無研讀相關書籍經驗者，故而討論過程常有無法對焦之問題。

其次之經驗分析，指研究者於二〇一七開始組織讀書會之過程，亦出現類似狀況，參與者多半帶著熱情，也認為只要有心，願意深入整理資料、解讀名相，加諸討論與分享，便可有所進境，卻忽略佛學研讀確實有其次第，基礎到進階，需要系統化之理論與實修體驗相對應，故而一次校外、一次校內（法鼓文理學院）之讀書會，初期參與者用心整理資料，卻於討論中發現太多難解概念與繁複之專有名詞，而終究無以為繼。加諸研究者二〇一八年雖於中華佛學研究所啟動研究案，而申請聖嚴法師兩次授課逐字稿，然閱讀與整理速度不及，故而只得放棄。

之後於法鼓山安和分院、法鼓山心靈環保學習中心開設相關課程，並於法鼓山僧伽大學開設「天台入門」，幾次上課經驗亦發現，雖研究者於每一次授課內容皆增加許多分析、補充、圖表、整體概念彙編，然參與者對佛法理解程度不一，多半只視為「熏習」，僅少部分觀念與方法於日常生活可資應用，或對佛法相對有層次性的掌握，然對於整體佛教，乃至漢傳佛教之深入理解，則距離尚遠。

故而研究者便再度以逐字稿為文本，進行本研究，嘗試透過本書之撰寫、彙編，做為未來擬以《天台心鑰》做為讀書會研讀，或分享、講授之參考工具。尤其對於上述圖表中《教觀綱宗》文本之外，聖嚴法師所強調的幾個與漢傳佛教之傳承、天台之意義與價值、天台於禪宗之作用、如來藏思想之辨析、積極消極實相論之探索等課題，得有法師逐字稿文本以之對應，對於前述天台定位與漢傳精神，或可提供較為清晰之說明。

其次對於《教觀綱宗》內容，則僅可能以各種圖表方式呈現，以期提供系統性、次第性、整體性、脈絡性之視角，得與未來有興趣者做為交流之資。

二、反思與重建

透過上述經驗分析，研究者提出下列幾項反思與重建之觀點：

（一）對於《天台心鑰》之定位

1. 進階而非基礎佛法

研究者以為，未來如欲進行讀書會或課程，當先有基礎佛法課程為底，畢竟此書內容非一般基礎概念，乃進階版之佛法義理與教觀之整理。其目的亦藉由「六即」之修證次第，讓行者知所位次，故而可視為整體佛法概念之進階學習。

2. 天台判教為聖嚴法師整理漢傳佛教之方法論

提出此定位之因，乃在於回應匿名審查委員所提，聖嚴法師是否視天台學或《教觀綱宗》內容為漢傳佛教唯一修行藍圖？故而理解之、整理之，可視為契入漢傳佛教與整體佛法之參照視角之一，而非即等同於或逕以天台為法師所認定之漢傳或中華禪法鼓宗之修行地圖。另可參酌法師另一部討論華嚴判教之《華嚴心詮》，理解不同宗派對於佛法判攝之主張。

3. 提供整體佛教藍圖之視野

雖則《教觀綱宗》之判教系統非唯一可判攝整體佛教者，然其中具備法師所謂之系統性、合理性、組織化等特質，具理解整體佛教之重要參考價值，而其中次第分明、教觀並重、六即與十乘觀法遍入四教、四教分別對應四諦、十二因緣、六度等不同層次之詮述觀點，對修行亦具重要啟發。

（二）探討漢傳佛教之整體性，可加入法師傳承表系統

如前文中屢次提及聖嚴法師繪製之「漢傳佛教傳承發展系統表」，經法師所述，目的乃在於藉由判教方法論，釐清並整體性地闡述從印度佛教到漢傳佛教，從各宗各派到集大成之禪宗，似乎已為法師所期許之「漢傳佛教修行藍圖」提供可能樣貌。

故而未來如欲完整建構屬於漢傳佛教獨特之修行藍圖，似可以此為底，逐步整理之。而《天台心鑰》之研讀，亦可視為前行方便。

（三）未來進行讀書會、教學分享之重點參考

1. 鋪陳學習背景與目標：天台於傳承發展系統表之定位

此可以讓研讀或學習者不致落入讀天台與理解漢傳佛教二元思考，而是知其定位後，更能理解讀《天台心鑰》之價值與意義。

2. 定位研讀《天台心鑰》對佛法學習之意義

由於本書難度頗高，許多學佛者曾指出有「翻閱當下即放棄」之困擾。然如理解其對於佛法學習之意義，可強化學習動機。如再進一步體會相關內容與作用，則可循序漸進體得其益。

3. 以問題意識帶出討論重點

問題可帶來探索之好奇，故而善於提問有助於探索者求解之心。試擬問題如下：

（1）藕益大師撰寫《教觀綱宗》的背景與目的為何？
（2）聖嚴法師認為漢傳佛教的特色是什麼？
（3）何謂「判教」？天台宗的判教依據為何？
（4）何謂「五時」？對佛教發展而言，五時的意義為何？
（5）何謂「化儀四教」？何謂「化法四教」？與修行的關係為何？

4. 重要議題之討論：提供學習者對探索本書之研讀方向

天台學的特色、六即佛對學佛者的意義、十乘觀法如何引導修行、修行的次第、天台教觀的核心概念、天台如何詮釋三身四土等。

5. 以前文彙編之圖示做整體輪廓之理解

此即本章第二節三層圖示之整理，可以整體觀法師之教導。

6.《教觀綱宗》內容之整體性描述

此可參考本書第四章、第五章內容。

7. 進入《教觀綱宗》文本

此內容主要置於本書第六章中。

• 第八章 •

結論與未來開展暨研究限制

結論從兩個面向綜述本書，其一就前述筆記彙整之內容，及整體教學內涵，指出聖嚴法師天台教學之特色，主要仍在於對往後從事此推廣者，提供學習重點與相關要領。

其次就法師天台教學之整體意義、本書之研究限制與未來開展而分析，就本書不足之處、尚未整理之內容，陳述原因；並略述未來可開展之研究方向與重要課題，以逐步探索、彙編《教觀綱宗》之修行地圖，而落實法師撰述、講述《天台心鑰》之目的與期許。

此外須特別指出者，本書雖以未公開之逐字稿文本為對象，然其中除法師所特別關懷之議題，並回覆學員提問之內容，不一定見於《天台心鑰》一書，其餘直接講述書中內容者，皆可對應書中所撰述。故而本書所彙編之逐字稿重點，如於書中可見者，其意義在於提供閱讀該書之對照參考。

此外，由於法師之書乃以語譯、註釋方式撰寫，故有相當閱讀難度，而法師授課中藉由口語化表達、生活譬喻以深入淺出，對於理解法師之著作，具備輔助理解之用。

而未見於本書中的相關議題，則為聖嚴法師畢生持續關切與論述之內容，或可於其他法師著作中對照研讀，而形成其他研究主題。故可謂本書為聖嚴法師對於天台教觀、漢傳佛教，乃至層次分明之修行地圖之基礎探究，以期開啟後續系統化整理之端。

第一節
法師天台教學之特色

以下就筆記彙編整理後，分析、詮釋法師教學之重點與特色，或可做為未來有心從事者之參考。如下圖所呈現：

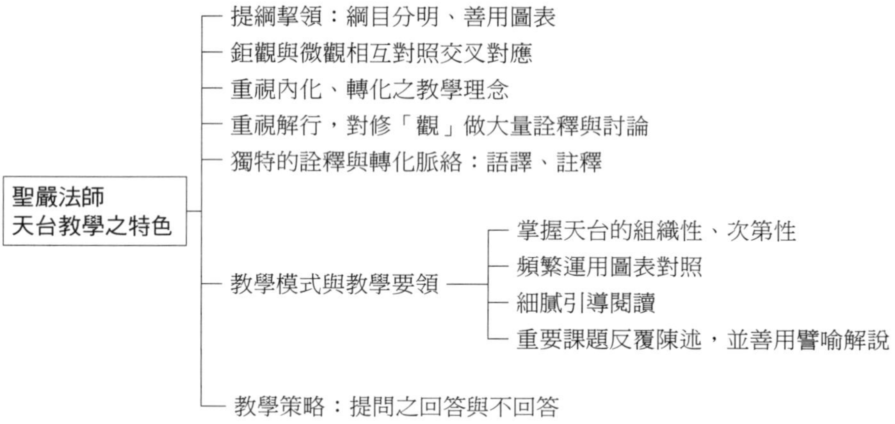
聖嚴法師
天台教學之特色
提綱挈領：綱目分明、善用圖表
鉅觀與微觀相互對照交叉對應
重視內化、轉化之教學理念
重視解行，對修「觀」做大量詮釋與討論
獨特的詮釋與轉化脈絡：語譯、註釋
教學模式與教學要領
掌握天台的組織性、次第性
頻繁運用圖表對照
細膩引導閱讀
重要課題反覆陳述，並善用譬喻解說
教學策略：提問之回答與不回答

圖 8-1：聖嚴法師天台教學之特色

一、提綱挈領

1. 以綱領的方式，指出整部書的重要概念，讓學習者得以掌握輪廓式、全面式、重點式的核心要義。

2. 善用圖表：共有十八個圖，對照著看可以從繁複的系統中理出頭緒。

二、鉅觀與微觀相互對照交叉對應

法師於此教學過程中，充分掌握鉅觀與微觀兩個視角的對照與對應，首先從鉅觀的角度，指出《教觀綱宗》於天台學之定位，天台學於漢傳佛教之定位，漢傳佛教於整體佛教之定位，讓學習者由一本書見整體佛教的視野。

同時於詮釋、解讀修行方法與修行觀念之際，復論述、闡釋其中的細節，層次分明之外，亦讓學習者掌握微觀的理解，從而對於佛法的學習得有親切的入處，與自身日常修行的連結。

由細部的內容擴大視野，又從超越的高度引導到微觀的修持與觀念的調整，二者依所詮解的文本交互運作，故能兼顧層次分明的次第法要，又能見及圓頓法門的圓融、包容。

三、重視內化、轉化之教學理念

法師指稱，其教學之方式，非填鴨式、輸血管式，或所謂的「灌頂」，而是如橋樑般成為媒介與傳遞者，也希望學習者能消化、內化後，經由轉化，而能推廣或成為講師從事教學。

四、重視解行，對修「觀」做大量詮釋與討論

從五停心到四念住，討論了默照與止觀的關係，原因在於修觀是入門，弄清楚了對之後的學習很重要。

五、獨特的詮釋與轉化脈絡

透過下列方式進行：

1. 語譯：通過對原典《教觀綱宗》的認知，進一步將其表達出來。

2. 註釋：詳細的整理，包括天台裡深奧的內容、找出名詞觀念原典出處，以為《教觀綱宗》溯源，從而讓學習者於思想發展有脈絡式的體解，而非片段或片面的「專」而不「通」。

運用方式：依天台大師依據的經典、經教理論整理為註釋。

整理為短的論文，把相關問題解說清楚。

六、教學模式與教學要領

（一）掌握天台的組織性、次第性

無論是化儀或化法，只要是對照性的概念，講一個也會連帶帶出三

或四個（三教或四教對照），並強調同樣的名稱或主題，在不同的層次上會有不同的差異。此提醒得以讓學習者不致見樹不見林，且能見出層次，從而於此修行地圖上尋究自身學習的進度與位置。

（二）頻繁運用圖表對照

無論是修觀內容、所詮述者、修證次第、六即、十乘觀法，讓聽聞者藉由清晰而完整的圖表，持續處在全面性思考的整體概念下。

（三）細膩引導閱讀：指出如下閱讀與學習的方式

1. 閱讀《教觀綱宗》原典——經法師分段、標點者。

2. 閱讀語譯：將精簡的原文翻譯為現代語體文。

3. 閱讀註解：如小論文般，將相關問題予以解說，搭配找出名詞、觀念的原典出處，可以將深奧的天台講清楚。

4. 搭配附圖：一一比對，重要篇章或較複雜、須對照理解處，皆帶讀附圖與解說。

5. 提醒閱讀要領：勿從頭到尾一路看下去，會看不懂。

（四）重要課題反覆陳述，並善用譬喻解說

對《教觀綱宗》或天台的重要議題，或對修行具重要性的觀點，法師會重複用不同方式，在不同情境下解說，運用各種譬喻，反覆地說明，以期讓聽者更清楚理解。

例如：禪的問題如何透過天台補救、漢傳佛教的次第問題以及天台的系統化對應、祕密與不定教的類似與差別如何澄清、如來藏的重要性與如何化解疑慮、消極積極實相論等皆屬法師重視，且反覆論述者。

七、教學策略：提問之回答與不回答

對於某些關鍵問題，或屬於容易產生誤解者，法師會反覆論述，如前所述之相關問題回應。另對於應自行探索的提問並不回答，此些問題

多為內容之深化或辭典即能找出解釋者、書中已經論說者。不回答之原因在於法師指出：禪的修行，老師是不給答案的，老師是讓弟子自己去找答案。如果輕易就能得到他人的答案，就失去自己探索的動力。

另外也指出，成為會問問題的人還不夠，會問問題、提問題，只是「問題人物」。不能僅止於問問題，還要解決問題找出答案，能解決問題才能走出自己的學習與教學之路。

第二節
重要討論議題

本研究除整理法師逐字稿內容做為其天台教學之研究與建構外，尚進行幾項重要概念之討論：

一、天台教學對於法師建構漢傳佛教之定位

此可參見本書第二章第一講討論「為何選擇天台學？」中所論及，法師除於授課中對於「漢傳佛教」整體之描述，乃至於修行藍圖之建構多所著墨，然細節恐須參照其與達賴喇嘛對談前所繪製之「漢傳佛教傳承發展系統表」，法師亦指出，判教為其整理此系統之方法論，而《天台心鑰》用以貫註《教觀綱宗》即在於以此釐清漢傳佛教源遠流長的複雜發展與難以清晰掌握。

二、以蕅益智旭《教觀綱宗》為主在於其促成佛教大一統之心

法師對於何以選擇蕅益智旭為其博士論文之論主，除了與指導教授之間的對話與探討，另一重點在於認可蕅益促成佛教大一統之心，此與法師希冀推動世界的佛教、對應時空背景遞嬗之現代社會如何運用傳統佛法之用心有關，故而理解《教觀綱宗》之判教模式，有助於理解法師

之整體佛教觀。

第三節
意義、研究限制與未來開展

此分別指出法師之天台教學對學習者所提供之整體意義，再就本書之研究限制、未來開展予以陳述。

一、法師天台教學對學習者提供之意義

如簡述前所整理之內容，可理解為《天台心鑰》是對《教觀綱宗》的詮釋，其詮釋脈絡與對後人學習之提點為：

1.「教」：閱讀原典，理解原典，從「教」理去掌握，並予以語彙的對譯。

2.「觀」：經由修行體驗，內化、消化其所指出的修行要義與修證次第。亦即「觀行」的體證。

3.「教觀並重」：經由對教理教義的概念、知識性的掌握，並以修行的體驗檢核對應，成為體驗後的知識。

4. 當代詮釋：嘗試以當代人所能理解，或者修行所體驗的內容，予以整理與詮釋，並以之教導弟子學習。

兩梯次親自授課，即為完成前述教導。至於如何經由兩梯次授課的逐字稿，見其教學特色與精華，則為本文所處理者。

二、研究限制與未來開展

前述逐字稿之整理，雖只設定與聖嚴法師對天台教學之推展相關的內容，以及未來如欲建構漢傳佛教修行系統之重要議題，即已發現當中仍有許多需要更細膩處理、探索或澄清之課題。然受限於本書之文本須

先以筆記彙編，以及本書之目的在於基礎性的素材處理與分析，故僅先就法師所講授之內容予以整理，並做概要式的主題歸類、分析與詮解。

從上述筆記之彙整，可以先找出建構教學或研修系統之基礎工夫，以形成學習脈絡。其次，可就法師所指出之重要學習基礎，包括對天台之相關溯源，以及對作者、該書之介述等。此部分之內容，或許可以先形塑有心學習者的前備作業與基礎建置。此外，此部分的內容，相對較單純，毋需太多進一步的釐清，因此可先規畫於教學內容中。

至於重要議題中，包括實相論的討論、修觀的課題、經典成立史與傳統判教之關係，皆可形成更多的問題意識與研究發展，緣於目前所彙整之內容，如前面所述及，乃為法師針對單一文本的詮解與指導，有其時間與內容之凸顯，然相對亦會形成限制。例如法師曾指出其所指導之默照，即為《摩訶止觀》之止觀法門，此論點如能與《摩訶止觀》及法師關於默照禪法之指導，包括禪堂開示與教授內容對照分析，似乎更能理解二者之內在脈絡與修行作用之關聯。故未來諸多課題如何藉由法師其他相關文本的對照探討，則為下一階段的研究方向。

此外於內容之彙整上，如前文所述，本書涵蓋基礎概念與教學方法之整理，及《教觀綱宗》化法四教——藏、通、別、圓各自的修行地圖、所化、所證、所觀等對照整理，以為法師所期許之完整漢傳佛教修行脈絡之建置與推廣。

綜觀法師以《天台心鑰》細膩地註解、語譯《教觀綱宗》，成為閱讀、學習該書的重要參照文本，為吾人學習之重要指引。唯世代遞嬗，語言的表述、時空環境改變後，人們對於理解佛法之名相，也會更加地困難。故而未來如何形塑或開展另一本解讀《天台心鑰》的書，或者更全面而容易地理解此修行系統，當為長期研討目標，亦如法師所指，此乃為眾人共同努力開發之事，故本書僅做為拋磚之作，期待更多研究者共同參與、評析。

第四節
回應審查委員建議

審查委員指出，本研究中實出現四個文本，其一為智者大師對於判教的觀點，其次為蕅益以《教觀綱宗》敘其所判之五時八教，且似提出有別於過往天台學之觀點。第三則為聖嚴法師貫註後所產生之《天台心鑰》，第四則為整理法師講述《天台心鑰》之逐字稿。研究者是否能對此四文本予以分析說明，指出其中的不同層次或觀點。

此一問題涉及內容頗為重要，對天台判教，乃至聖嚴法師以此試圖建構或整理整體佛法之教與觀之立場，有其重要意義。然對於本研究言，似可另做討論，而非置於本文中，故研究者將整理之內容以附錄方式呈現。

• 附錄一 •

逐字稿文本簡表

（含基本內容與統計字數）

附表 1：第一階段課程內容資料表（講授時間：2002 年 8 月 23~25 日，共八堂課）

編號	授課內容簡述	字數
1-1	第一梯次第一堂課，緣起動機、內容與相關問題之釐清 • 課名與書名來源、上課目的。 • 天台在漢傳佛教中的意義。 • 漢傳中的禪宗爛熟危機，以及天台如何可能補救。 • 教觀並重、定慧互補的意義。 • 臺灣天台學發展現況說明，進而陳述雙軌並行、解行並重的重要，以及天台祖師開創天台學的目的與發展的偏頗。 • 本次課程對學員的期許與任務交代、教學方式及未來推廣的提醒。 • 導讀：介紹綱要，以及如何透過對讀綱要與書籍深入理解。 • 十大題目的基本認識：概論、源流、五時八教、化儀四教及其部相教觀、化法四教的三藏教、三藏教的六即菩提、通教的六即菩提、別教的六即菩提、何謂圓教、圓教的六即佛。 • 壹、概論：分述特色、重點、如何研讀本書。 • 貳、源流：分述之一判教。	6379
1-2	接續第一堂課貳、源流之二教觀源流至參、五時八教 • 接續第一堂課，貳、源流分述之二：教觀源流。 • 源流之三：天台思想依據的經論。 • 源流之四：《教觀綱宗》的作者及該書的特色。 • 參、五時八教，順著《教觀綱宗》特色中的五時有通有別而說。	8864
1-3	回覆問題、接續從五時開始上課 • 有學員提出問題，先予以回覆： 關於南傳、藏傳易懂，漢傳，尤其天台專有名詞多的繁複。法師針對天台的特色，不在於製造複雜的名相，而是規律化、條理化、次第化，對漢傳尤其禪宗發展的意義與作用。 關於一心三觀與一心三智的關係。 • 接續前一堂課，繼續討論五時：每一時的內容與化儀四教、化法四教的關係，以及五時的通與別（通五時為《教觀綱宗》一書的特色）。 • 對經典成立史的討論：五時是傳統上的判教法而討論的經典發展脈絡，現代的學術討論中，似乎改變了一些傳統的認定。因此法師針對此，提出反思、批判與提醒。可以從傳統五時判教與現代經典成立角度對照，給出不同的視野和超越的眼光。 • 內容講解到通五時的依據。	6780

1-4	**接續通五時的依據，接著別五時的依據** ・別五時的依據 ・回應前一天的提問：關於實相與實相論的討論，以及消極與積極的實相論。 ・肆、化儀四及教部相教觀。	5276
1-5	**接續肆、化儀四教，從化儀之三觀開始** ・化儀的三種觀（不含祕密教，因不立為觀）。 ・化法四教：總論四教，再進入三藏教的討論（治眾生病之藥方的四種層次）。 ・三藏教基本定義、所詮述內容——生滅四諦、思議生滅十二因緣、事六度、實有二諦；從四諦討論四教各各所詮的比較與說明。 ・三藏的修證：析空觀，出分段生死；並簡述四教的四種觀行。	6522
1-6	**接續三藏教分段生死，講到六即菩提之觀行即** ・論分段生死，同時對照變易生死的差異性。 ・三藏教當機所化眾生：正化二乘，傍化菩薩。 ・三藏教的六即菩提，對照原先只有《摩訶止觀》中圓頓止觀有六即，後化法四教皆有六即，此為《教觀綱宗》之特色。 ・六即講到觀行即：五停心、四念住。	7715
1-7	**回應學員提問，接續講三藏教的相似即、分證即菩提** ・教學精神：對提問題一事的教學回應，學習者不只要找出問題，還要想辦法找出答案，才能深化學習。 ・提出編書、編講綱的過程、方法、重點、作用。對未來講課者的提醒，要能自己重編講綱。 ・如何閱讀本書？如何找出與《教觀綱宗》相關的釋義，以深入理解之。 ・回應提問：學習此內容，對日常生活有什麼用？討論理論與日常應用之間的關係與二者的相互作用。 ・回應提問：漢傳有這麼好嗎？為什麼一定是漢傳的，南傳、藏傳有何不妥？以百貨、專賣店譬喻，以自身為華人之承擔，以菩提心的立場回應。 ・指出法師所弘揚之禪法的實用性，所教的話頭禪、默照禪與天台、華嚴的關係。如何在止觀雙運、止觀同時中見其內在底蘊。 ・對五停心、四念住是止或是觀的詮釋。完成三十七道品次第，應從止或觀入手？指出「觀」為著力點。 ・討論五停心與四念住的銜接點與對照。 ・繼續講述三藏教六即之相似即、分證即。	7259

1-8	持續三藏教六即菩提之分證即未完部分 ・分證即之各各所修、所斷、所證。進入究竟即。 ・三藏教十法成乘，原本十法也只指圓教，即十乘觀法，此處一樣擴及四教。 ・回應提問：心是什麼？用什麼來觀心？ ・從圓教十乘觀法第一觀不思議境，討論離名字相、離文句相、離語言相，以及與禪宗的離心、意、識之關係。 ・三藏教的十法：一觀正因緣境、二真正發心、三遵修止觀、四遍破見愛煩惱、五識通塞、六修道品、七修對治事禪、八知位次、九能安忍、十無法愛。	7813

附表 2：第二階段課程內容資料表（講授時間：2003 年 1 月 24~26 日，共八堂課）

編號	授課內容簡述	字數
2-1	接續第一梯次之後的第一次上課 ・回應第一梯次課程後，學員提出之問題。 ・推廣漢傳佛教，為何要講唯識、中觀？ ・有了經典成立史論，何以還要討論天台的五時八教？ ・從《法華經》與實相論，問何謂消極的、積極的實相論？	8431
2-2	通教 ・通教定義：通前藏教、通後別教。 ・通教詮述：無生四諦、思議不生滅十二因緣、理六度行、含中二諦。 ・別入通三諦、圓入通三諦。 ・當機、修證、所化：界內利根眾生、修體空觀、出分段生死、證真諦涅槃、正化菩薩傍化二乘。 ・六即：理即、名字即、觀行即。	7725
2-3	通教的六即之相似即開始 ・通教六即：相似即、分證即、究竟即。 ・通教所化、所證、修證次第。 ・通教十乘觀法：一明所觀境、二明真發心、三善巧安心如空之止觀、四破法遍、五識通塞、六道品調適、七對治助開、八知位次、第九能安忍、第十離法愛。	5894
2-4	別教 ・定義，從教、理、智、斷、行、位、因、果分別論之。 ・別教的詮述：無量四諦、不思議生滅十二因緣、不思議六度十度、顯中之二諦、圓入別之二諦、別三諦。 ・別教的當機及其修證：化界外鈍根、修次第三觀。 ・別教的六即：理即、名字即、觀行即。	5949
2-5	從別教的相似即開始 ・別教的相似即、分證即、究竟即。 ・別教的佛所化的眾生。 ・別教的修證次第。	5027

2-6	**從別教十乘觀法到圓教的功能、詮述** ・十乘觀法前，論述天台教觀的「教」所代表的意義。 ・別教十乘觀法：一觀不思議境、二真發菩提心、三善巧安心止觀、四次第遍破三惑、五善識通塞、六調適道品、七對治助開、八知位次、第九能安忍、第十離法愛。 **進入圓教** ・圓教的定義：圓妙、圓融、圓足、圓頓。 ・圓教的功能：圓伏、圓信、圓斷、圓行、圓位、圓自在莊嚴、圓建立眾生。	6816
2-7	**圓教** ・圓教詮述：無作四諦、不思議不生滅十二因緣、稱性六度和十度、不思議二諦、圓妙三諦。 ・圓教當機：開示界外利根菩薩、修證：令修一心三觀、圓超二種生死、圓證三德涅槃。 ・圓教的六即：理即。	5179
2-8	**從圓教六即之名字即開始** ・圓教六即：名字即、觀行即、相似即、分證即、究竟即。 ・圓教接別教、接通教。 ・圓教十乘觀法：一觀不思議境、二發大菩提心、三善巧安心止觀、四已圓三觀破三惑遍、五善識通塞、六調適無作道品、七對治助開、八知位次、第九能安忍、第十離法愛。 ・擬定未來修學、讀書會、講授課程相關計畫。	11004

• 附錄二 •

本書判教脈絡相關文本簡述

凡進行判教者，其內容乃將所有前人（從佛到歷來傳承中產生的整體佛教發展內容）所傳，做為判教者所「承」，是為傳承；再予以判教者的問題意識、觀點、立場、目的、結構而判之，為「啟」後，給予後人有不同理解脈絡，是以其獨特見解創造性的詮釋對整體佛教的觀點。

如前所述，聖嚴法師之所以整理《教觀綱宗》、《原人論》等判教相關著作，與他在和達賴喇嘛對談前所整理的「漢傳佛教傳承發展系統表」有關，是以判教做為整理漢傳佛教的方法論。

如以判教為脈絡分析，從智者大師提出判教的觀點，到蕅益藕教觀統整或釐清天台判教以回應明代佛教發展狀況，爾後聖嚴法師撰寫《天台心鑰——教觀綱宗貫註》，再安排授課，來觀察此四者的關聯，可以承先啟後之創造性詮釋理解之。

其中貫穿其間的自是「五時八教」判，然吾人雖每以「五時八教」標舉天台智者判教之內涵，但揆諸智者著作，並未完整以此名稱論述有關判教內容，近代研究多以高麗沙門諦觀所錄之《天台四教儀》中「天台智者大師，以五時八教判釋東流一代聖教，罄無不盡」一段話，做為智者五時八教判由來。

然如以智者有關天台三大部——《妙法蓮華經玄義》（簡稱《法華玄義》）、《妙法蓮華經文句》（簡稱《法華文句》），以及《摩訶止觀》觀之，當發現其判佛陀一代時教，乃為詮解《妙法蓮華經》為佛教修持中教理與觀法最為究竟之目的而設，故討論之內容與立論相對複雜。

以《法華玄義》中的判教方法論觀之，可謂一套綜合性的分類和分析體系，核心乃運用權實、麁妙、五味、本迹等標準，在五重玄義的結構下，會通佛陀的一切教法，特別是以「開權顯實」、「發迹顯本」來確立《妙法蓮華經》的圓滿地位，並為不同根機的修行者指明從淺入深、會歸一乘的成佛之道。

然此三大部內容相對複雜，如欲單純整理智者判教內容，亦需更完整的分析與探究，非本書所能處理，僅以此簡略說明之。

而蕅益智旭之《教觀綱宗》乃立足於對天台判教一路以來的諸種詮解之判攝，進行相對具批判性（如通別五時之相關立論）、統攝性、結構化修行脈絡的立場而著，故其一開始即指出以一張完整的修行地圖以呈顯，再將複雜的圖予以詮釋、論說之。

由於在對待判教運用之目的上不同，故而蕅益不僅只運用了智者的判教原型——教學現場的根機有別（化儀四教），教學內涵的深淺層次有別（化法四教），尚將智者在四教位次與觀行上的層次，從圓教究竟義置諸化法四教分別展現，其中四教位次皆以「六即」不同系統彙整之；觀行層次則將圓教十乘觀法結合四教；而此二者原乃為詮圓教所獨設。

此即為聖嚴法師所指，乃蕅益之獨具創見，提供後世修行者於修行歷程上的信心，只要開始修行，便能得不同層次的究竟。但亦因此發現，對於六即位次的名稱與對應處，形成相對複雜而容易混淆的問題，對於四教的修行位次，產生較為繁瑣的理解困境。

而法師之所以以《教觀綱宗》為本貫註之，大抵可以分述如下重點：

1. 以《教觀綱宗》為本，乃因其書為蕅益做為統整全部佛教此一既大一統又判攝分明的思考下，與法師所欲完成的佛教整體分判與統整異曲同工。

2. 法師以天台、華嚴等判教，做為其整理漢傳佛教的方法論，故而欲將天台判教做一理解。而《教觀綱宗》之中，有天台之前判教中未曾有的創見，即六即、十法都相互對應四教，乃法師認為對所有修行者而言，無論在四教的哪一層次，皆能從中得到各自的提昇，各自的成佛、各自的當體成就。此具為眾生修行建立信心的重要意義。

3. 除了語譯做為法師重視之古老智慧轉為現代語彙的意義外，另藉由註解做為論述的觀點或分析，如其所言，每一註解皆具備小論文之研究意義，此可見法師撰述本書的重要呈現。

至於法師著書後之授課內容與目的，則在於下述重點：

1. 以授課過程中指出有關《天台心鑰》一書未及之其他特殊關懷。此即書中所提及，由於授課對象為法鼓山僧眾、講師群、悅眾等，故而特為提醒學習天台之目的、漢傳佛教傳承等議題。

2. 由於弟子提問，而產生之深入探討重點。其中有關禪宗弟子學習天台之助益，以及教下、宗門在法師教學中的融攝意義。

3. 說書中無法呈現、整理或不及說出的重點。例如有關修行層面之指導，乃法師以禪師立場指導弟子不僅著重於教理，亦重視禪觀之傳承。

4. 另由於法師曾指出，撰寫《天台心鑰》之目的，在於整理一本輔助閱讀《教觀綱宗》的著作。然無論是原著或其後的貫註，對一般學佛者而言，皆有其閱讀與理解之難度，故而法師於教學現場，不斷提點可如何閱讀、理解、參考相關圖表，如何研讀並分享、與修行之關係等，可謂耳提面命、老婆心切。

參考書目

一、聖嚴法師《法鼓全集》2020 紀念版參考書目

釋聖嚴，《大乘止觀法門之研究》，《法鼓全集》第 1 輯第 2 冊，臺北：法鼓文化，2020 年。

釋聖嚴，《戒律學綱要》，《法鼓全集》第 1 輯第 3 冊，臺北：法鼓文化，2020 年。

釋聖嚴，《學術論考》，《法鼓全集》第 3 輯第 1 冊，臺北：法鼓文化，2020 年。

釋聖嚴，《書序》，《法鼓全集》第 3 輯第 5 冊，臺北：法鼓文化，2020 年。

釋聖嚴，《評介》，《法鼓全集》第 3 輯第 6 冊，臺北：法鼓文化，2020 年。

釋聖嚴，《禪的生活》，《法鼓全集》第 4 輯第 4 冊，臺北：法鼓文化，2020 年。

釋聖嚴，《聖嚴法師教默照禪》，《法鼓全集》第 4 輯第 16 冊，臺北：法鼓文化，2020 年。

釋聖嚴，《正信的佛教》，《法鼓全集》第 5 輯第 2 冊，臺北：法鼓文化，2020 年。

釋聖嚴，《空花水月》，《法鼓全集》第 6 輯第 10 冊，臺北：法鼓文化，2020 年。

釋聖嚴，《兩千年行腳》，《法鼓全集》第 6 輯第 11 冊，臺北：法鼓文化，2020 年。

釋聖嚴，《抱疾遊高峰》，《法鼓全集》第 6 輯第 12 冊，臺北：法鼓文化，2020 年。

釋聖嚴，《聖嚴法師學思歷程》，《法鼓全集》第 6 輯第 15 冊，臺北：法鼓文化，2020 年。

釋聖嚴，《探索識界——八識規矩頌講記》，《法鼓全集》第 7 輯第 6 冊，臺北：法鼓文化，2020 年。

釋聖嚴，《天台心鑰——教觀綱宗貫註》，《法鼓全集》第 7 輯第 9 冊，臺北：法鼓文化，2020 年。

釋聖嚴，《華嚴心詮——原人論考釋》，《法鼓全集》第 7 輯第 14 冊，臺北：法鼓文化，2020 年。

釋聖嚴，《承先啟後的中華禪法鼓宗》，《法鼓全集》第 9 輯第 7 冊，臺北：法鼓文化，2020 年。

二、其他作者

林其賢，《聖嚴法師年譜》，臺北：法鼓文化，2016 年。

黃國清，〈聖嚴法師在臺灣法鼓教團推動天台教觀的努力——以《天台心鑰》一書為中心〉。《聖嚴研究》第三輯，臺北：法鼓文化，2012 年 6 月，頁 349-384。

當代漢傳佛教論叢 3

聖嚴法師天台教學系統之研究與建構

A Study of Master Sheng Yen's Pedagogy on Tiantai School

著者	辜琮瑜
論叢主編	辜琮瑜
編輯	聖嚴教育基金會學術研究部
出版	法鼓文化
封面設計	胡琡珮
地址	臺北市北投區公館路186號5樓
電話	(02)2893-4646
傳真	(02)2896-0731
網址	http://www.ddc.com.tw
E-mail	market@ddc.com.tw
讀者服務專線	(02)2896-1600
初版一刷	2025年7月
建議售價	新臺幣500元
郵撥帳號	50013371
戶名	財團法人法鼓山文教基金會—法鼓文化
北美經銷處	紐約東初禪寺 Chan Meditation Center (New York, USA) Tel: (718)592-6593 E-mail: chancenter@gmail.com

法鼓文化

國家圖書館出版品預行編目資料

聖嚴法師天台教學系統之研究與建構 / 辜琮瑜著. --
初版 . -- 臺北市 : 法鼓文化, 2025.07
面； 公分
ISBN 978-626-7345-82-5（平裝）

1. CST: 釋聖嚴 2. CST: 佛教教育

220.3 114007036